KB165981

고사성어, 중국과 만나다 3

엮은이 | **김동광** 金東光

• 중국 길림성 연변 출생
• 1992년 중앙민족대학 졸업
• 1992년 중국국제방송국 조선어부 입사
• 2004-2006년 중국국제방송국 서울지국 특파원으로 근무
• 현재 중국국제방송국 조선어부 주임

고사성어, 중국과 만나다 3

초판 1쇄 인쇄 2019년 8월 8일
초판 1쇄 발행 2019년 8월 16일

엮은이	김동광
펴낸이	이대현
책임편집	이태곤
편집	권분옥 홍혜정 박윤정 문선희 임애정 백초혜
디자인	안혜진 최선주
마케팅	박태훈 안현진

펴낸곳	도서출판 역락
출판등록	1999년 4월19일 제303-2002-000014호
주소	서울시 서초구 동광로 46길 6-6 문창빌딩 2층 (우06589)
전화	02-3409-2058
팩스	02-3409-2059
홈페이지	http://www.youkrackbooks.com
이메일	youkrack@hanmail.net

ISBN   979-11-6244-400-9 04910
        979-11-6244-397-2 04910(전3권)

이 도서의 국립중앙도서관 출판예정도서목록(CIP)은 서지정보유통지원시스템 홈페이지(http://seoji.nl.go.kr)와 국가자료종합목록 구축시스템(http://kolis-net.nl.go.kr)에서 이용하실 수 있습니다. (CIP제어번호 : CIP2019030671)

고사성어,
중국과 만나다

03

김동광 엮음

역락

수천 년 유구한 중국역사 중에서 문화는 그 문명을 이어준 혈맥이고 언어와 문자는 그 문화를 꽃피운 힘이다. 그중 성어는 중화문화에서 특히 중요한 위치에 있으며 중국문화의 가장 화려한 꽃으로 평가된다.

성어는 중국 한자 단어 중에서 고대로부터 이어져온 정형화된 단어로 현재 통계로 보면 총 5만여 개에 달한다고 한다. 네 글자로 된 사자성어가 95% 이상에 달하고 세 글자나 다섯 글자 심지어는 일곱 글자 이상으로 된 성어도 있다. 대부분 고대로부터 전해져 왔고 단어 사용 측면에서 보면 현대어와 비슷하면서 다른 부분들도 있다. 성어는 대개 하나의 이야기 혹은 역사유래가 있어 성어 자체가 하나의 짧은 구절을 이루는 경우가 있으며 고정적인 구조와 고정적인 해석이 있다는 특징을 보인다.

사람들이 오랜 기간 사용하고 그 과정에서 이루어진 성어는 그 뜻과 이야기적 성격 때문에 중국 전통문화의 대표적인 특징이 되었다.

성어는 길게는 수천 년, 짧아도 수백 년 전의 일들을 담았다. 주로 기록으로 남은 책들, 많이는 사서史書에서 유래하는 부분이 많으며 대부분 이야기는 정확한 출처와 내용이 존재한다.

수만 개에 달하는 성어는 방대한 정보가 내재되어 있다. 고대의 사회와 정치, 경제, 문화, 과학, 군사 등 거의 모든 분야가 포함되며 중국인들의 우주관과 인생관 그리고 심미관을 여실히 보여준다. 천하의 흥망성쇠와 인간의 희로애락이 오롯이 담겨 있는 성어, 여기에는 천하를 호령하던 황제에서 민초에 이르기까지 그 시대를 치열하게 살아갔던 사람들의 이야기가 있고 이 땅에 살아가는 동물과 식물의 이야기도 있으며 선과 악의 기준, 감동적인 사랑과 우정이 있다. 하여 성어를 알면 중국의 역사와 문화가 보이고 결국은 현재의 중국을 더 잘 알 수 있는 거울이 되는 것이다.

이 책에 소개한 470여 개에 달하는 고사성어는 대부분 중국인들이 자주 사용하는 성어로 골라 보았다. 또 철리성이 돋보이는 내용과 초학자들이 쉽게 배우고 사용할 수 있는 내용을 선택했다. 발음을 도와줄 수 있는 병음拼音표기에 성조聲調를 달았고 글자풀이를 했으며 뜻을 새긴 후 원저의 출처를 밝혔다. 성어의 이해를 돕는 이야기 부분은 될수록 짧으면서도 내용 전달이 잘 될 수 있도록 구성했다.

세 권으로 된 이 책을 정성스럽게 만들어준 역락출판사 관계자분들의 노고에 감사의 인사를 전한다. 이 책이 중국어를 배우고 중국의 문화와 언어에 관심을 가지고 있는 분들께 조금이나마 도움이 되었으면 하는 바람이다.

중국의 성어는 하나의 보물산과도 같다. 보물을 줍는 마음으로 작업을 마쳤고 이제는 여러분들이 보물을 주을 차례인 것 같다.

김동광

2019년 8월 베이징에서

| 차례 |

成语故事

03
고사성어, 중국과 만나다

貪小失大 탐소실대

글자풀이	탐할 탐(貪 tān), 작을 소(小 xiǎo), 잃을 실(失 shī), 클 대(大 dà).
뜻풀이	① 작은 이익을 탐내다가 큰 이익을 잃다. ② 소탐대실
출처	한(漢) 환담(桓譚) 『신론·탐애(新論·貪愛)』

유래　　　전국戰國시대에 강대한 진秦나라는 오래전부터 촉蜀나라를 병탄하려는 마음을 갖고 있었으나 촉나라로 가는 길이 매우 험해 출병하지 못하고 있었다. 진나라 혜문왕惠文王이 중신들을 불러 그 대책을 의논하게 되었는데 한 사람이 이런 계책을 내놓았다.

　　"촉나라 제후蜀候가 작은 이익도 탐하는 자이니 재물로 길을 열고 지략으로 촉나라를 취할 수 있을 것입니다."

　　이에 혜문왕은 좋은 계책이라고 치하했다.

　　혜문왕은 옥돌장인을 보내 옥석을 캐게 한 후 이를 소의 모양으로 조각하게 했으며 소의 몸뚱이는 그 내부를 비운 후 비단을 넣게 하여 이를 "우분금牛糞金"이라 불렀다. 이어 옥돌로 된 소를 촉나라에 드리는 선물로 삼아 양국 간 친선을 도모할 것이라고 크게 소문을 냈다.

이 소문이 여러 나라에 퍼지게 되었고 소식을 접한 촉의 제후는 흐뭇하기 그지없었다. 일부 정직한 대신들이 진나라의 일방적인 말을 믿어서는 안 되며 진나라가 다른 음모가 있는지 잘 따져보아야 한다고 간언했으나 촉의 제후는 듣는 둥 마는 둥 했다. 바로 이때 진나라 사신이 촉후를 만나 촉나라와 영원한 동맹을 맺고 서로 침범하지 않기로 하며 이를 위해 후한 선물을 보내올 것이라 말했다. 촉의 제후는 선물명세서에 옥돌로 만든 소가 여러 마리 있는 것을 확인하고 기쁜 표정으로 언제면 선물을 받을 수 있냐고 물었다. 진나라 사신은 촉나라로 오는 길이 험하니 한 해 이상 걸릴지도 모른다고 답했고 선물을 받을 마음이 급했던 촉나라 제후는 즉시 수만 명의 민부들을 징발해 길을 넓히도록 했다. 이 소식을 접한 혜문왕은 정예한 군사들을 선발해 옥돌소를 후송한다는 명목으로 촉나라에 가도록 했다.

한편 촉나라는 몇 달 동안의 시간을 들여 결국 외부와 통하는 길을 새로 정비했다. 진나라와 촉나라의 인마가 모이게 되었고 촉의 제후가 명령을 내려 힘센 자들에게 옥돌소를 들고 앞장서 걷도록 했으며 진나라 군사들은 옥돌소를 호위한다는 명목으로 그 뒤에 따라 붙었다. 촉후가 직접 문무백관들을 이끌고 도성 밖까지 마중을 나오니 백성들도 구름같이 모여 들었다. 진나라 군사들은 계책이 성공했음을 알고 일시에 무기를 꺼내들고 사람들을 도륙하니 촉의 제후는 무슨 영문인지도 모른 채 잡히게 되었다. 진나라 군사들은 촉나라 제후가 평시에 끌어 모았던 금은보화들을 전부 약탈했고 옥돌소의 몸통에 넣었던 비단필도 고스란히 진나라에 되돌아왔다. 다만 옥돌로 된 소가 너무 무거운지라 촉나라 도읍에 버렸는데 이는 결국 진나라가 촉나라를 멸망시킨 증표가 되었다.

촉나라 제후가 작은 이익을 얻으려다 나라를 잃고 자신의 목숨마저 잃은貪小失大 일은 두고두고 사람들의 웃음거리가 되었다.

彈冠相慶 탄관상경

글자풀이	쏠 탄(彈 tán), 갓 관(冠 guān), 서로 상(相 xiāng), 경사 경(慶 qìng).
뜻풀이	① 친구의 임관, 승진을 축하하다.
	② 친구가 입사(入仕)하거나 승진하면 자신도 장차 임용되리라는 기대를 가지고 서로 축하하다.
출전	한(漢) 반고(班固)『한서·왕길전(漢書·王吉傳)』

유래　　　서한西漢 소제昭帝 때 창읍중위昌邑中尉직에 있던 왕길王吉은 자가 자양子陽이었고 정직한 성품으로 늘 황제에게 간언을 하여 표창을 받았다. 왕길은 어릴 때부터 학문에 정진하였고 그 품행이 단정하여 주변사람들의 칭찬을 받았던 인물이다.

　왕길의 이웃집에는 큰 대추나무가 있었고 대추가 탐스럽게 열린 나뭇가지가 담을 타고 왕길의 마당으로 넘어왔다. 왕길의 아내가 보니 대추가 먹음직한지라 몇 알 따서 왕길에게 올렸다. 후에 왕길이 이를 알고는 아내의 행위가 부도덕한 것이고 이는 가풍을 어지럽힌 것이라 여겨 홧김에 아내를 집에서 쫓아냈다.

　이웃집 주인이 이를 듣고 불안한 마음을 금치 못했다. 그는 사건의 발단이 대추나무가 담을 넘은 것이고 이 때문에 왕길이 아내를 집에서 쫓아냈

다고 생각하여 그 나무를 베어 버리려 했다. 이웃들이 이를 알고는 찾아와 대추나무 주인을 말리니 그는 이렇게 말했다.

"왕자양이 아내를 다시 집에 돌아오도록 용서해 준다면 나무를 베지 않을 것입니다. 그렇지 않을 경우 대추 몇 알 때문에 부부간을 갈라놓았으니 내가 무슨 낯으로 사람들을 본단 말입니까?"

마음씨 좋은 이웃들이 이 말을 왕길에게 전하니 왕길은 하는 수 없이 아내를 다시 집에 들였다. 이때부터 왕길의 고매한 품격이 널리 알려졌고 그후 조정에서 인재를 선발할 때 왕길은 효렴孝廉으로 천거되었다. 입조 초반에는 낭관으로 있었고 이어 우승직을 제수 받았고 후에는 현령으로 승차했으며 얼마 후 창읍왕부昌邑王府의 중위로 있게 되었다.

창읍왕은 사냥을 지나칠 정도로 즐겼다. 매번 사냥을 할 때면 수많은 백성들이 몰이꾼으로 동원되었는데 그 규모가 엄청났다. 이를 본 왕길이 간언을 했다.

"창읍왕께서는 사냥을 하시느라 매일 200리를 달립니다. 고을의 백성들은 이를 위해 농사일을 제쳐놓고 사냥에 동원되니 이는 농사에 영향을 줄 것입니다."

창읍왕은 이를 받아들이지 않았지만 좋은 제안이라고 생각했고 왕길을 존경하게 되었다.

소제가 죽은 후 대장군 곽광霍光이 창읍왕을 황제위에 올리려 했다. 이에 왕길이 즉시 창읍왕에게 편지를 보내 권고했다.

"대장군 곽광은 선제를 수십 년간 보필하면서 추호의 실수도 없었습니다. 곽광이 국정운영에 능하니 주군께서는 보위에 오르신 후 조정의 대소사 처리를 그에게 일임하시옵소서. 하옵고 주군께서는 마음 내키는 대로 처리하는 버릇을 고치고 매사에 조심하셔야 할 것이옵니다."

그러나 창읍왕은 왕길의 말을 귓등으로 흘려보냈으며 제멋대로 일처리를 하니 결국 황제로 된지 한 달도 못되어 폐위되었다.

조정에서는 창읍왕 사건에 진노했고 창읍왕부의 관원들의 실직 행위를 조사하기 시작했다. 조정대신들은 왕부의 관원들이 간언의 직책을 다하지 않았고 또 창읍왕의 잘못을 조정에 알리지 않아 일이 이 지경에까지 이르렀다고 여겼다. 이에 곽광이 창읍왕부에서 임직했던 대소 관원들을 전부 하옥하라 명했다. 그러나 조사과정에서 왕길이 여러 번 창읍왕에게 간언을 했다는 사실이 밝혀져 가벼운 처벌에 그쳤다.

공우貢禹는 자가 소옹少翁이며 왕길과는 한고향 사람이고 절친한 사이였다. 공우는 유가경전에 박식해 박사博士로 임명되었으며 그 후에는 하남령河南令으로 승차했다.

한나라의 관례에 따르면 조정에서는 해마다 세모가 되면 지방관원들의 실적을 평가하여 표창을 하곤 했다. 공우는 상급자와 다른 생각을 가지고 있어 상급자의 힐난을 받게 되자 관모를 벗고 잘못했노라고 사과하니 상급자가 만족해했다. 허나 공우는 "관모를 이미 벗어 버렸으니 더 무슨 미련이 남아 있겠는가?"하고는 뒤도 돌아보지 않고 가버렸다.

선제 때 왕길이 다시 등용되어 익주자사益州刺史를 제수 받았고 얼마 후에는 박사간대부博士諫大夫가 되었다. 왕길의 복직소식을 들은 공우는 기쁨을 금치 못해 모자의 먼지를 털면서 경하했다. 이에 사람들은 "왕길공의 관직이 오르니 공우공이 모자를 털었다."고 말했다. 그 뜻인즉 두 사람의 정견이 일치하고 뜻이 맞는다는 것이다.

談虎色變 담호색변

글자풀이 말씀 담(談 tán), 범 호(虎 hǔ), 빛 색(色 sè), 변할 변(變 biàn).

뜻풀이 ① 호랑이 이야기만 해도 얼굴빛이 달라지다.

② 말만 듣고도 무서워하다.

출처 송(宋) 정이(程頤) 『하남정씨유서·2상 (河南程氏遺書·二上)』

유래 북송北宋 때 유명한 이학理學대가 형제가 있었는데 형은 정호程顥이고 아우는 정이程頤였다. 두 사람은 중국의 사상과 문학에서 모두 중요한 위치를 차지하고 있으며 이들의 사상과 학설은 후세에 지대한 영향을 미쳤다.

정호와 정이는 일생동안 많은 저서를 남겼는데 이런 저서들은 『이정전서二程全書』에 수록되어 있으며 이들의 학설을 후세 사람들은 "이학理學"이라고 불렀다. 남송南宋 때 주희朱熹의 학설은 "도학道學"이라 불렸는데 이정二程과 주희의 학설은 모두 사상적인 뿌리가 같다. 즉 다 같이 공자孔子와 맹자孟子의 유가儒家학설을 설명하고 설파하는 것이다. 하여 사람들은 이 두 가지 학설을 "정주이학程朱理學"이라고 통칭했다.

정씨 형제는 평생 "격물치지格物致知" 즉 사물의 원리를 연구하는 큰 학문을 연마했고 한시도 실천을 소홀히 하지 않았다.

정이는 실천 속에서 진리가 나온다는 도리를 언급하면서 매우 생동한 이야기를 한 적이 있다.

"호랑이가 사람을 해친다는 것은 세 살 배기 어린애도 아는 도리이다. 사람들은 모여 앉아 얘기를 나눌 때 늘 호랑이를 언급하지만 누구도 무서워하지 않는다. 한 농부가 호랑이에게 물린 적이 있어 다른 사람이 호랑이 말만 해도 무서워서 얼굴빛이 달라졌다.談虎色變 그 이유는 농부가 호랑이의 무시무시함을 알고 있고 호랑이의 공격을 받을 때의 위험정도를 잘 알기 때문이다."

정이는 이어 이렇게 말했다.

"학문을 연마함은 나라와 백성을 다스리고 또 나라와 백성을 이롭게 하는 도리를 알기 위함이다. 그러나 심오한 이론만 연구하고 백성들의 현실을 살펴보지 아니 한다면 그 나라를 잘 다스릴 수 없을 것이다. 이 도리는 누구나 알지만 진정으로 이를 행하는 것은 쉬운 일이 아니다."

정이의 학설은 송宋나라의 유학자들이 설파한 실천에서 진리가 나온다는 이론을 더욱 확고히 다진 것이며 이는 후세 사람들에게 매우 긍정적인 영향을 주었다. 이는 중국의 전통문화 중 소중한 한 부분으로 된다.

談笑自若 담소자약

글자풀이   말씀 담(談 tán), 웃을 소(笑 xiào), 스스로 자(自 zì), 같을 약(若 ruò).

뜻풀이   (위급한 상황에서도) 태연자약하게(천연스럽게) 담소하다.

출처   진(晉) 진수(陳壽)『삼국지·오서·감녕전(三國志·吳書·甘寧傳)』

유래   감녕甘寧은 삼국시기 동오東吳의 명장이며 뛰어난 전공을 쌓아 서릉태수西陵太守, 절충장군折衝將軍에까지 오른 인물이다.

적벽赤壁의 전투에서 조조曹操의 군대를 이긴 손권孫權과 유비劉備의 연합군은 승기를 잡아 조조군을 추격해 남군南郡까지 밀고 올라갔다. 남군을 수비하는 장군 조인曹仁은 군사들을 거느리고 성을 굳게 지켜냈다. 오나라의 대도독大都督 주유周瑜는 크게 노해 조인과 사생결단을 내려고 했다. 이때 감녕이 주유를 말리면서 남군과 이릉夷陵이 서로 기각지세를 이루고 있는 상황에서 먼저 이릉을 탈취한 후 남군을 공격하자는 계책을 내놓았다. 주유가 이 작전방안을 받아들이고 감녕에게 군사를 주어 이릉을 점령하라고 명했다.

감녕이 거느린 오나라 군사들은 위나라의 수비장군 조홍曹洪의 군사와 격전을 벌이게 되었는데 결국 조홍이 패하고 감녕은 부하들에게 즉시 이릉

을 통제하라고 명령했다. 당시 이릉에 입성한 감녕의 군사는 수백 정도밖에 안되었고 입성 후 성안에서 군사들을 더 모집했으나 다 합쳐도 천명 미만이었다. 감녕은 군사들에게 네 곳의 성문을 굳게 지키라고 분부하고 자신은 성을 돌면서 순찰을 했다.

이날 황혼 무렵 남군南郡을 수비하던 위나라 장군 조인이 조순曹純과 우금牛金에게 군사를 주어 조홍과 합류하도록 했는데 이들 병력은 오천여명에 달했다. 위나라 군대가 감녕이 지키는 성을 겹겹이 에워싸고 운제雲梯까지 동원해 성을 공격했으나 감녕이 이끄는 오나라 군대가 침착하게 막아냈다.

이튿날 위나라 군사들은 흙으로 성벽보다 높은 단을 만들고 그 위에서 성안에 화살을 쏘았다. 화살이 빗발치듯 날아오니 오나라 군사 중에 죽거나 다치는 자가 기수부지였다. 장수들과 군졸들이 겁에 질려 했으나 감녕은 평시와 전혀 다름이 없이 태연자약하게 담소했다.^{談笑自若} 그는 군졸들에게 위나라 군사들이 쏜 수만 대의 화살을 거두라고 명한 후 명사수들을 뽑아 위나라 군과 활로 대결하도록 했다. 감녕의 침착하고 완강한 수비로 위나라 군사들은 결국 이릉을 탈환하지 못했다.

嘆爲觀止 탄위관지

글자풀이	한숨 쉴 탄(嘆 tàn), 하 위(爲 wéi), 볼 관(觀 guān), 그칠 지(止 zhǐ).
뜻풀이	① 감탄해 마지않다. ② 더할 나위 없다. ③ 아주 훌륭하다.
출전	춘추·로(春秋·魯) 좌구명(左丘明)
	『좌전·양공29년(左傳·襄公二十九年)』

유래   오吳나라 왕 수몽壽夢에게는 아들 4형제가 있었으니 이들이 바로 제번諸樊, 여제餘祭, 여매餘眜, 계찰季札이다. 오왕이 임종에 앞서 네 명의 아들을 불러 후사를 정해 주었다. 수몽은 막내아들 계찰이 제일 현명하다고 여겨 보위를 물려주려 했으나 계찰이 이를 사양했다. 이에 수몽은 네 명의 아들이 차례로 왕위를 잇게 하고 계찰이 마지막 순서로 왕위를 잇도록 유언을 했다.

수몽이 죽은 후 제번이 13년간 왕위에 있다가 죽었고 이어 여제가 17년간 왕으로 있다가 암살을 당했다. 이어 셋째인 여매가 왕위에 올라 계찰을 재상으로 삼았다. 계찰은 무력사용을 중지하고 백성들을 편안하게 살도록 했으며 제齊나라와 진晉나라 등 중원의 제후국들과 화목하게 지낼 것을 제안했다. 여매가 이를 받아들여 계찰을 노魯, 제, 위魏, 진 등 나라에 사신으로 보냈다.

기원전 544년에 계찰이 노나라에 도착해 세세대대로 화목하게 지낼 의향을 밝혔다. 노나라 군신이 이를 기쁘게 받아 들였고 "무악舞樂"으로 계찰을 초대했다. 노나라는 주공의 맏아들의 영지였던 관계로 주천자周天子의 예악禮樂을 사용해 왔다. 악공이 먼저 『주남周南』, 『소남召南』을 연주했는데 그 노래와 춤이 기품이 있었다. 음악과 무용에 정통한 계찰은 이를 흠상하면서 한편으로는 평가를 했다.

  "이 두 악곡은 매우 훌륭하기는 하나 상주商紂의 분위기가 섞여 있어 완벽하다고 할 수 없으며 백성들이 힘들지만 원망하지 않음을 알 수 있습니다."

이어 악공이 『회풍檜風』, 『조풍曹風』을 연주하니 계찰은 여러 나라의 민간 음악에 대해 평가했다. 그는 이런 음악들이 주나라 황실의 쇠락과 제나라의 부흥, 진나라의 강성함 등 정치적인 징조를 나타낸다고 분석했다. 『정성鄭聲』과 『당풍唐風』을 듣고는 정풍의 방탕함과 당풍의 소박함을 지적했다.

이어서 『소아小雅』, 『대아大雅』, 『주송周頌』, 『노송魯頌』, 『상송商頌』 등이 연주되었다. 계찰은 이런 가무가 대개는 성인聖人들이 덕으로 천하를 다스린 내용을 담은 것이라 인정했다. 이어 『소소韶箾』 연주가 시작되자 계찰은 이 곡이 "순악舜樂"임을 알고는 오늘의 끝 곡이라고 판단했다. 그는 노나라가 천자의 음악을 사용하지만 4대 까지만 사용할 수 있음을 알고 있었다. 주나라부터 순舜의 시대까지 소급하면 바로 4대였으니 『소소』가 마지막 곡이라는 것을 알았던 것이다.

『소소』 연주가 끝나자 계찰은 이렇게 말했다.

"이 무악은 정말 완벽합니다. 여기까지 보기로 하지요. 그전 조대를 거슬러 올라가면 요악堯樂과 황제음악黃帝之樂이 있기는 하지만 그 연주를 듣는 것이 예의에 어긋난다고 생각합니다."

노나라 군신들은 계찰의 박학다식함에 크게 탄복했고 더욱 존경하게 되었다. 이들은 이번 일을 사서에 기재했고 "탄위관지"라는 단어도 이때부터 전해졌다고 한다.

探囊取物 탐낭취물

글자풀이	찾을 탐(探 tàn), 주머니 낭(囊 náng), 취할 취(取 qǔ), 만물 물(物 wù).
뜻풀이	① 주머니 속을 뒤져 물건을 집어내다.
	② 일이 극히 용이하다. ③ 식은 죽 먹기다.
출처	송(宋) 구양수(歐陽脩) 등
	『신 5대사·남당세가·이욱(新五代史·南唐世家·李煜)』

유래　　5대五代 때 후주後周의 명사인 한희재韓熙載는 아버지가 명종明宗 이사원李嗣源에게 살해되자 중원中原을 떠나 강남江南의 남당南唐왕조에 귀의하려고 작심했다.

한희재가 길을 떠나기에 앞서 그의 친한 벗인 이곡李穀이 강변에서 이별주를 함께 나누었다. 한희재가 이곡에게 이렇게 말했다.

"강남에 있는 나라가 나를 재상으로 써준다면 나는 군사를 이끌고 북상해 삽시간에 중원을 평정할 것이오."

이에 이곡이 술잔을 들고 말했다.

"중원의 나라가 나를 재상으로 등용한다면 강남의 여러 나라들을 평정하는 일이 마치 주머니 속을 뒤져 물건을 찾기보다 더 쉬울 것이오.探囊取物"

말을 마친 이곡이 잔의 술을 한 모금에 마셨다.

강남의 남당왕조에 귀의한 한희재는 군사들을 이끌고 오吳나라를 정복했다. 그러나 남당왕조는 큰 변고들이 많이 생기고 조정은 간신들이 장악하고 있던 터라 한희재는 조정의 중용을 받지 못했다. 그는 술로 울적한 마음을 달래면서 하루 종일 예기들과 어울렸으며 결국 재상으로 발탁되지 못했다. 그가 했던 맹세 역시 실현될 수 없었다.

이곡의 상황은 한희재와는 완전히 달랐다. 그는 후주의 장군으로 되어 남당을 정벌하게 되었고 수많은 전공을 세웠다. 그러나 이곡 역시 재상으로 되겠다던 약속을 실현하지는 못했다.

唐突西施 _{당돌서시}

글자풀이	당나라 당(唐 táng), 갑자기 돌(突 tū), 서녘 서(西 xī), 베풀 시(施 shī).
뜻풀이	① 호인(好人)을 건드리고 범함.
	② 가당치 않은 사람과 비교됨을 이르는 말.
출전	남조·송(南朝·宋) 유의경(劉義慶)
	『세설신어·경저(世說新語·輕詆)』

유래　　　서진西晉이 멸망된 후 진원제晉元帝는 건강建康에 동진東晉정권을 세우게 되고 이에 사대부들은 장강 이남으로 대거 피해갔다. 이들은 날씨가 좋을 때면 신정新亭에 모여 식사를 하면서 고국에 대한 그리움을 토로하곤 했다.

　　어느 한번은 모임에서 함께 야외식사를 하던 중 서진 때 상서 이부랑尚書吏部郎으로 있었던 주개周凱가 북으로 날아가는 새들을 보면서 애잔한 어조로 말했다.

"이곳 풍경은 그럴듯하나 북방과 완전히 다르구려. 우리도 언제면 새들처럼 자유롭게 고국 땅으로 돌아갈 수 있겠는가?"

자리를 함께 했던 사람들이 이 말을 듣고는 모두 눈물을 흘렸다.

후에 주개는 동진에서 상서좌복야尙書左僕射직에 올랐으나 고국을 그리워하는 마음은 여전했다. 그는 술에 취하면 3일간 깨지 않았고 사람들은 그를 "3일복야"라고 불렀다.

그 후 왕돈王敦이 반란을 일으키자 왕돈의 9족을 멸하자는 사람이 있었다. 이에 주개가 나서서 왕돈의 사촌동맹 왕도王導는 죄가 없다고 변호했다. 그 후 왕돈이 건강성을 함락한 후 주개를 죽였다. 주개가 죽은 후에야 왕도는 주개가 자신의 목숨을 구해주었음을 알았고 후회하면서 말했다.

"내가 직접 주개를 죽이지는 않았으나 내 손에는 그의 피가 묻었으니 나의 죄로다."

주개는 생전에 호국장군護國將軍 유량庾亮이라는 친구가 있었다. 유량은 주개의 인품과 재능을 존경해왔으며 어느 한번은 이렇게 말했다.

"지금 많은 사람들이 자네를 악씨에 비긴다네."

주개가 그 악씨가 바로 악의樂毅인가고 되물었다. 악의는 전국시대戰國時代의 유명한 장군이었다.

이에 유량이

"악의가 아니고 악광樂廣과 비한다네."

하고 말해주었다. 악광은 진晉나라 때의 현인賢人으로 변론에 능했다.

성품이 겸허한 주개는 사람들이 자신을 악광에 비한다고 하니 불안한 마음을 금치 못하며 이렇게 말했다.

"사람들한테 다시는 그런 말을 하지 말라고 전해주게. 만약 나를 악광에 비한다면 이는 추녀 무염無鹽을 서시와 같은 미녀라고 말하는 것이나 다름없네. 이는 서시를 모독하는 것이 아닌가?唐突西施"

이때부터 사람들은 주개를 악광에 비하지는 않았으나 마음속으로는 더욱 존경하고 탄복했다.

滔滔不絶 도도불절

글자풀이　　물 넘칠 도(滔 tāo), 도(滔 tāo), 아닐 불(不 bù), 끊을 절(絶 jué).

뜻풀이　　　① 끊임없이 흐르다. ② 끊임없이 말하다.

출전　　　　오대(五代) 왕인유(王仁裕)

　　　　　　『개원천보유사·주환지변(開元天寶遺事·走丸之辯)』

유래　　　　장구령張九齡은 당현종唐玄宗 때의 유명한 재상이고 시인이었
으며 달변가였다. 역사기재로 보면 장구령은 사람을 보는 안목이 남달랐
다. 당시 무혜비武惠妃의 베개 밑 송사로 당현종은 이림보李林甫를 재상으로
임명하려 했으며 장구령의 의중을 물었다. 이에 장구령이 답했다.

　"재상의 자리는 모두가 우러러보는 자리이니 잘못된 인사를 한다면 나라
　에 재앙이 생길 것이옵니다."

이 말을 들은 당현종이 몹시 불쾌해했다.

　어느 하루는 당현종이 측근들을 연회에 초청했다. 그는 연못에 있는 물
고기들을 가리키며 장구령과 이림보에게 말했다.

"연못에 기르는 저 몇 마리 물고기들이 짐의 마음에 드는구나."

이에 이림보가 이렇게 추켜세웠다.

"물고기들이 폐하의 바다 같은 성은을 입었습니다."

허나 장구령은

"연못의 물고기는 폐하의 신하들과 마찬가지로 풍경의 한 부분일 뿐이고
폐하의 흥을 돋울 뿐입니다."

고 말했다.

『개원천보유사』의 기록에 따르면 "만약 손님이나 친구들이 있는 곳에서 경서의 뜻을 말할라 치면 장구령의 말은 끊임없이 흐르는 강물과 같았고滔滔不絶 마치 탄환이 비탈을 따라 굴러 내려가는 듯 거침이 없었다"고 했다.

성어 "도도불절"은 여기에서 유래되었으며 말이 많아 마치 사품치며 흐르는 강물과 같음을 형용한다.

天高地厚 천고지후

글자풀이	하늘 천(天 tiān), 높을 고(高 gāo), 땅 지(地 dì), 두터울 후(厚 hòu).
뜻풀이	① 하늘은 높고 땅은 두텁다. ② 사물의 복잡함. ③ 세상물정.
출처	『시경·소아·정월(詩經·小雅·正月)』

유래   전설에 의하면 천지가 생겨나기 전에 우주는 하나의 계란과
도 같았고 그곳에는 혼탁한 공기들이 모여 있었다. 반고씨盤古氏가 이 공기
덩이를 깨버리니 가벼운 기운은 상승해서 하늘로 되고 하늘의 정화들이 모
여 해와 달과 별이 되었다. 이때의 하늘은 날마다 한 장一丈 정도 자라고 있
었다.

　한편 무거운 기운은 아래로 가라 앉아 땅이 되었으며 땅의 영기가 모여
산과 강이 되었다. 땅도 매일 한 장 정도씩 자라고 있었다. 하늘은 만물을
포근히 감싸주었고 땅은 만물을 담을 수 있었기에 하늘과 땅 사이에서는
만물이 살아갈 수 있었다. 그중에서도 인간은 제일 귀한 존재였고 천지만
물의 주재자였다.

　그렇게 1만 8천년이 흐른 후에도 하늘을 계속 높아지고 땅도 꾸준히 두
터워졌다. 그러니 하늘이 얼마나 높은지 땅이 얼마나 두터운지 누구도 정
확히 알 수 없었고 그냥 "하늘은 매우 높고 땅은 매우 두텁다"고만 표현했

다. 혼돈의 상태를 깨버리고 하늘과 땅을 개척한 반고씨는 자연을 정복하는 인류의 위대한 기백과 창조정신의 상징이 되었다.

『시경·소아·정월詩經·小雅·正月』에는 "하늘의 높이와 땅의 두께를 아는 이가 없었다."는 구절이 있는데 성어 "천고지후"는 바로 이 문장에서 유래했다.

天經地義 천경지의

글자풀이	하늘 천(天 tiān), 길 경(經 jīng), 땅 지(地 dì), 옳을 의(義 yì).
뜻풀이	① 천지의 대의(大義). ② 영원히 변할 수 없는 진리. 불변의 진리.
출전	춘추·로(春秋·魯) 좌구명(左丘明)
	『좌전·소공25년(左傳·昭公二十五年)』

유래　　기원전 520년에 주경왕周景王이 승하하니 예법에 따르면 그의 정실부인 소생인 세자世子 경敬이 왕위를 물려받아야 했다. 허나 경왕이 생전에 정실부인 소생이 아닌 장자 조朝를 세자로 삼을 뜻을 대부大夫 빈맹賓孟과 의논한 적이 있었고 이에 따라 왕자 조도 왕위승계 자격을 가지게 되었다. 주나라 왕실 내부에서는 왕위를 둘러싼 치열한 다툼이 벌어졌는데 역사에서는 이를 "왕자 조의 난"이라고 한다.

　　당시 진경공晉頃公은 왕자 조의 행위가 대역무도한 것이라 여겨 여러 제후국의 대표들을 흑양黑壤이라는 곳에 불러 왕실의 안정을 도모할 방도를 토론하자고 했다. 이번 회맹 토론에는 진晉나라의 조앙趙鞅, 정鄭나라의 유길遊吉 등 유명한 대신들과 명사들이 참가했다.

　　회맹에서 진나라의 조앙이 정나라의 유길에게

무엇이 "예禮"인가

라고 물었다.

이에 유길이 답했다.

"우리나라의 자산子産 대부께서 생전에 이런 말을 한 적이 있습니다. '예'란 바로 하늘이 정한 법이고 땅이 돌아가는 이치입니다天經地義. 이는 백성들이 행위의 근거로 삼는 것이니 변해서도 안 되고 의심해서도 안 되는 것입니다."

유길의 대답에 조앙은 만족을 표시하면서 꼭 이 이치를 따를 것이라고 말했다. 다른 제후국 대표들도 유길의 말에 일리가 있다고 말했다.

　이에 조앙은 세자 경이 왕위에 오르도록 도와주고 군사와 군량을 제공하며 경이 왕실을 왕성王城에 옮기도록 돕자고 제안했다. 후에 진晉나라의 대부가 여러 제후국의 군대를 이끌고 출병하여 경공이 왕위를 회복하도록 도와줌으로써 주 왕실 내부의 왕위쟁탈전은 막을 내렸다.

天羅地網 천라지망

글자풀이	하늘 천(天 tiān), 그물 라(羅 luó), 땅 지(地 dì), 그물 망(罔 wǎng).
뜻풀이	① 물샐 틈 없는 수사망을 펴다. 엄중히 수배하다.
	② 빈틈없는 경계망을 펴다.
출전	원(元) 이수경(李壽慶)『오원취소(伍員吹簫)』

유래　　『오원취소』는 원나라 때의 이수경이 창작한 잡극雜劇이다. 그 내용은 춘추시대春秋時代의 오吳나라 대부 오원伍員의 파란만장한 경력을 담은 것이다.

　　초평왕楚平王의 측근 중에 아부에 능한 비무극費無極이라는 자가 있었다. 한번은 그가 왕명을 받고 진秦나라에 가서 태자太子 건建의 신부를 모셔오게 되었다. 비무극은 신부의 미색이 출중함을 보고는 평왕에게 비로 삼으라고 꼬드겼고 암둔하고 호색한인 평왕은 그 말을 따랐다. 모두들 이 일은 부끄럽고 천륜에 어긋나는 것이라고 입을 모았다.

　　태자 건의 스승인 오사伍奢는 성격이 강직한 대신이었다. 비무극은 오사가 태자를 도와 자신에게 보복할 것이 두려워 평왕에게 오사와 그의 장자長子를 죽여야 한다고 간했다. 비무극은 여기에서 그치지 않고 태자 건을 국경수비에 파견하도록 평왕을 사주했다. 그래도 마음이 놓이지 않은 비무극은 건을 죽여 후환을 없애려 했다.

태자 건이 소식을 듣고 즉시 도망을 쳤다. 그는 오사의 차남인 오원이 번성樊城을 수비하고 있다는 것을 알고 그곳에 찾아갔다. 오원을 만난 건은 오원의 아버지와 형이 살해되었음을 알려주고 비무극이 아들인 비득웅費得雄을 곧 번성에 보내 오원을 속여서 도성에 가도록 한 후 죽일 것이라고 말해 주었다.

태자 건의 말을 듣고 난 오원은 비무극의 악랄함과 평왕의 무도함을 크게 욕하고는 비득웅을 톡톡히 징치하리라 다짐했다.

며칠이 지나자 비득웅이 번성에 도착했다. 그는 오원을 만나자마자 평왕이 많은 전공을 세운 오원에게 큰 상을 내릴 것이니 당장 도읍에 가자고 했다.

오원이 일부러 물었다.

"소장은 반년이 넘게 도성에 돌아가지 않은 몸이라 우리 부모형제들이 무고한지 알고 싶습니다."

이에 비득웅이 이렇게 둘러댔다.

"당신네 오씨 가문은 그 가세가 흥해 어느 가문도 비할 바가 아니라네."

이 말을 들은 오원이 크게 노하여 비득웅의 멱살을 틀어쥐고 큰 소리로 꾸짖었다.

"나쁜 놈들, 우리 오씨 집안을 도륙내고도 뭐, 가문이 번창하다고?"

비득웅은 오원이 이 일의 전말을 잘 모를 것이라 생각해 증좌를 내놓으라고 했다.
오원이 분을 참지 못하며 말했다.

"공자 건이 이곳에 와서 내막을 알려주고 네놈의 거짓말을 사전에 까밝히지 않았다면 네놈들이 쳐놓은 천라지망에 속절없이 걸려 들번 했구나.天羅地網"

이에 비득웅은 할 말을 잃었다. 오원은 비득웅을 흠씬 두들겨 패고는 관직을 버리고 도망을 쳤다.

天馬行空 천마행공

글자풀이   하늘 천(天 tiān), 말 마(馬 mǎ), 다닐 행(行 xíng), 빌 공(空 kōng).

뜻풀이   ① 문재(文才)가 호방표일(豪放飄逸)하다.

          ② 사람의 재주가 뛰어남.

출전   한(漢) 반고(班固) 『한서·서역전(漢書·西域傳)』

유래   신강新疆 경내의 일리하伊犁河 일대는 고대의 우손烏孫이라는 나라가 있었던 곳이다. 이곳에서는 "일리마伊犁馬"라고 하는 귀한 말이 났는데 그 체형이 늘씬하고 털색 또한 아름다웠다. 네 다리가 탄탄하고 힘 있어 행동이 민첩하고 영민했으며 특히는 도약능력이 강했다. 일리마는 우수한 승마용 말이었으며 옛적부터 사람들의 사랑을 받아 "천마天馬"로까지 불렸다.

한漢나라 때 서역의 대완국大宛國에도 명마가 있었는데 사람들은 "서극천마西極天馬"라고 불렀다. 전설에 따르면 대완국의 교산嬌山에 신마神馬가 있어 하루에 천리를 간다고 했다. "서극천마"가 바람처럼 빨리 달렸기에 사람들은 "천마행공" 즉 신령스러운 말이 하늘을 날아 지난다고 했다.

장건張騫은 한나라 때의 탁월한 탐험가와 여행가 및 외교가이며 실크로드의 개척에 중요한 기여를 한 사람이다. 한나라에서 서역에 이르는 남북

도로를 개척하는 과정에서 장건은 대완국에서 천마가 난다는 소식을 제일 먼저 한무제에게 알린 사람이기도 하다. 이를 알게 된 한무제가 즉시 사신에게 금은보화와 말을 수어 대완국에 가서 천마와 교환하도록 했다. 그러나 대완국에서는 천마를 내놓으려 하지 않았고 사신을 죽이고 재물을 빼앗았으며 천마를 이사성貳師城에 감춰두었다. 한무제가 크게 노하여 이광리李廣利를 이사貳師장군으로 삼아 군사를 이끌고 대완국을 정벌하게 했다. 대완국의 대신들은 한나라의 군사력에 겁을 먹고 국왕을 죽인 후 천마 3천필을 한나라에 바쳤다. 한무제가 크게 기뻐하며 이를 기념해『천마가天馬歌』를 지었다.

天下無雙 천하무쌍

글자풀이	하늘 천(天 tiān), 아래 하(xià 下), 없을 무(無 wú), 쌍 쌍(雙 shuāng).
뜻풀이	천하무적.
출처	남조·송(南朝·宋) 범엽(范曄) 『후한서·문원열전(後漢書·文苑列傳)』

유래　　　동한東漢 때의 황향黃香은 강하江夏태생으로 어려서 어머니를 여의였다. 그 후 황향은 아버지를 극진히 모셨는데 무더운 여름날이면 아버지가 편안히 잠들 수 있도록 부채로 침상을 부쳐 열을 식혀드렸다. 또 추운 겨울이면 먼저 이불속에 들어가 잠자리를 덥힌 후 아버지가 취침하도록 해드렸다.

　　황향은 어른이 되어 출사를 하였다. 그가 위군태수魏郡太守로 있는 동안 한번은 큰 물이 졌다. 현지의 백성들이 홍수로 집을 잃고 밥도 제대로 먹지 못하게 되었는데 황향이 녹봉과 재산을 내어 이재민들에게 나누어 주었다.

　　황향은 어려서부터 학문에 정진하여 학식이 깊고 아버지를 매우 공경하였으며 후에 관리로 있을 때는 청렴하여 타인의 사표가 되었다. 많은 사람들이 황향을 칭송했고 그는 백성들의 경모를 한 몸에 받았다. 그때 동한의 도읍에는 '강하의 황향은 천하무쌍이다天下無雙'는 노래까지 널리 유행되었다고 한다.

天崖海角 천애해각

글자풀이	하늘 천(天 tiān), 낭떠러지 애(崖 yá), 바다 해(海 hǎi), 뿔 각(角 jiǎo).
뜻풀이	① 하늘가와 바다 끝. ② 아득히 멀고 구석진 곳.
	③ 서로 간에 멀리 떨어짐.
출처	당(唐) 한유(韓愈)『12랑의 제를 지내다(祭十二郎)』

유래   당唐나라 때의 대문호인 한유韓愈는 두 살에 부친을 여의었고 얼마 지나지 않아 어머니까지 세상을 하직했다. 부모를 잃은 한유는 형인 한회韓會와 형수인 정鄭부인과 함께 생활하게 되었다. 한회에게는 노성老成이라고 부르는 양자가 있었는데 항렬이 열두 번째라 12랑이리 불렸다. 당시 12랑은 나이가 한유보다 어렸다. 후에 형인 한회가 마흔 두 살 때 재상 원재元載의 일 때문에 소주자사韶州刺史로 강등되었고 몇 달이 안 되어 소주에서 병으로 죽었다. 이때 한유는 열한 살이었다. 한유의 다른 세 명의 형들도 일찍 죽었으니 가문을 이어가는 일은 한유와 그의 조카인 12랑이 맡을 수밖에 없게 되었다. 두 사람은 서로 의지하면서 8년간 하루도 떨어져 본 적이 없었다.

한유는 열아홉 살이 되던 해에 의성宜城을 떠나 도성으로 갔으며 그 후의 10년간 12랑과는 세 번밖에 만나지 못했다. 그러나 이들 숙질 두 사람

은 피보다 진한 골육의 정을 가지고 있었고 비록 몸은 서로 떨어져 있으나
서로 그리워하는 마음은 변함이 없었다. 한유가 낙향을 해서 12랑과 여생
을 보내려고 결심하던 때에 불행하게도 12랑이 죽었다는 소식이 전해졌
다. 이를 접한 한유가 비통한 마음으로 '12랑의 제를 지내다'라는 글을 짓고
제물을 차려 고향에 가서 12랑의 제를 지냈다. 이 글은 글자마다 눈물이 고
여 있는 듯하여 보는 이들의 마음을 뭉클하게 한다. 제문 중에는 '한 사람
은 하늘가에 있고 다른 한사람은 땅 끝에 있다'는 구절이 있는데 후세사람
들은 이를 '천애해각'이라는 성어로 만들어 멀리 떨어진 곳임을 나타내게
되었다.

天眞爛漫 천진난만

글자풀이	하늘 천(天 tiān), 참 진(眞 zhēn), 빛날 란(爛 làn), 흩어질 만(漫 màn).
뜻풀이	말이나 행동에 아무런 꾸밈이 없이 그대로 나타날 만큼 순진하고 천진함.
출처	원(元) 하문언(夏文彦)『도회보감·정사초(圖繪寶鑑·鄭思肖)』

유래　　남송南宋 때 정사초鄭思肖라는 화가가 있었다. 사초思肖라는 이름은 남송이 멸망한 후 개명한 것이었다. 송宋나라는 조씨趙가 세운 나라로 초肖는 바로 이 조라는 한자의 한 부분이었다. 이는 화가가 영원히 남송을 생각하겠다는 결심을 보여준 것이었고 그는 소주蘇州의 헌 절에 은거해 있었다.

　　정사초는 거주하는 곳에 큰 편액을 걸어 놓았는데 편액에는 그가 쓴『본혈세계本穴世界』라는 네 글자를 적었다. 이중에 '본本'자는 대大자와 십十자로 구성되었는데 이를 혈穴자에 더하면 송宋자가 되며 여기에 대자를 붙이면 바로 '대송大宋'인데 이는 자신이 여전히 대송의 강토에서 살고 있음을 보여주는 것이다.

　　정사초는 자신이 행동할 때의 방위에도 아주 엄격했다. 자리에 앉거나 잠을 잘 때에는 언제나 남쪽을 향했다. 많은 사람들이 소문을 듣고 그를 찾아왔고 회화기법을 교류하곤 했다. 그는 방문객이 남방 말을 사용할 때면 마치 옛 친구를 만난 듯이 열정적으로 대했으며 북방 말을 사용하면 거들 떠보지도 않고 자리를 떴다.

정사초는 난을 잘 그렸는데 그가 그린 묵란墨蘭은 뿌리가 없었으나 너무나 생생해 친구들은 찬사를 아끼지 않았다. 그러다가 누군가가 물었다.

"선생께서 그린 묵란은 왜 흙과 뿌리가 없는 건가요?"

이에 정사초는 비분강개한 어조로 말했다.

"강토마저 다른 사람들에게 빼앗겼으니 어찌 흙과 뿌리가 있을 수 있단 말이요?"

정사초의 그림은 그 명성이 자자해 현의 현감도 한 장 얻으려 했다. 한번은 현감이 정사초에게 사람을 보내 묵란화 한 폭을 바치면 조세를 면제해 주겠노라고 했다. 이에 정사초는 강경한 어조로 비꼬았다.

"너희 주인한테 전하라. 내 수급은 가져갈 수 있어도 묵란 그림은 절대 가져갈 수 없을 것이라고."

이를 전해들은 현감이 정사초에게 벌을 가하려고 생각했으나 문인들의 저항이 있을까 두려워 그만두었다.

어느 하루 정사초는 또 묵란화를 그렸는데 그림속의 묵란은 역시 흙 뿌리가 없었다.

그는 그림위에 "순수한 군자, 소인배가 없노라"는 글을 적었으며 이를 본 사람들은 이 그림이 순수하고 자연스러우며 생기가 넘친다고 칭찬했다 天眞爛漫.

"천진난만"이라는 성어는 사람들이 정사초가 그린 묵란을 칭찬하는 말에서 생긴 것이며 지금은 그 사람의 인품이 순진무구함을 일컫기도 한다.

天之驕子 천지교자

글자풀이	하늘 천(天 tiān), 갈 지(之 zhī), 교만할 교(驕 jiāo), 아들 자(子 zǐ).
뜻풀이	① 좋은 운명을 타고 태어난 사람. 기린아.
	② 오만하기 짝이 없는 사람.
	③ 매우 용감하고 훌륭한 공을 세운 사람.
출전	한(漢) 반고(班固)『한서·흉노전(漢書·匈奴傳)』

유래   흉노는 중국 북방의 유목민족이었다. 진나라 말부터 한나라 초까지 흉노는 중국 북부와 서부, 동북부의 많은 소수민족을 정복하였고 누차 중원을 침탈했다. 한무제는 재위 수십 년간 선후로 한안국韓安國, 위청衛青, 곽거병霍去病 등 장군들을 파견해 흉노를 정벌했으며 수차 승전했다. 기원전 90년에 흉노 선우인 호록고狐鹿姑가 중원을 진공했다. 이에 무제는 이사장군貳師將軍 이광리李廣利에게 군사 7만을, 어사대부御史大夫 상구성商丘成에서 군사 3만을, 중합후重合侯 망통莽通에게 군사 4만을 주어 흉노에게 반격을 가하도록 했다.

한나라의 세 갈래 군대는 각각 흉노통치구역에 진입해 전투에 돌입했다. 상구성의 군사는 흉노군대와 9일간 싸워 서로 적지 않은 사상자를 냈고 망통의 군사는 흉노군이 철수하는 바람에 교전이 발생하지 않았다. 이

광리의 군사는 흉노군을 대패시키고 그 여세를 몰아 북쪽으로 적을 추격했다. 호록고가 직접 군사 5만을 통솔해 이광리의 군사를 습격하니 한나라 군대는 크게 패했고 이광리는 적에게 투항했으며 이에 선우는 이광리에게 딸을 배필로 주었다. 무제가 파견한 세 갈래 군사들은 큰 손실을 입었고 흉노를 반격하는 목적을 이루지 못했다. 이에 선우는 사신을 파견해 무제에게 이런 내용의 글을 보냈다.

"남방에는 대한大漢이 있고 북방에는 강호强胡가 있다. 당신들은 우리들의 이 호胡가 무엇인지 알고 있는가? 호는 바로 '하늘의 총아'이다. 胡者, 天之驕子也!"

선우는 한무제에게 변경의 요새들을 개방하여 흉노인들이 출입하도록 하고 이들이 한족의 여자들을 아내로 맞이할 수 있도록 허용하며 해마다 흉노에게 좋은 술과 곡식, 비단 등을 바칠 것을 요구했다. 이런 요구를 받아들이면 국경에서 소란을 피우지 않는다는 것이었다. 이번 전투를 통해 한무제는 "하늘의 총아"라고 자칭하는 흉노를 제압하기 쉽지 않음을 깨닫고 화의를 생각하게 되었다.

鐵石心腸 철석심장

글자풀이	쇠 철(鐵 tiě), 돌 석(石 shí), 마음 심(心 xīn), 창자 장(腸 cháng).
뜻풀이	① 목석간장, 철석같이 냉정하고 무정한 마음씨.
	② 철석심, 철석간장, 철심석장. ③ (의지가)철석처럼 굳은 마음.
출처	당(唐) 위정(魏征) 등『수서·경숙전(隋書·敬肅傳)』

유래   수양제隋煬帝 양광楊廣이 아버지를 시해하고 황제로 등극한 후 감찰을 책임진 대신 설도형薛道衡에게 천하의 관원들을 사찰해 보라고 명했다.

설도형이 위주衛州(현재 하남성 감현) 사마司馬 경숙敬肅에 대한 평가는 "마음이 철석같고鐵石心腸 노련하다"고 적었는데 이는 철석같이 굳은 마음을 갖고 있고 일처리에서 노련할 뿐만 아니라 나라에 충성을 다하고 순박하다는 뜻이다. 이때부터 수양제는 경숙에 대해 깊은 인상을 받았다.

그러나 얼마 후부터 수양제는 주색에 푹 빠졌고 궁궐과 놀이터를 짓는 일에 몰두했으며 조정의 대사에는 관심이 없었다. 이렇게 되니 도성수비를 책임진 대장군 우문술宇文述이 기회를 타서 조정의 대권을 거머쥐었다. 우문술의 고향은 위주였고 그곳은 경숙의 관할범위였다. 우문술이 때때로 서신을 경숙에게 보냈는데 경숙은 그 서신을 뜯어보지도 않은 채 편지를 나르는 사람에게 돌려주었다. 편지 심부름을 하는 사람이 이 사정을 우문술에게 알리지 않으니 우문술은 그런 일이 있는 줄은 꿈에도 몰랐다.

우문술의 가족과 측근들은 우문술의 위세를 믿고 여러 가지로 백성들을 괴롭혔다. 이에 백성들이 참을 길이 없어 경숙에게 신고했으며 경숙은 사실을 조사한 후 이들을 다 잡아들이고 법에 따라 엄하게 처벌했다.

우문술이 이를 전해 듣고는 경숙에게 앙심을 품게 되었고 수양제의 면전에서 누차 경숙을 모함했다. 경숙은 수나라의 기운이 다했음을 알고는 수양제에게 낙향을 허락해 줄 것을 청했다. 암둔한 수양제는 경숙의 요구를 들어주었다.

鋌而走險 정이주험

글자풀이	쇠뭉치 정(鋌 tǐng), 말 이을 이(而 ér), 달아날 주(走 zǒu),
	험할 험(險 xiǎn).
뜻풀이	① (궁지에 몰려)모험을 마다 않다 (위험을 무릅쓰다).
	② 이판사판으로 행동하다.
출전	춘추·로(春秋·魯) 좌구명(左丘明)
	『좌전·문공17년(左傳·文公十七年)』

유래   춘추시대春秋時代 때 송宋나라의 국왕인 소공昭公은 암둔하고 잔인한 성정이었으며 심지어는 할머니인 송양공부인宋襄公夫人에게도 무례하게 굴었다. 송양공 부인은 소공의 이복동생인 공자 포鮑를 귀엽게 여겼고 오래전부터 송소공을 제거하고 공자 포를 국군으로 세울 생각을 가지고 있었다.

그러던 어느 하루, 부인은 소공에게 맹제孟諸라는 곳에 사냥을 갈 것을 제안했고 그곳에서 거사를 치를 생각이었다. 소공이 이를 알고는 많은 보물을 지니고 떠났다. 사성관司城官 탕의저湯意諸가 소공에게 다른 나라로 도망칠 것을 권했으나 소공은 거부하면서 이렇게 말했다.

"대신들과 할머니의 신임도 얻지 못하는 나를 다른 나라의 제후들이 어찌 받아주겠는가? 게다가 한 나라의 왕인 내가 다른 사람의 신하로 들어가는 것은 죽기보다 못한 일이다."

소공은 지닌 보물들을 시종들에게 나눠주고 그들을 신변에서 떠나게 했다.

결국 송양공 부인이 사람을 파견해 소공을 죽이고는 공자 포를 보위에 올렸는데 그가 바로 송문공宋文公이다.

기원전 610년에 진晉나라가 위衛나라, 정鄭나라, 진陳나라 등과 연합해 송宋나라를 공격해왔다. 그 이유인즉 송宋나라 사람들이 자신들의 왕을 시해했다는 것이었다. 그러나 연합군이 송宋나라 경내에 도착했을 때는 송문공이 이미 즉위한 뒤였으며 이에 여러 나라 제후들은 태도를 바꾸어 송문공의 지위를 승인하고 송宋나라와 화의를 청했다.

진령공晉靈公은 이 기회를 이용해 호扈라는 곳에서 제후들의 회맹을 주재했다. 진령공은 정나라가 초楚나라와 내통하는 것에 불만을 가지고 있는지라 정나라 왕과의 대면을 거부했다. 이에 정나라가 불안을 느껴 대신 자가子家를 파견해 진晉나라의 집권대신 조순趙盾에게 편지를 전하도록 했다. 편지에서 정나라는 자신들이 처한 난처한 상황을 설명하고 진나라에 대한 충성을 보이는 한편 정나라도 결코 녹녹치 않음을 함축적으로 표현했다. 편지에는 이런 내용이 있다.

"…우리는 이미 할 수 있는 모든 일을 다 했으나 진나라는 만족하지 않습니다. 하오니 우리 정나라는 죽기를 기다릴 수밖에 없습니다. 옛사람들은 '사슴도 죽기 전에 듣기 좋은 소리를 낼 수 없다'고 했습니다. 작은 나라가 대국을 섬기는 경우 대국이 덕으로 대한다면 소국은 시종처럼 공손하게 대할 것입니다. 그렇지 않을 경우 마치 죽음의 위협에 처한 사슴처럼 쌍분살 것이며 그 어떤 모험도 마다하지 않을 것이니鋌而走險 어찌 다른 선택이 있을 수 있겠습니까?"

이에 진나라는 공삭鞏朔을 정나라에 파견해 우호를 다짐했으며 성의를 보이기 위해 조천趙穿과 공서지公壻池를 볼모로 보냈다.

同病相憐 동병상련

글자풀이   한가지 동(同 tóng), 병 병(病 bìng), 서로 상(相 xiāng),

불쌍히 여길 련(憐 lián).

뜻풀이   같은 병을 앓는 사람끼리 서로 가엾게 여긴다.

출처   한(漢) 조엽(趙曄)『오월춘추·합려내전(吳越春秋·闔閭內傳)』

유래   춘추시대春秋時代 때 초楚나라의 평왕平王이 태자 건建을 죽이는 큰 사건이 발생해 태자 건의 태부太傅였던 오사伍奢와 그의 큰 아들도 여기에 연루되어 죽게 되었으며 오사의 작은 아들인 오자서伍子胥가 혈혈단신으로 오吳나라로 도망쳤다.

당시 오나라의 공자 광光은 왕위를 차지하기 위해 뜻이 맞는 인재들을 모으고 있었는데 오자서의 재능을 알아보고 심복으로 삼았다. 오자서가 자객 한 명을 추천했으며 이 자객이 오나라 왕인 요僚를 죽였고 공자 광이 결국 왕위에 올랐는데 그가 바로 오왕 합려闔閭이다. 합려는 즉위한 후 오자서를 중용했고 오자서도 오나라의 국력을 키우는데 온 힘을 다했다. 오자서는 힘을 길러 초나라를 공격함으로써 아버지와 형의 원수를 갚고자 했다.

공자 광이 보위에 오르기 전해에 초나라의 좌윤左尹이었던 구완俉宛도 모함을 받아 죽게 되었는데 그의 친척인 백비伯嚭는 연루될까봐 무서워 야반

도주를 했다. 그는 오자서가 오나라에서 중용되었다는 말을 듣고 자신도 오왕 합려를 찾아가기로 마음먹었다.

백비가 오나라에 도착하니 오자서는 열정적으로 맞이했다. 환영연회에서 한 대부가 가만히 오자서에게 물었다.

"백비의 위인이 어떤지 잘 모를진대 어찌 만나자 바람으로 그를 믿는단 말입니까?"

이에 오자서가 엄한 표정을 짓고 말했다.

"이는 백비와 내가 같은 원한을 품고 있기 때문이오. 당신은 『하상가河上歌』를 들은 적이 없단 말이요? 이 노래는 사람들에게 동병상련同病相憐의 이치를 알려주는 것이라오."

백비도 오자서와 마찬가지로 불행한 일을 겪었고 복수심에 불타 있었기에 오나라에서 꼭 성공해 가문의 원수를 갚으리라 계속 자신을 담금질했다. 후에 백비 역시 오나라의 대부大夫로 임명되었다.

同讎敵愾 동수적개

글자풀이	한가지 동(同 tóng), 원수 수(讎 chóu), 원수 적(敵 dí), 성낼 개(愾 kài).
뜻풀이	공동의 적에 대하여 함께 적개심을 불태우다.
출전	춘추·로(春秋·魯) 좌구명(左丘明)
	『좌전·문공4년(左傳·文公四年)』

유래   기원전 623년 위衛나라의 영무자寧武子가 노魯나라에 사신으로 가니 노문공魯文公이 연회를 차려 대접했다. 연회에서 문공은 악공에게 『잠로湛露』와 『동궁彤弓』이 두 곡을 연주하게 했다. 영무자는 연주를 듣자마자 이는 주周나라 천자가 제후들에게 하사품을 내리거나 칭찬을 할 때 사용하는 연회음악임을 알았다. 하여 그는 연회가 진행되는 동안 감사의 인사를 입 밖에 내지 않았다.

문공은 영무자가 연회 내내 침묵을 지키는 것이 혹시 소홀히 대접한 것은 아닌가 걱정되어 연회 후 사람을 보내 사정을 알아보게 했다.

이에 영무자가 그 사람에게 이렇게 말했다.

"이전에 제후들이 천자를 배알하는 것은 천자의 가르침을 받기 위해서였고 천자가 연회를 마련해 제후들을 대접하는 자리에서 『감로』라는 곡을

연주하도록 했습니다. 이는 천자가 마치 태양과도 같고 제후들은 이슬과
도 같음을 말하는 것입니다. 이에 제후들은 천자의 명을 받아 영지에 돌아
가서 자기의 군대를 인솔했으며 천자의 적을 자신의 적으로, 천자의 원한
을 자신의 원한으로 삼았으며 적과 용감히 싸우고 앞 다투어 전공을 세웠
습니다.同讐敵愾 승전을 한 후에는 천자께서 여러 제후들에게 동궁과 화살
을 하사해 치하하셨는데 이 역시 응당한 것이었습니다. 이번에 우리 위나
라가 노나라에 온 것은 돈독한 우의를 보여주기 위함인데 대왕께서는 천
자가 제후에게 은혜를 베푸는 예절을 따라 배워 악공에게 『감로』를 연주하
게 하고 동궁을 내리셨습니다. 이러하오니 저는 침묵을 지키는 수밖에 없
었습니다."

同甘共苦 동감공고

글자풀이	한가지 동(同 tóng), 달 감(甘 gān), 함께 공(共 gòng), 쓸 고(苦 kǔ).
뜻풀이	동고동락하다.
출전	한(漢) 유향(劉向)『전국책·연책1(戰國策·燕策一)』

유래   전국시대戰國時代 때 연소왕燕昭王은 나라가 피폐한 시기에 즉위했다. 연燕나라를 다시 부흥에로 이끌고 제齊나라에 복수하기 위해 그는 널리 세상의 인재들을 모으기 시작했다.

어느 하루는 연소왕이 당시의 명사인 곽외郭隗를 찾아가 이렇게 가르침을 청했다.

"우리나라가 혼란한 틈을 타서 제나라가 공격을 가해 왔으나 우리는 나라가 작고 국력도 미약하여 제나라에 복수할 기회를 찾기가 쉬울 것 같지 않습니다. 허나 유능한 인재들을 모아 그들과 나라의 큰일을 논의하고 당한 치욕을 씻는 것이 과인의 최대 소망입니다. 나라를 위해 복수하려면 어떻게 해야겠습니까?"

곽외가 연소왕에게 제왕이라면 능력 있는 사람들을 사귀고 소인배들을 멀리 해야 한다는 도리를 말한 후 이렇게 말을 이었다.

"대왕께서는 국내의 현명한 인재들을 물색하신 후 직접 찾아가 만나시고 후하게 대하십시오. 천하의 현자들은 대왕께서 이토록 인재를 극진히 대한다는 것을 알게 되면 곧 연나라를 찾아올 것입니다."

소왕이 물었다.

"그럼 누구를 만나야 선생이 말한 그런 효과를 볼 수 있겠습니까?"

곽외의 대답은 이러했다.

"옛날 어떤 임금이 천금을 내걸고 천리마를 사려 했으나 3년이 지나도록 사지 못했습니다. 궁의 한 관원이 천리마를 구해오겠노라고 사성해 니셨고 석 달 후에는 죽은 천리마를 찾게 되었는데 5백금을 주고 말머리를 사가지고 돌아왔습니다. 임금이 크게 노했으나 그 관원은 이렇게 고했습니다. '죽은 말도 5백금을 주고 사니 살아 있는 말이야 더 말할 나위가 있겠습니까? 이렇게 하면 천하의 사람들이 대왕께서 진심으로 말을 사려 한다고 믿을 것이고 그 결과는 좋은 말들을 보내올 것입니다.' 과연 1년도 안되어 사람들이 천리마 세필을 가져왔습니다. 지금 대왕께서 진정으로 유능한 인재를 모시려 한다면 저 곽외부터 시작하십시오. 저 같은 사람을 대왕께서 선택하시는 마당에 저보다 더 유능한 사람들이야 말이 필요 없지 않겠습니까?"

이에 소왕이 곽외에게 궁실을 지어주고 스승으로 모셨다. 얼마 후 악의樂毅 등 유명한 인사들이 너도나도 연나라 조정에 출사했다.

연소왕은 국정운영에 혼신의 힘을 다 바쳤고 백성들과 동고동락하였다.同甘共苦 28년 후 연왕은 악의를 상장군으로 임명하여 초楚, 한韓, 조趙, 위魏 등 나라들과 연합해 제나라를 공격하게 하니 제나라는 크게 패하고 제민왕齊愍王은 다른 나라로 도망쳤다. 이어 연나라 군대는 제나라의 도성 임치臨淄를 공략했다.

同工異曲 동공이곡

글자풀이	한 가지 동(同 tóng), 장인 공(工 gōng), 다를 이(異 yì), 악곡 곡(曲 qǔ).
뜻풀이	① 곡은 달라도 교묘한 솜씨는 똑같다.
	② 서로 다른 사람의 문장이나 언변 등이 똑같이 훌륭하다.
	③ 방법은 다르나 같은 효과를 내다.
출전	당(唐) 한유(韓愈)『진학해(進學解)』

유래   한유韓愈는 당唐나라 때의 걸출한 산문散文작가였고 그의 산문은 당송唐宋시기 높은 평가를 받았다. 그는 조정에서 임직한 적이 있었는데 깊은 학식으로 태학 학생들의 칭송을 받았다. 한번은 그가『진학해進學解』라는 글을 발표해 자신이 높은 학식을 갖추고 있으나 배척을 당하고 중용되지 못하는데 대한 불만을 토로했다.

어느 한번은 한유가 태학 학생들에게 이런 내용을 강했다.

"학업은 부지런함에서 정진되고 방만함에서 황폐해진다. 심사숙고를 하는 사람은 성취를 이룩할 수 있고 낡은 것을 고집하거나 제멋대로 하게 되면 실패를 피하지 못한다. 작금에 황제께서 군신들과 화목하게 지내고 일처리에 공정하며 재능이 있는 사람들이 많이 등용되니 어찌 재능이 있으나 등용되지 못한다고 불만을 가질 수 있겠는가?"

학생들이 크게 웃었고 그중 한 명이 일어나 이렇게 반문했다.

"스승님께서는 거짓말을 하십니다. 제자는 스승님 문하에서 몇 년을 있었는지라 스승님이 학업과 연구에 매우 부지런함을 잘 알고 있습니다. 우순虞舜과 하우夏禹시대의 저작과 『상서』, 『시경』, 『장자』, 『사기』에 이르기까지, 그리고 서한西漢 양웅揚雄과 사마상여司馬相如의 글에 이르기까지 모두가 자기 특징을 가진 좋은 글입니다. 이는 마치 곡이 다르기는 하지만 모두가 아름답고 귀맛 좋다고 하겠습니다同工異曲. 스승님의 글은 내용이 풍부하고 그 표현이 소탈합니다. 또 스승님은 품성과 행동에 신중하시여 성취를 거두었으나 왜 지금까지도 진퇴유곡의 상황이 처해 있는 것입니까?"

同流合汚 동류합오

글자풀이   한가지 동(同 tóng), 흐를 류(流 liú), 합할 합(合 hé), 더러울 오(汚 wū).

뜻풀이   ① 못된 놈들과 한 패거리가 되어 나쁜 짓을 하다.

　　　　　② 나쁜 물이 들다.

출전   『맹자·진심하(孟子·盡心下)』

유래   맹자孟子의 제자인 만장萬章이 어느 하루는 스승과 함께 공자
孔子의 위인과 처세술에 대해 토론하게 되었다. 맹자가 이렇게 말했다.

"공자께서는 세 부류의 사람들과만 접촉했다. 첫 번째는 그 언행이 중용中
庸의 도에 부합되는 사람이고 두 번째는 자유분방한 사람이며 세 번째는
나쁜 일을 하지 않는 사람이다. 공자님께서 제일 싫어하고 멸시하는 사람
은 어떤 사람인지 아느냐?"

만장이 모른다고 하니 맹자가 말을 이었다.

"바로 무골호인이다. 이런 사람들이 공자의 집문 앞을 지나도 공자님은 이
들을 거들떠보지도 않았고 전혀 유감으로 생각하지 않았다."

만장은 공자가 무골호인을 이토록 경멸한다는 것을 듣고는 무골호인이
어떤 사람인지 궁금해 맹자에게 물었다.

"스승님, 공자님께서 말씀하진 무골호인은 어떤 사람들을 말하는 것입니
까? 왜 그런 사람들을 그토록 싫어하신 것입니까?"

맹자의 해석은 이러했다.

"이런 사람들은 말과 행동이 서로 다르며 큰 성취가 없이 그럭저럭 일을 처
리하면서 자신에 대해 높은 요구가 없다. 이들은 다른 사람과의 관계에서
교활하면서도 누구한테도 척을 지지 않는다."

만장이 확실히 그런 사람들이 있다고 머리를 끄덕였다.

맹자가 말을 이었다.

"이런 사람들은 대처하기도 쉽지 않다. 이들을 비평하려 해도 드러난 큰 잘못이 없고 꾸짖으려 해도 확실한 증좌를 찾을 수 없다. 이런 사람들의 교활함과 세속적임은 그 행동이 시대의 흐름에 영합해 나쁜 물이 들고 풍속을 따라 가는 것이다同流合汚. 이들은 표면상 충직하고 성실한 것 같지만 그 마음은 자신밖에 모르며 시시비비를 따지지 않고 개인의 이해득실만 따진다. 문제는 많은 사람들이 이런 행위를 긍정적으로 여긴다는 것이다. 이는 중용의 도와는 완전히 배치되는 것이므로 공자님은 이런 사람들을 제일 경멸한 것이다."

同舟共濟 동주공제

글자풀이	한가지 동(同 tóng), 배 주(舟 zhōu), 함께 공(共 gòng), 건널 제(濟 jì).
뜻풀이	① 같은 배를 타고 함께 풍파를 겪다.
	② 어려운 환경에서 서로 돕다.
	③ 같은 목적을 위하여 함께 시련을 겪다.
출전	『손자·구지편(孫子·九地篇)』

유래　　　손자孫子는 춘추春秋 말 제齊나라 사람이다. 그는 오吳나라 왕 합려闔閭를 도와 군사를 훈련했으며 오나라 군대를 지휘하여 강대한 초楚나라를 격파함으로써 제후국들 중에서 오나라의 국위를 크게 떨쳤다. 그가 쓴 『손자병법孫子兵法』은 중국 역사상 유명한 병법서이다.

어떤 사람이 손자에게 물은 적이 있다.

"어떤 진법을 사용해야 적에게 격파당하지 않습니까?"

손무의 대답은 이러했다.

"당신이 만약 뱀의 머리를 친다면 뱀은 꼬리로 반격할 것이고 뱀의 꼬리를 친다면 머리로 당신을 습격할 것이며 만약 뱀의 허리를 친다면 뱀은 머리와 꼬리를 이용해 공격할 것입니다. 때문에 진법에 능한 장군이라면 군대를 뱀 모양의 진세로 배치하여 머리와 꼬리가 서로 구원할 수 있게 함으로써 하나의 통일체를 구성해야 합니다. 전前, 중中, 후後가 서로 돌볼 수 있어야 적군에 의해 격파되지 않을 수 있습니다."

그 사람이 또 물었다.

"그럼 군대의 장졸들은 뱀처럼 머리와 꼬리가 통합체로 되어 적을 만나면 서로 지원할 수 있는 능력을 갖출 수 있는 것입니까?"

손무가 말했다.

"이 점은 염려할 필요가 없습니다. 전쟁터는 생사의 갈림길이고 전쟁은 군사들이 일심협력하도록 합니다. 예하면 오나라와 월越나라는 서로 원수이고 평시에는 상대방을 삼켜버리려 합니다. 허나 이들이 같은 배에 앉아 바다를 건너다가 큰 풍랑을 만나게 되어 배가 침몰될 위험이 생긴다면 이들은 과거의 원한을 잊고 한마음으로 풍랑과 싸워 어떻게든 배의 침몰을 막으려 할 것입니다同舟共濟. 위험에 처하면 원수지간에도 함께 풍파를 이겨낼 수 있으니 원수가 아니고 오히려 정이 깊은 장졸들이야 더 말할게 있겠습니까? 때문에 군사들은 반드시 뱀처럼 하나의 통일체를 이루어 서로 구원할 것입니다."

痛定思痛 통정사통

글자풀이	아플 통(痛 tòng), 정할 정(定 dìng), 생각할 사(思 sī), 통(痛 tòng).
뜻풀이	① 고통이 가라앉은 다음, 이전의 고통을 회상하다.
	② 참혹한 실패 뒤에 그 실패를 반성하다.
출전	송(宋) 문천상(文天祥)
	『문산전집·지남록후서(文山全集·指南錄後序)』

유래　　　원元나라 군대에 감금되었던 문천상文天祥은 가까스로 도망쳐 바다를 건너 남쪽으로 향하는 도중 자신이 처했던 위험천만의 순간들을 기록했고 애국의 충정을 담은 많은 시편들을 창작했다. 후에 그는 이런 시작詩作들을 책으로 묶어 『지남록指南錄』이라 명명했다. 『지남』이란 바로 자석처럼 영원히 남쪽을 향한다는 뜻으로 송宋 왕조에 대한 그의 충성심을 보여주는 것이다.

『지남록후서』에서 문천상은 자신이 원나라 군영에 담판하러 갔다가 북쪽지역으로 추방되고 중도에 도망을 쳐서 복주福州까지 거의 유랑을 하며 온 과정을 개략적으로 썼다. 그중 네 번째 단락은 당시 자신의 위험한 처지를 적으면서 그 어느 하루도 죽음의 위협을 느끼지 않은 적이 없다고 회고했다. 글에는 이런 내용이 있다.

"생과 사는 마치 낮과 밤이 바뀌듯 자연스러운 일이었다. 죽으면 그만이지만 힘들고 험난한 일들이 반복적으로 나타나니 이는 이 세상에서 결코 받아들일 수 없는 일이다. 힘들었던 지난 일을 다시 회상할 때의 그 고통은 얼마나 마음속 깊은 것인지 헤아릴 바 없다!痛定思痛"

痛心疾首 통심질수

글자풀이	아플 통(痛 tòng), 마음 심(心 xīn), 병 질(疾 jí), 머리 수(首 shǒu).
뜻풀이	① 몹시 원망하다. 원망함이 극에 달하다.
	② 뼈저리게 느끼다. 가슴 아프게 느끼다. 침통하게 뉘우치다.
출전	춘추·로(春秋魯) 좌구명(左丘明)
	『좌전·성공13년(左傳·成公十三年)』

유래   춘추시대春秋時代 때 주周나라 천자天子의 지위가 점차 쇠락하고 제후국들의 세력이 강대해졌다. 이런 제후국들은 더 많은 땅과 패주의 지위를 차지하려 했다. 그중에서 진晉나라와 진秦나라는 패주覇主 지위에 눈독을 들이는 나라였다.

두 나라간 관계는 원래 좋은 편이었다. 혼인을 통해 친선을 돈독히 하는가 하면 진목공秦穆公 때는 진晉나라를 도와 왕의 지위를 유지하도록 했다. 진晉나라 공자인 중이重耳, 즉 훗날의 진문공晉文公이 외국에 피신했을 때에도 진秦나라의 큰 도움을 받아 귀국 후 왕위에 오를 수 있었다.

그러나 두 나라는 국경을 사이에 두고 있었고 서로 영토를 확장하려는 야심이 있었다. 하여 양국 간에는 세력범위를 놓고 늘 충돌이 발생했다. 진목공부터 진환공秦桓公 3대에 이르는 기간 양국 간에는 전쟁이 끊이지

않았다.

    진려공晉厲公이 즉위한 후 양국 국경에서 또 다시 충돌이 발생했다. 이에
두 나라 왕은 영호令狐에서 만나 맹약을 맺고 국경분쟁을 해결했다.

    그러나 진환공은 귀국하자마자 맹약을 저버렸다. 그는 국경을 이웃한
소국인 백적白狄을 칠 것이니 함께 출병할 것을 진晉나라에 요구했다. 백적
은 진秦나라의 적국이나 진晉나라와는 인척관계였다. 그러나 진秦나라의
위세에 눌린 진晉나라는 할 수 없이 그렇게 하자고 대답했다.

    허나 진秦나라는 백적국에 사신을 보내 이렇게 말했다.

"진晉나라가 당신들을 공격하려고 하니 백적은 응당 우리 진秦나라를 따라
  야 하며 함께 힘을 모아 진晉나라에 대항하여야 할 것이다."

진晉나라 왕이 이 일을 알고는 신의를 저버린 진秦나라를 몹시 미워했으며 여상呂尙을 파견해 진秦나라와 단교를 하도록 하고 진환공에게 이렇게 전했다.

"지금 모든 제후국들이 당신들 진秦나라가 돈과 재물만 따지고 신의를 저버리는 나라임을 알고 진秦나라에 대한 원망이 극이 달해 우리 진나라와 우호관계를 맺으려 하고 있다. 지금 우리는 여러 제후국들과 함께 진秦나라와 싸울 만반의 준비가 되어 있다. 만약 당신들 진秦나라가 맹약을 지킨다면 우리는 여러 제후국들에게 군대를 거두라고 권고할 것이며 맹약을 저버린다면 전쟁터에서 자웅을 겨룰 수밖에 없다."

진환공은 진晉나라 따위는 안중에도 없었다. 이에 진晉나라가 여러 제후국들과 연합하여 진秦나라와 전쟁을 치렀으며 이번 전쟁에서 진秦나라 군대는 크게 패했다.

頭破血流 두파혈류

글자풀이	머리 두(頭 tóu), 깨뜨릴 파(破 pò), 피 혈(血 xuè), 흐를 류(流 liú).
뜻풀이	① 머리가 깨어져 피가 흐르다. ② 여지없이 참패를 당하다.
출전	명(明) 오승은(吳承恩)『서유기』

유래   어느 하루는 당승唐僧과 세 명의 제자들이 느릿느릿 길을 가
다가 한 무리의 승려들이 벽돌과 기와, 나무 등을 실은 수레를 밀며 가파른
언덕을 오르는 것을 목격했다. 얼마 후 도사 두 명이 현장에 나타나자 중들
은 더욱 힘을 내어 일했다. 손오공孫悟空이 두 도사에게 다가가 이렇게 말했다.

"저의 숙부님이 어려서부터 출가하여 불가에 귀의하셨는데 저분들 중에
꼭 있을 것입니다."

도사가 말했다.

"그럼 저쪽 백사장에 가서 살펴보시오. 숙부가 저들 중에 있다면 방면해 드
리리다."

손오공이 백사장에 다가가니 중들이 급히 머리를 조아렸다. 이에 손오공은

"겁내지 마시오. 나는 도사도 아니고 감독관도 아니며 그저 친척 분을 찾으러 왔을 뿐이오."

중들은 친척을 찾으러 왔다는 말에 너도나도 얼굴을 보여주며 친척으로 인정되어 방면되기를 바랐다. 한참 만에 숙부를 찾지 못한 손오공이 돌아가 그 도사를 보고 이렇게 말했다.

"이 오백 명 스님들은 모두 나의 친척이요. 그중 백 명은 우리 집 왼쪽에서 살았고 다른 백 명은 우리 집 오른쪽에서 살던 이웃이요. 또 백 명은 친가 집 사람들이고 백 명은 외갓집 사람들이며 나머지 백 명은 친한 친구들이요. 그러니 이 오백 명을 다 풀어 주시오."

이에 도사가 말했다.

"저 중들은 국왕께서 하사하신 것이라 한두 명을 풀어주어도 스승님께 가서 사망신고를 해야 한다오. 그러니 어찌 다 풀어준단 말이요?"

손오공은 도사가 중들을 풀어주지 않는지라 귀에서 금고봉金箍棒을 꺼내 바람 쪽으로 몇 번 비비고는 흔들어댔는데 금고봉이 점점 굵어지고 길어

졌다. 손오공이 금고봉을 들고 갑자기 도사의 얼굴을 치니 도사는 머리가 깨어져 피가 흘렀으며頭破血流 살가죽이 터지고 뇌수가 흐르면서 죽어갔다. 이를 본 여러 중들이 "큰일 났다. 황제의 친척을 죽였다!"고 소리쳤다.

이에 손오공이 "나는 대당大唐 성승聖僧의 제자인 손오공이고 너희들의 목숨을 구하러 온 것이다"고 말했다. 그 말을 들은 중들이 제각기 흩어져 도망쳤다.

投筆從戎 투필종용

글자풀이	던질 투(投 tóu), 붓 필(筆 bǐ), 좇을 종(從 cóng), 군사 융(戎 róng).
뜻풀이	(문인이) 붓을 내던지고 종군하다.
출전	한(漢) 유진(劉珍) 등 『동관한기·반초전(東觀漢記·班超傳)』

유래   동한東漢 초년에 반씨班氏 가문은 2대에 걸쳐 네 명의 걸출한 인물이 나왔다. 아버지 반표班彪는 『사기후전史記後傳』을 저술했고 장자 반고班固는 20여년의 시간을 들여 『한서漢書』를 저술함으로써 기전체사서의 형식을 높은 수준으로 끌어 올려 단대사斷代史의 본보기가 되었다. 딸 반소班昭는 『한서漢書』 후속으로 8표八表를 썼으며 그 『천문지天文志』의 미완성부분을 정리해냈다. 차남인 반초班超는 유명한 외교가이며 뛰어난 담략과 무략으로 이름을 날렸다. "투필종융"은 바로 반초와 관련된 이야기이다.

반초의 형인 반고가 『한서』를 편찬하는 과정에 어떤 사람이 반고가 사초를 뜯어 고친다고 밀고를 하는 바람에 하옥되었다. 반초는 이 일과 관련해 황제에게 올린 상소에 이렇게 적었다.

"나라라면 그 역사가 없을 수 없으며 사서를 편찬하는 일을 하려는 사람에 대해 조정은 응당 도와주어야 할 것입니다. 지금 조정은 이를 권장하는 것이 아니라 오히려 죄명을 들씌워 공이 있는 사람을 옥에 가두었으니 나라를 위해 충정을 바치려는 뜻있는 사람들이 이를 본다면 어찌 낙담하지 않겠나이까?"

황제가 반초의 상서를 보고는 설득되어 즉시 반고를 석방하며 그를 도성에 불러 들여 교서랑校書郎직을 제수하고 전문적으로『한서』편찬에 몰두하도록 하라는 어지를 내렸다.

한명제漢明帝 영평永平 2년(기원12년)에 어지를 받은 반고가 어머니와 동생 반초, 여동생 반소와 함께 도성 낙양洛陽에 와서 임직했다. 교서랑이란 관직은 말단관리였고 그 녹봉도 보잘 것 없었다. 반씨 일가는 반고 한사람의 얼마 안 되는 녹봉으로 살아가니 그 살림살이가 변변치 않았다.

반초는 형님의 녹봉이 낮아 연로한 어머니와 식구들이 고생하는 것을 보고 형에게 일자리를 찾아달라고 부탁했다. 가족의 생계에 보탬이 되고 더불어 자신의 능력을 단련하자는 목적이었다.

반고는 도성에 온지 얼마 안 되어 아는 사람이 적었다. 새로 사귄 친구들에게 부탁해 보았으나 모두들 단시일 내에 적당한 일자리를 구하는 것이 쉽지 않을 것이라고 알려주었다. 이에 반고는 동생에게 관부의 문서를 필사하는 일을 맡겼다.

당시 관부의 문서 필사량은 엄청났고 거기에 엄격한 시간요구가 있었다. 그 요구를 만족시키기 위해 반초는 매일 날이 밝자마자 일어나 작업을 시작했고 저녁 늦게야 일을 마칠 수 있었다. 이런 지루한 과정에서 반초는 온몸이 시큰시큰하고 두 눈이 침침할 정도였다.

　이런 지루하고 단조로운 일을 하면서 반초는 마음이 산란할 때면 자신이 품어 온 큰 뜻을 생각하곤 했다. 허나 노모의 더 나은 생활을 위해서 억지로 일을 계속하곤 했다.

　어느 날 반초는 자신이 하고 있는 일이 너무나 무료한 것이고 이렇게 더 지내다가는 평생의 포부를 영원히 실현할 수 없을 것이라 생각하고는 울화가 치밀어 붓을 땅바닥에 내던지며 말했다.

"대장부가 큰 뜻을 이루지 못한다면 적어도 부개자傅介子, 장건張騫처럼 나라의 외교를 위해 재능을 바쳐 제후로 될 일이지 이런 무료한 일에 허송세월해서야 되겠는가?"

이때부터 반초는 붓을 놓고 군대에 들어갔다投筆從戎. 그는 작전에서 용맹무쌍하여 빠른 승진을 이어갔다. 얼마 후 조정에서는 반초를 사신으로 임명해 외국에 파견했고 반초는 끝내 자신의 재능을 마음껏 발휘할 수 있게 되었다.

投鼠忌器 투서기기

글자풀이	던질 투(投 tóu), 쥐 서(鼠 shǔ), 꺼릴 기(忌 jì), 그릇 기(器 qì).
뜻풀이	① 쥐를 때려잡고 싶어도 그릇을 깰 가봐 겁내다.
	② 나쁜 놈을 벌하고 싶어도 도리어 다른 큰 손해를 볼까 봐 못하다.
출처	진(晉) 진수(陳壽)『삼국지(三國志)』

유래   동한東漢 말 한漢나라 왕실이 몰락일로를 걷게 된다. 이때 조조曹操가 한헌제漢獻帝를 옆에 끼고 천하의 제후들을 호령하니 그 위세가 하늘을 찌를 듯 했다.

어느 한번은 한헌제와 승상 조조, 황숙 유비劉備가 함께 사냥을 가게 되었다. 조조는 자기의 무공을 보여주기 위해 한헌제와 함께 말을 달렸다. 한헌제는 멀지 않은 곳에 토끼 한마리가 보이자 유비에게 활을 쏘라고 하면서 활솜씨를 한번 구경하자고 말했다. 유비가 활시위를 당겨 살을 날리니 그대로 토끼를 명중했고 한헌제는 명궁이라고 칭찬했다. 한참 지나 한헌제가 큰 사슴 한 마리를 발견하고 세 번 화살을 날렸으나 명중하지 못하고 조조에게 쏴보라고 명했다. 조조는 한헌제의 금비전金鈚箭을 받아들고 한 번에 사슴을 명중했다. 수하 장수와 군졸들이 사슴의 몸에 박힌 금비전을 보고는 헌제가 쏜 것 인줄 알고 "만세"를 높이 불렀다. 조조는 득의양양해

87

서 한헌제의 면전에서 수하들의 환호성에 답례했다. 이를 본 관우關羽가 참을 수가 없어 칼을 들고 조조를 베려 하였으나 유비가 경거망동하지 말라고 관우를 말렸다. 후에 관우가 유비에게 왜 조조를 죽이지 못하게 했는지 묻자 그는 이렇게 답했다.

"쥐를 때려잡고 싶어도 그릇을 깰까 우려해서야投鼠忌器. 그 옆에 황제 폐하께서 계셨지 않았는가?"

圖窮匕見 도궁비현

글자풀이	그림 도(圖 tú), 다할 궁(窮 qióng), 비수 비(匕 bǐ), 나타날 현(見 xiàn).
뜻풀이	① 모략이 드러나다.
	② 마지막 단계에서 진상이나 본성이 드러나다.
출전	한(漢) 유향(劉向)『전국책·연책3(戰國策·燕策三)』

유래   전국시대戰國時代 말, 연燕나라의 태자太子 단丹이 진秦나라에 볼모로 잡혀 있다가 간난신고 끝에 연나라로 돌아왔다. 이때의 진나라는 국력이 강성하여 연이어 한韓나라와 조趙나라를 멸하고는 이어 그 예봉을 연나라에 돌렸다. 풍전등화의 위기에 몰린 연나라의 태자 단은 불리한 정세를 돌려세우기 위해 진왕秦王을 암살할 계획을 세웠다.

태자 단은 이 임무를 수행할 사람으로 검술에 능한 형가荊軻를 선택했다. 형가가 진왕에게 가까이 접근할 수 있도록 태자 단은 진왕을 속일 "선물" 두 가지를 준비했다. 그 하나는 진나라를 배반하고 연나라에 도망쳐온 진나라 장수 번어기樊於期의 수급이고 다른 하나는 연나라 독항督亢지역의 지도였다. 지도를 바친다는 것은 이 땅을 진나라에 넘기겠다는 표시였다.

이 두 가지 "선물"을 각각 목갑에 넣었고 진왕암살에 사용할 비수는 두루마리 지도의 제일 안쪽에 감추었다. 형가를 도울 사람으로는 진무양秦舞

陽을 선택했다.

　진왕은 연나라가 사신을 보내왔고 자신이 제일 바라던 두 가지 선물을 보내왔다고 하니 크게 기뻐하며 도성 함양咸陽에 있는 궁에서 이들을 융숭하게 맞이했다. 형가는 번어기의 수급이 들어 있는 목갑을 들고 앞에서 걸었고 진무양은 지도가 들어 있는 목갑을 들고 뒤를 따랐다.

　극도로 긴장상태에 처한 진무양은 계단을 오를 때 두 손을 떨었고 얼굴색이 하얗게 변했으며 이는 진나라 대신들의 의심을 샀다. 이를 본 형가가 이런 장중한 분위기를 경험해보지 못했고 진왕의 위엄에 겁에 질린 것이라 둘러대어 위기를 넘겼다. 형가가 진왕의 요구대로 진무양의 손에서 지도가 든 목갑을 받아들고는 지도를 꺼내 두 손으로 진왕에게 진상했다. 진왕이 지도를 천천히 펼치면서 보기 시작했고 형가가 옆으로 다가가 설명을 했다. 지도가 끝까지 펼쳐지자 비수가 드러났다.圖窮匕見 형가가 잽싸게 오른 손으로 비수를 쥐고 왼손으로 진왕의 팔소매를 잡고는 그대로 찔렀으나 진왕이 몸을 피했다. 궁지에 몰린 진왕이 검을 뽑으려 했으나 그럴 겨를이 없는지라 두 사람이 궁전의 기둥을 가운데 두고 빙빙 돌면서 기회를 노렸다. 궁의 호위병들은 진왕의 명이 없는지라 감히 앞에 나서지 못했다.

바로 위기일발의 순간에 진왕의 신하 중 한 명이 급한 김에 어의가 쓰는 자루를 들어 형가를 공격하면서 진왕에게 검을 등 뒤에 돌려서 뽑으라고 알렸다. 그때에야 정신이 든 진왕이 대신의 말대로 하여 검을 뽑아 들고는 형가의 왼다리를 베었다. 형가는 쓰러지면서 비수를 진왕에게 뿌렸으나 명중하지 못했고 호위병들이 삽시에 몰려들어 형가를 갈가리 찢어 죽였다.

徒有虛明 도유허명

글자풀이	무리 도(徒 tú), 있을 유(有 yǒu), 빌 허(虛 xū), 이름 명(明 míng).
뜻풀이	① 텅 빈 이름뿐이다. 한낱 빈이름 뿐.
	② 이름뿐 실질이 따르지 못하다.
	③ 유명무실하다.
출처	명(明) 나관중(羅貫中)『삼국연의(三國演義)』제95회

유래   삼국시기 촉蜀나라 승상丞相 제갈량諸葛亮은 위魏나라 정복을 자신의 소임으로 삼고 군사를 동원해 북벌을 시작했다. 그는 군대를 기산祁山에 있는 군영에 주둔시켰다.

이느 날 제갈량은 사마의司馬懿가 20만 대군을 거느리고 기산 쪽으로 오고 있다는 급보를 받았다. 제갈량은 사마의의 목적이 가정街亭을 탈취하여 한나라 군사의 보급로를 차단하려는 것임을 간파했고 가정이 비록 작은 곳이나 중요한 요충지이고 이를 잃게 되면 큰 후환이 생길 것이라고 판단했다.

촉나라의 장수 마속馬謖은 병법에 능통하다고 자부하는 사람이었다. 그는 작은 곳 가정을 지켜내는 것쯤은 식은 죽 먹기라고 여겼고 가정을 지키게 해달라고 강하게 요구했으며 군령장까지 썼다.

제갈량은 마속에게 2만 5천의 군사를 내주고 장군 왕평王平을 보내 마속을 돕도록 했다. 그는 마속에게 절대 경계를 늦추지 말라며 이번 싸움은 결코 져서는 안 된다고 신신당부했다.

마속이 왕평과 함께 군사들을 이끌고 가정에 도착해보니 곳곳에 산길이 나있는지라 웃으면서 왕평에게 말했다.

"승상께서는 담이 작으시군요. 이런 험한 곳에 위나라 군사들이 감히 올 리가 있겠습니까?"

이에 왕평이 말했다.

"위나라 군사들이 감히 못 올수는 있겠으나 만일의 경우를 생각해 우리 군은 길목에 군사를 주둔시켜야 할 것입니다."

그러나 마속은 자기의 주장을 고집하면서 길가가 아니라 산위에 군사들을 주둔시켰다. 왕평이 이를 우려하며 지적했다.

"장군, 길가에 진을 치고 있으면 적들이 우리 몰래 지나갈 방법이 없습니다. 허나 산위에 주둔하면 적들이 사면에서 우리를 포위할 수 있으니 그때는 어떻게 대처하겠습니까?"

마속은 그럴 리가 없다는 어투로 말했다.

"병법에 높은 곳을 차지하면 아래쪽을 통제할 수 있고 파죽지세로 적을 쓸어버릴 수 있다고 했습니다. 만약 위나라 군사들이 이 가정을 공격한다면 전 그들을 모조리 쓸어버릴 것입니다."

마속이 이처럼 고집을 부리자 왕평은 이렇게 권고했다.

"이 산은 매우 험한 곳입니다. 적들이 쳐들어와 우리의 물 공급을 차단하면 우리는 혼란에 빠질 것이니 장군께서 재고해 주시기 바랍니다."

마속은 귀찮다는 듯이 말했다.

"그런 말 마시오. 손자병법孫子兵法에 죽을 결심을 하고 행한다면 살수 있다고 했습니다. 적들이 우리의 물 공급을 차단한다면 우리 군사들은 사생결단하고 싸울 것입니다. 저는 병법서들을 수많이 읽었고 승상께서도 늘 저에게 병법에 관해 하문하시는데 장군이 뭐 길래 나를 막는단 말입니까?"

왕평이 자기의 주장을 꺾지 않고 산에 진을 치는 것을 반대하니 마속은 왕평에게 5천명의 정예 군사들을 주어 산에서 10여리 떨어진 곳에 주둔하도록 하고 산위의 군영과 기각지세를 이루도록 했다.

사마의가 대군을 통솔해 가정에 도착하니 마속이 산위에 군사를 주둔시켰다고 척후병이 알려왔다. 이에 사마의는 박장대소했다.

"마속의 명성은 허울뿐이고 그 실력이 형편없구나.徒有虛名 제갈량이 이런 인물을 기용했으니 큰일을 그르칠 수밖에 없지."

사마의는 군사들을 작전에 투입했고 즉시 산 주위를 겹겹이 포위했다. 마속이 산위에서 내려다보니 도처에 위나라 군사들이라 황망히 촉나라 군사들에게 산 아래로 돌격하라고 명령했다.

허나 위나라 군의 기세에 눌린 촉나라 군사들이 겁에 질려 진격하지 못했다. 마속이 크게 노해 두려움에 떨고 있는 장수 두 명을 베니 그제야 촉나라 군사들은 할 수 없이 산 아래로 공격했다. 그러나 위나라 군사들은 이미 만반의 준비를 갖추고 침착하게 대응했다. 이에 촉나라 군사들이 별수 없이 산위의 주둔지로 돌아갔다. 사태의 심각성을 직감한 마속이 군영의 문을 굳게 닫아걸라고 명하고 지원군이 오기를 기다렸다.

왕평이 수하의 군사를 거느리고 구원하러 왔으나 병력이 너무 적은지라 위나라 군사들은 쉽게 물리쳤다.

산위의 촉나라 군사들은 하루 동안 포위되고 물 공급도 끊겼는지라 군심이 크게 동요되었다. 저녁이 되자 산위의 촉나라 군사들은 배고픔을 참지 못하고 하나둘 산을 내려가 투항했다. 이때 위나라 군사들이 산에 불을 지르고 공격을 개시했다. 대세가 이미 기운 것을 본 마속은 패잔병들을 모아 도망칠 수밖에 없었고 군사요충지인 가정은 위나라의 수중에 들어갔다.

土崩瓦解 토붕와해

글자풀이	흙 토(土 tǔ), 무너질 붕(崩 bēng), 기와 와(瓦 wǎ), 풀 해(解 jiě).
뜻풀이	① 산산이 부서지다. ② 여지없이(철저하게) 무너지다.
출전	한(漢) 유안(劉安) 등『회남자·태족훈(淮南子·泰族訓)』

유래 　　상商나라의 주왕紂王은 역사상 유명한 폭군이다. 그는 황음무도한데다가 주색만 밝혔고 나라 일에는 전혀 관심이 없었다. 게다가 그는 간신모리배들의 말을 믿었고 충신들을 배척했으며 백성들에게 가중한 세금을 부과하고 걸핏하면 사람을 죽였다. 거금을 들여 화려한 궁전과 화원을 만드는가 하면 가혹한 형벌을 제정하여 사람들이 고통 받는 것을 재미로 구경하니 백성들이 겪는 고초는 말이 아니었다.

　　상나라는 그 국토가 드넓었다. 동해에서 서쪽의 인적이 드문 사막에까지 이르고 남쪽의 오령五嶺 이남지역에서부터 북으로는 유주幽州에까지 이르렀다. 수만에 이르는 군대가 용관容關에서부터 포수蒲水에까지 주둔하였다. 허나 군사들은 주왕을 위해 목숨을 바치려 하지 않았으며 그 사기가 땅바닥에 떨어졌다. 상나라는 점점 위태로운 상황에 이르게 되었다.

　　이런 형편에서 주무왕周武王이 친히 정예군을 이끌고 상나라를 진공하니 이르는 곳마다 승전을 거듭했다. 주왕의 군대는 물 먹은 담처럼 무너졌

고 그 정권이 와해되는 것이 마치 기왓장이 깨지는 듯, 흙이 무너지듯 하였

다. 土崩瓦解

土龍雛狗 토룡추구

글자풀이　흙 토(土 tǔ), 용 룡(龍 lóng), 꼴 추(雛 chú), 개 구(狗 gǒu).

뜻풀이　① 흙으로 빚은 용, 짚으로 엮어 만든 개. ② 명실상부하지 않다.

출처　진(晉) 진수(陳壽)『삼국지·촉서·두미전(三國志·蜀書·杜微傳)』

유래　유비劉備가 제갈량諸葛亮을 모시기 위해 삼고초려 한 이야기
는 널리 알려졌다. 사실 제갈량 본인도 재능 있는 인사들을 몹시 아끼는 사
람이었다. 유비가 촉蜀 땅에 나라를 세운 후 제갈량은 국세를 안정시키기
위해 도처의 인재들을 모으기 시작했다. 당시 유장劉璋의 수하에 주부主簿
두미杜微라는 사람이 있었는데 그는 귀가 먹었다는 평계를 대고 낙향해서
는 유비의 수하에서 일하려 하지 않았다. 주부 직은 문서와 법전 등을 관리
하는 하급관리였다. 제갈량은 두미가 능력 있는 인재지만 중용을 받지 못
했다는 말을 듣고는 그를 청하려 결심했다.

　제갈량이 직접 두미의 집을 찾아갔으나 두미는 전혀 황공한 기색이 없
었으며 제갈량이 뭘 물어보면 귀머거리 행세를 했다. 허나 제갈량은 전혀
불쾌해하지 않고 말하려는 내용을 적어서 두미에게 보였다.

"당신이 덕망 높은 인사라는 말을 듣고 한달음에 이곳까지 찾아왔습니다.

지금 유황숙劉皇叔 (유비)께서 촉 땅에 금방 들어오셨고 한漢나라 왕실을 회복하려면 능력 있는 인사들이 많이 필요합니다. 선생께서 이곳의 지형과 인정세태를 잘 알고 나라를 다스릴 재능도 가지고 있는 걸로 알고 있습니다. 조정에 나오셔서 함께 대업을 도모할 수 있기를 유황숙을 대신해 정중히 청하는 바입니다."

이를 읽은 두미가 필답을 했다.

"나는 이제 나이가 들고 병도 있어 이미 조정의 일을 다 사임했으니 더는 나랏일에 임하지 않을 것입니다. 게다가 지금 귀가 이토록 어두우니 불편한 것도 사실입니다."

제갈량은 두미가 병에 걸린 것은 사실이나 심각한 정도가 아님을 사전에 알고 있었다. 그는 두미가 구실을 대고 있음을 알고 끈질기게 두미를 설득했다.

"조비曹丕가 황제 자리를 찬탈하고 황제를 칭하니 이는 흙으로 빚은 용이요, 짚으로 만든 개와 마찬가지로土龍芻狗 명분이 없는 것입니다. 여러 현자들과 함께 그의 사악함과 거짓을 밝히고 정도正道를 이용해 멸하려 합니다. 헌데 당신은 세상사를 멀리하고 산야에 묻히려 하십니까?"

두미는 끝내 제갈량의 진심에 감동되어 촉나라 조정의 간의대부諫議大夫

직을 맡았다. 후에 그는 제갈량에게 독창적인 정치적 주장들을 많이 제공한 것으로 알려진다.

兎死狗烹 토사구팽

글자풀이	토끼 토(兎 tù), 죽을 사(死 sǐ), 개 구(狗 gǒu), 삶을 팽(烹 pēng).
뜻풀이	① 토끼를 잡고나면 개는 잡아먹힌다.
	② 일이 성공된 뒤에 그 일을 위해 애쓴 사람을 버린다.
출전	한(漢) 사마천(司馬遷) 『사기·월왕구천세가(史記·越王句踐世家)』

유래　　　춘추시대春秋時代 때 오왕吳王 부차夫差가 오자서伍子胥를 대장 大將으로 삼아 국력을 키운 후 월越나라를 공격하여 일거에 멸망시켰고 월 왕 구천勾踐은 포로로 잡혔다.

　월왕 구천은 이를 치욕으로 여겨 자결하려 했으나 그 수하의 대신인 범 려范蠡와 문종文種이 일시의 치욕을 참고 기회를 보아 도망쳐서 복수를 해 야 한다고 설득했다. 그 후 월나라에 돌아온 구천은 20년을 들여서라도 이 원수를 갚으리라 다짐했다. 월나라의 군신이 힘을 합쳐 나라를 다스리니 인구와 물산이 점점 늘어나고 나라사정이 점점 좋아졌다.

　구천은 국내의 정세가 안정되고 나라가 회복세를 보이는 것을 보고는 기쁜 마음으로 범려와 문종에게 말했다.

"이후 오나라를 멸망시키게 되면 두 분은 최고의 공신이 될 것이오. 나는

꼭 당신들에게 큰 상을 내려 함께 영화와 부귀를 누릴 것이오.”

한편 오왕 부차는 그 교만함이 하늘을 찔렀고 주색에 빠졌으며 간신들의 말을 믿어 오자서를 죽였다. 이어 그는 대군을 이끌어 초楚나라를 공격했다. 구천이 이를 기회로 오나라를 공격해 일거에 점령했고 부차는 퇴로가 차단되었음을 알고 구천에게 투항을 구걸했다. 허나 구천은 과거의 원한을 잊지 못하던 터라 그 투항을 거부했고 이에 부차는 자결하고 말았다.

상대부上大夫 범려는 월왕 구천이 나라를 되찾고 원수를 갚는 목적을 달성한 것을 보고는 조용히 문종을 찾아와 말했다.

“우리들의 몫은 이제 다 한 것 같소이다. 제가 보기에 월왕 구천은 심성이 잔인하여 환난을 함께 할 수 있어도 부귀는 함께 누릴 수 없을 것 같소이다. 옛말에 '토끼사냥을 끝내면 사냥개를 잡아먹는다' 兎死狗烹 했으니 적국을 소멸한 지금은 공신들을 잡아 죽일 것이요. 높이 나는 새들을 다 잡았으니 좋은 활은 이제 갈무리 할 것이요."

문종이 범려의 말을 믿지 않고 계속 구천의 신변에 남아 있었다. 허나 얼마 지나지 않아 구천은 문종을 자살하도록 핍박했다. 그전에 이미 월나라 조정을 떠난 범려는 은거하여 여유로운 나날을 보냈다.

唾手可得 타수가득

글자풀이   침 타(唾 tuò), 손 수(手 shǒu), 옳을 가(可 kě), 얻을 득(得 dé).

뜻풀이   (손바닥에 침을 뱉듯) 쉽사리 손에 넣을 수 있다.

출전   남조·송(南朝·宋) 범엽(范曄)『후한서·공손찬전(後漢書·公孫瓚傳)』

유래   동한東漢 말 유주幽州지역을 차지한 공손찬公孫瓚은 흉노인들과 충돌이 잦았다.

공손찬은 백마를 특별히 총애해 3천명의 백마기병부대를 내왔으며 그중 백마 50필을 엄선하고 건장한 군졸들을 뽑아 이 말들을 타도록 했는데 이를 "백마의종白馬義從"이라 하였다. 일종의 의장대인 셈이다. 이들은 저마다 흰 깃발 한 폭씩 들고 예리한 무기를 지녔으며 적과 대진할 때는 공손찬을 중심으로 양쪽으로 진세를 펼쳤다. 그 위풍이 당당하였고 마치 하늘에서 신장이 강림한 듯 했다. 공손찬은 양날의 긴 창을 잘 다루어 대적할 자가 드물었고 활을 쏠라치면 백발백중이었다. 공손찬의 군사는 야간전투에 능했으며 공격을 할 때면 흉노 군사들에게 전혀 숨 돌릴 기회를 주지 않았다. 후에 흉노군사들은 "백마장군을 조심하라"거나 "백마장군을 만나면 그 예봉을 피하라"고 서로 전하군 했다.

공손찬의 부대와 몇 번 접전을 치른 흉노병들은 공손찬의 호령소리에

익숙해졌다. 하여 매번 백마부대가 먼지를 일구며 오거나 공손찬의 호령 소리가 들리면 걸음아 날 살려라 하고 도망치기에 바빴다. 공손찬은 매우 득의양양해 이렇게 말했다.

"여러 곳에서 전쟁의 불길이 일고 있으나 내가 출병하기만 하면 손바닥에 침 뱉듯 쉽게 해결할 수가 있다.唾手可得"

그러한 공손찬도 동한 말의 군벌 혼전 중에서 결국 원소袁紹에게 멸망하는 운명을 피하지 못했다.

完璧歸趙 완벽귀조

글자풀이	완전할 완(完 wán), 구슬 벽(璧 bì), 돌아올 귀(歸 guī), 나라 조(趙 zhào).
뜻풀이	빌려온 원래의 물건을 손상 없이 온전하게 되돌려 주다.
출전	한(漢) 사마천(司馬遷)
	『사기·염파인상여열전(史記·廉波藺相如列傳)』

유래　　　전국시대 때 조趙나라에 희대의 옥으로 알려진 "화씨벽和氏璧"이 있다는 것을 알게 된 진소왕秦昭王이 조혜문왕趙惠文王에게 사신을 보내 진나라의 성 15개로 "화씨벽"을 바꾸자고 제안했다. 조나라 왕이 진소왕의 의중을 파악할 수가 없어 대신들과 의논했으나 쉽게 결정이 나지 않았다.

　　이때 환관 무현繆賢이 자신의 문객인 인상여藺相如가 적당한 대책을 낼 수 있을 것이라 추천했다. 자초지종을 들은 인상여가 이렇게 말했다.

"만약 우리가 화씨벽을 진나라에 주고 진나라가 약속한 성을 조나라에 내주지 않는다면 이는 진나라가 도리에 어긋나는 것입니다. 그러나 만약 조나라가 옥을 진나라에 주기를 거부한다면 이는 조나라가 도리에 어긋나는 것이니 진나라의 요구에 응하는 것이 맞는 걸로 사료되옵니다."

인상여는 사신을 진나라에 보내 화씨벽을 전하되 만약 진나라가 땅을 떼어주지 않으면 옥을 아무런 손상 없이 온전하게 조나라에 되돌려 올수 있을 것이라고 말하고는 진나라에 사신으로 가겠다고 자청했다.

진소왕은 조나라 사신이 화씨벽을 가져왔다는 말을 듣고는 즉시 사신을 들이라고 했다. 인상여가 화씨벽을 진왕에게 올리자 진왕은 옥을 신변의 미녀들에게 돌려 보였고 여러 사람들은 만세를 높이 외쳤다.

인상여는 진왕이 화씨벽을 받고난 후 성을 내어줄 뜻이 전혀 없음을 보아 내고는 진소왕에게 이렇게 말했다.

"대왕, 이 옥에는 작은 티가 있사온데 제가 알려 드리지요."

진소왕이 옥을 인상여에게 넘겨주자 그는 대전의 기둥 옆에 서서 진왕을 이렇게 꾸짖었다.

"제가 옥을 대왕에게 드리었으나 대왕은 옥을 미인들에게 돌려 보도록 하였으니 이는 사신인 저를 모독하는 것입니다. 대왕께서는 옥을 받으신 후 성을 내어줄 생각이 전혀 없으신 듯합니다. 지금 대왕께서 힘으로 옥을 빼앗으려 한다면 저는 이 옥을 부셔 버리고 기둥에 머리를 박아 죽을 것입니다. 그러면 대왕께서는 아무것도 얻지 못하실 뿐더러 천하 사람들의 웃음거리가 될 것입니다."

진소왕은 인상여가 진짜로 옥을 깨버릴까 걱정되어 지도를 가져오라 하고는 성을 내어주려는 척 했다. 인상여는 진왕이 성의가 없음을 간파하고는 이렇게 말했다.

"이런 천하의 보물을 대왕께 내어 드리려면 대왕께서는 최대한 예의를 갖추어 맞이해야 할 것입니다. 대왕께서는 5일간 목욕재계를 하고 대신들을 현장에 불러야 합니다. 이 모든 준비가 끝나면 옥을 내어드리지요."

진소왕이 할 수 없이 그렇게 하마고 대답했다. 진왕이 며칠간 모든 준비를 마치고는 인상여에게 옥을 바치라고 하자 인상여는 이렇게 말했다.

"저는 화씨벽을 이미 조나라에 돌려보냈습니다. 대왕께서 만약 진정 성의가 있으시다면 먼저 성 15개를 조나라에 내어 주십시오, 그러면 조나라 왕께서는 꼭 약속을 지켜 화씨벽을 보내올 것입니다."

진소왕은 화씨벽을 얻지 못할 마당에 인상여를 죽여 보았자 아무 소용이 없음을 알고는 며칠간 인상여 일행을 환대한 후 귀국하도록 했다.

玩火自焚 완화자분

글자풀이	희롱할 완(玩 wán), 불 화(火 huǒ), 스스로 자(自 zì), 불사를 분(焚 fén).
뜻풀이	① 제가 지른 불에 제가 타 죽다. ② 자업자득하다.
출전	춘추·로(春秋·魯) 좌구명(左丘明)
	『좌전·은공4년(左傳·隱公四年)』

유래　　　춘추시대春秋時代 초에 성정이 잔혹한 위衛나라 공자 주우周吁가 자신의 형인 위환공衛桓公을 공공연히 시해하고 왕위에 올랐다. 주우는 불만을 가진 백성들이 반항하면 군대를 보내 무자비하게 진압했다.

노은공魯隱公은 주우가 형을 시해하고 왕위를 찬탈한 소식을 듣고는 대부大夫 중중衆仲에게 물었다.

"경이 보기에 주우의 왕위가 오래 갈수 있겠는가?"

이에 중중이 고개를 저으며 말했다.

"주우는 무력을 남용하여 백성들에게 재난을 들씌우고 있으니 백성들은 절대 그를 지지하지 않을 것입니다. 주우가 그토록 잔인하고 흉포하니 그를 따르려는 측근도 없습니다. 여러 사람이 반대하고 측근들이 등을 돌리는 상황이니 성공은 불가능한 것이지요."

이어 중중은 이런 말을 했다.

"군대는 불과 같아서 군사를 사용하기만 하고 이를 조심하고 절제하지 않는다면 기필코 자신을 불태우게 될 것입니다玩火自焚. 신이 보기에는 주우를 기다리는 것은 실패뿐입니다."

과연 일 년도 지나지 않아 위나라 사람들은 진陳나라의 도움을 받아 주우의 폭정을 뒤엎고 주우를 죽였다.

玩物喪志 완물상지

글자풀이　　희롱할 완(玩 wán), 만물 물(物 wù), 잃을 상(喪 sàng), 뜻 지(志 zhì).

뜻풀이　　　좋아하는 것에만 푹 빠져서 원대한 이상과 포부를 잃어버리다.

출전　　　　『상서·여오(尚書·旅獒)』

유래　　　희발姬發은 서주西周의 개국군주이고 주문왕周武王의 차남이다. 그의 형인 백읍고伯邑考가 상商나라 주왕紂王에게 피살되었기에 희발이 왕위를 계승했으며 사후에는 "무武"라는 익호를 받았기에 역사상 주무왕周文王으로 부른다.

기원전 11세기에 희발이 상나라를 멸하고 주周나라를 세웠다. 희발은 점령한 땅을 공신들과 제후들에게 분봉했으며 국경지역 먼 곳까지 사신들을 보내 자신의 공적을 알리면서 멀리 있는 여러 나라들과 부족들이 주나라에 와서 신하로 칭할 것을 요구했다. 이런 나라와 부족들은 무왕의 위세와 명망에 눌려 사신을 보내 주나라에 복속할 것을 다짐했다. 사신들은 많은 진상품을 가져왔는데 그중에는 대형견 한마리가 있었다. 이 개는 몸집이 크고 꼬리가 길었으며 네 다리가 짧았고 털은 황갈색이었으며 용맹하여 투견에 능했다. 이 개는 무왕을 보면 포복을 했는데 마치 배례拜禮를 하는 듯하였다. 무왕이 이를 귀엽게 여겼고 시종들에게 잘 먹이라고 분부했으

111

며 대형견을 진상한 사신에게는 후한 상을 내렸다. 그 후 무왕은 거의 매일 같이 개와 함께 어울리면서 국정을 거의 돌보지 않았다.

태보太保 여공석如公奭은 국왕은 놀음을 절제할 줄 알아야 한다고 생각해 『여오』라는 글을 써서 무왕에게 올렸다. 글에는 이런 내용이 있다.

"다른 사람을 모욕하고 놀리는데 빠지게 되면 자신의 고매한 덕행을 상실 하게 되고 좋아하는 것에 지나치게 빠지면 자신이 노력하여 달성하려는 이상을 잃게 되옵니다玩物喪志. 나라를 힘들게 세웠으니 하루아침에 무너지 게 해서는 안 될 것이옵니다."

무왕이 이 글을 보고는 주왕이 황음무도하여 상나라가 멸망했음을 상기

했으며 여공석의 글이 도리가 있다고 생각했다. 그는 진상품들을 여러 공신들과 제후들에게 다 나누어 주었다.

이때부터 무왕은 근면하게 국정을 운영하고 백성을 사랑했으니 사후에도 후세사람들의 칭송을 받고 후세 임금들이 모방하는 군주가 되었다.

萬衆一心 만중일심

글자풀이   일만 만(萬 wàn), 무리 중(衆 zhòng), 한 일(一 yī), 마음 심(心 xīn).

뜻풀이   모든 사람이 한마음이다.

출전   남조·송(南朝·宋) 범엽(范曄)『후한서·주준전(後漢書·朱儁傳)』

유래   주준朱儁은 동한東漢 말 황보숭皇甫嵩과 어깨를 겨룬 명장이다. 당시 황건군黃巾軍봉기가 일어나자 한령제漢靈帝가 주준을 보내 이들을 진압하도록 했다. 주준은 봉기군이 지키는 완성宛城에 도착한 후 성밖에 성벽보다 높은 토산을 쌓았다. 주준이 토산에 올라 봉기군 장수인 한충韓忠의 완성성내 군사배치를 살펴본 결과 성 동북쪽의 수비가 허술함을 발견했다. 이튿날 주준은 군사를 파견해 완성 서남쪽을 거짓으로 맹공격하도록 하였으며 이에 한충은 성 서남쪽에 군사를 집중시켰다. 주준이 이 틈을 타서 주력부대를 이끌고 성 동북쪽을 일시에 공격하여 외성을 함락했고 한충은 담판을 하자고 사람을 보냈다.

주준은 이 담판요구를 거절하고 내성 공격을 단행했다. 허나 며칠간 맹공을 퍼부었으나 봉기군의 완강한 저항으로 성을 넘지 못했다. 주준이 외성의 성벽에 올라 내성을 한참동안 관찰하고는 전군에 몇 리 밖으로 철수하라 명했다. 이를 본 내성의 봉기군이 외성으로 쏟아져 나오면서 포위를 뚫으려 했다. 이때 주준의 군사들이 갑자기 양쪽에서 엄살해오니 한충의 봉기군은 성 밖에 고립되어 오도 가도 못하게 되었고 결국 산지 사방으로 흩어져 치명타를 입었다.

전투가 끝난 후 부하가 주준에게 어떤 전략을 사용했는지 묻자 주준은 이렇게 말했다.

"내가 높은 곳에서 내려다보니 내성의 수비는 아주 탄탄하고 성내에는 군사들이 도처에서 지키고 있었다. 이들은 상대와 담판할 수도 없고 그렇다고 포위망을 뚫을 수도 없는 처지이니 한마음으로 뭉쳐 우리와 일전을 불사할 수밖에 없지 않겠느냐? 만 사람이 한마음이 되면 그 기세를 당해낼 수 없는데萬衆一心,猶不可當 하물며 이들은 10만이나 되지 않느냐? 이럴 때는 오히려 포위망을 좀 느슨히 해주어 이들에게 포위망을 뚫을 수 있다는 희망을 주는 것이 필요하다. 이들이 진격해 나오게 하고 기회를 보아 곳곳에서 공격한다면 삽시간에 이들의 사기를 와해시킬 수가 있는 것이다."

亡命之徒 망명지도

글자풀이	망할 망(亡 wáng), 목숨 명(命 mìng), 갈 지(之 zhī), 무리 도(徒 tú).
뜻풀이	① 망명자, 도망자. ② 목숨을 내걸고 악행을 저지르는 나쁜 놈.
출전	오대·후진(五代·後晉) 유구(劉煦)
	『구당서·악언정전(舊唐書·樂彦禎傳)』

유래   당唐나라 말 자사 악언정樂彦禎의 골칫거리 아들 악종훈樂從訓
은 늘 불량배들과 어울려 못된 짓을 일삼았다. 악언정은 이런 아들 때문에
늘 속을 태웠다.

한번은 악종훈이 도통都統 왕탁王鐸이 창주滄州로 부임해 가면서 위주魏州
경내를 지난다는 소식을 듣게 되었다. 악종훈은 왕탁의 재산에 눈독을 들
인지가 오랬고 이에 왕탁의 가녀歌女를 돈으로 매수해 출발시간과 이동노
선을 알아냈다. 악종훈이 흉악한 무리들과 함께 매복해 있다가 왕탁 일행
이 포위권에 들어오자 닥치는 대로 죽인 후 금은보화들을 빼앗고는 멀리
도망을 쳤다.

그 후 악언정은 육주도지휘사六州都指揮使 겸 상주자사相州刺史로 부임했
다. 악종훈이 현지에서 아버지 악언정의 이름을 대고 병장기를 사들이고
다른 사람의 재산을 탈취하며 무고한 사람들을 죽이기까지 하니 상급자들

이 악언정이 모반을 계획한다고 의심해 파직시켰고 조문趙文을 천거해 상주의 업무를 대신하게 했다. 이에 악언정은 울화병이 들어 얼마 후 죽었다.

악종훈이 3만여 명의 무리를 이끌고 상주성 아래에 와서 조문에게 도리를 따졌다. 조문은 담이 작고 일이 생기는 것을 두려워하는 사람이라 성안에서 잠자코 있었다. 상급자가 조문이 악종훈과 한통속이라 의심하여 조문을 파면했다. 그 후 나홍신羅弘信이 자청하여 절도사를 맡고 군사를 이끌어 악종훈을 공격하니 불한당亡命之徒 악종훈의 무리를 완전히 제압하고 뿌리를 뽑았다.

亡羊補牢 망양보뢰

글자풀이	망할 망(亡 wáng), 양 양(羊 yáng), 기울 보(補 bǔ), 우리 뢰(牢 láo).
뜻풀이	① 소 잃고 외양간 고치다.
	② 이미 실패나 손실을 당한 뒤에 대책을 강구하는 것도 재난에 대비할 수 있다는 뜻과 실패한 후 손질하는 것은 쓸데없다는 두 가지 뜻으로 쓰임.
출전	한(漢) 유향(劉向)『전국책·조책4(戰國策·趙策四)』

유래   전국시대戰國時代 말 초楚나라는 점점 쇠락해가고 있었다. 초양왕楚襄王이 간신 자란子蘭을 영윤令尹으로 임명하여 조정대권을 맡기고 자신은 하루 종일 후궁들과 어울려 지냈다. 조정의 기강이 해이해지고 국토는 점점 다른 나라에 잠식되었으며 백성들은 도탄 속에 빠졌다. 나라의 안위를 걱정한 노신老臣 장신庄辛이 궁에 들어가 읍소를 했다.

"대왕께서 향락만을 누리시고 조정과 국가대사는 뒷전으로 하시면 안 됩니다. 작금에 영윤 자란이 권력을 마음대로 휘둘러 충신들을 제거하기에 이르렀으니 초나라의 앞날이 걱정되옵니다."

초양왕이 장신을 소리 높이 꾸짖었다.

"우리 초나라가 평안하고 아무 일도 없는데 네가 감히 이런 불길한 언동을
한단 말이냐. 내가 지금 바쁘니 어서 썩 물러 가거라."

집에 돌아온 장신은 자신의 우국충정이 이토록 매도당하는지라 상심한
나머지 가솔과 함께 조趙나라로 갔다.

얼마 후 진秦나라의 대장大將 백기白起가 이끄는 정예군이 초나라를 침탈
했다. 진나라 군사들은 얼마 지나지 않아 도성인 영성郢城을 함락했고 초양
왕은 황급히 도망쳐 양성陽城에 이르러서야 위험에서 벗어났다.

초양왕은 장신이 궁에 들어와 했던 직언을 생각하고는 후회막급하여 사

람을 조나라에 파견해 장신을 모셔오도록 했다.

장신을 만난 초양왕이 이렇게 말했다.

"애초에 내가 경卿의 금옥양언金玉良言을 귀담아 듣지 않아 나라가 이 지경에 이르렀으니 정말 마음이 아프오. 이제 어떻게 해야 될지 경의 조언을 듣고 싶소."

장신은 초양왕이 진심으로 조언을 구한다는 것을 알고는 이렇게 말했다.

"양을 잃은 후 우리를 고친다고 해서 너무 늦은 것이 아닙니다亡羊補牢. 현재 초나라가 패전을 했으나 나라가 아직 망하지 않았으니 지금이라도 분발하면 결코 늦은 것이 아닙니다. 어서 빨리 사기를 진작하고 실패의 교훈을 총화하시고 절대 낙담해서는 안 됩니다."

초양왕은 장신의 말에 도리가 있음을 알고는 결사항전의 의지를 보이면서 군졸들에게 진나라 군에 저항하도록 명하니 결국 호랑이 같은 진나라 군사들을 물리칠 수 있었다.

望塵莫及 망진막급

글자풀이	바랄 망(望 wàng), 티끌 진(塵 chén), 아닐 막(莫 mò), 미칠 급(及 jí).
뜻풀이	① 앞사람이 일으키는 먼지만 바라볼 뿐 따라가지 못하다.
	② 발전이(진보가) 빨라 도저히 따라 잡을 수 없다.
	③ 발길에도 미치지 못하다. 지금에 와서는 원래의 "망진불급"을 "망진막급"으로 변형해 사용하는 경우가 많다.
출전	남조·송(南朝·宋) 범엽(范曄) 『후한서·조자전(後漢書·趙咨傳)』

유래   동한東漢 때 사람인 조자趙咨는 자가 문초文楚이다. 한령제漢靈帝 때 조자는 수차 돈황태수敦煌太守직을 맡은 적이 있으며 그 후 병으로 관직을 사임하고 집에서 자손들과 어울리며 밭농사에 전념했다. 후에 다시 출사하여 동해상東海相을 제수 받았으며 동해로 부임하는 길에 형양滎陽을 지나게 되었다. 당시의 돈황현령敦煌縣令인 조호趙暠는 일찍 조자의 천거를 받아 관리등용시험에 참가한 적이 있었다. 조자가 형양을 경유한다는 것을 알게 된 조호가 길목에 나와 조자일행을 기다렸다. 전에 신세를 진 조자를 청해 형양에 잠깐 머물면서 회포를 풀자는 생각에서였다. 그런데 조자는 형양에 도착해 조호를 보고도 마차에서 내리지도 않은 채 떠나 버렸다. 조호가 10리 밖 장정長亭에 가서 배웅하려 했으나 조자일행의 마차는 이미 먼

지만 뽀얗게 날리며 멀어져 갔다望塵莫及.

조호는 함께 간 주부主簿에게 이렇게 말했다.

"명망이 높은 조자 대인이 오늘 이곳을 지나면서 잠시도 머무르지 않았으
니 현령인 나는 틀림없이 천하 사람들의 웃음거리가 될 것이네."

말을 마친 조호가 관인을 남겨 놓고는 조자일행을 뒤 따라 갔다.

望梅止渴 망매지갈

글자풀이	바랄 망(望 wàng), 매화나무 매(梅 méi), 그칠 지(止 zhǐ), 목마를 갈(渴 kě).
뜻풀이	① 매실을 생각하며 갈증을 풀다.
	② 실현할 수 없는 소망을 환상에 의지하여 잠시 자위하다.
출전	남조·송(南朝·宋) 유의경(劉義慶)
	『세설신어·가휼(世說新語·假譎)』

유래   조조曹操는 역사상 유명한 군사가, 정치가이며 시인이기도 하다. 어느 여름날 조조가 군사를 이끌고 장수張繡를 치러 가게 되었다. 햇볕이 내리쬐는 날씨에 수십 리 강행군을 한 병사들이 모두 갈증에 목이 타들어 가는 듯 했다. 이에 조조는 잠시 휴식을 명하고 사람을 보내 마실 물을 찾아보도록 했다. 그러나 이곳은 무인지경이라 우물을 찾을 수가 없었고 엎친 데 덮친다고 시냇물조차 찾을 수 없었다.

대부대가 이런 황량한 곳에서 오랫동안 지체하다가는 행군속도가 늦어질 것이고 그렇게 되면 장수를 이길 수 있는 적기를 놓치게 될 것이라 생각하니 조조는 점점 조급해졌다.

그러다가 불현듯 계책이 떠오른 그는 머리를 들어 멀리 바라보는 시늉을 하면서 짐짓 기쁜 심정으로 이렇게 말했다.

"하늘이 나를 돕는구나. 군사들은 정신을 차리라. 저 앞 멀지 않은 곳에 큰 매화나무숲이 보인다. 저곳까지 가면 매실을 실컷 먹을 수 있으니 갈증을 깨끗이 해소할 수 있을 것이다."

땅바닥에 누워 있던 군사들이 조조의 말을 듣고는 몸을 벌떡 일으켜 세우고는 모두 입술을 움직였는데 마치 시고 달콤한 매실즙을 마시는 듯 했다. 이들은 어서 빨리 떠나자고 재촉했다.

조조가 이를 놓치지 않고 전군에 강행군을 명하니 군사들은 황량한 곳을 빠져 나올 수 있었고 결국 마실 물을 찾게 되었다. 조조의 군사는 제 시간에 예정위치에 도착했고 사기를 충천한 군사들 덕분에 승전보를 올리게 되었다.

望洋興嘆 망양흥탄

글자풀이	바랄 망(望 wàng), 큰 바다 양(洋 yáng), 흥겨울 흥(興 xīng),
	탄식할 탄(嘆 tàn).
뜻풀이	① 힘이 미치지 못하여 탄식하다. ② 능력이 부족하여 개탄하다.
출전	『장자·추수(莊子·秋水)』

유래　　중국 고대신화 중에 황하黃河의 신 하백河伯은 원명이 풍이馮夷이고 빙이氷夷라고도 부른다. 그는 세상에서 제일 큰 하천이 황하라고 여겨 종래로 황하를 멀리 떠나지 않았다. 어느 해 가을이 되니 비가 여러 날 내렸고 크고 작은 하천의 물이 크게 불었으며 이런 강물은 전부 황하로 모여들었다. 황하의 수면이 크게 넓어져 파도가 출렁거렸고 강 건너 쪽에 있는 사물이 잘 보이지 않을 정도였다. 이를 본 하백이 천하의 물이 모두 황하에 흘러들었다고 여기고 득의양양해서 동쪽으로 놀러 가게 되었다. 얼마 지나지 않아 황하의 입해구에 이른 하백은 황해黃海에 진입했다. 하백이 동쪽을 바라보니 그 수면의 끝이 보이지 않는지라 대경실색하면서 북해약北海若(북해의 신)에게 이렇게 심경을 전했다.

　　"옛말에 '자신이 많은 도리를 알고 있어 다른 사람은 비할 바가 안 된다'고

여기는 사람이 있다 했는데 바로 나를 두고 말하는 것 같습니다. 저는 어떤 사람이 중니仲尼(공자)의 학식을 폄하하고 백이伯夷의 절개와 의리를 경시하는 것을 듣고 처음에는 믿지 않았습니다. 허나 지금 당신의 광활함을 보고나니 내가 당신의 문하로 들어가지 않는다면 얼마나 위태로운지를 알게 되었습니다. 나는 하마터면 식견 있는 사람들의 영원한 웃음거리가 될 뻔 했습니다."

危如累卵 위여누란

글자풀이	위태할 위(危 wēi), 같을 여(如 rú), 여러 누(累 lěi), 알 란(卵 luǎn).
뜻풀이	① 위여누란. 누란의 위기. ② 쌓아 올린 계란과 같이 몹시 위험하다.
출전	『한비자·십과(韓非子··十過)』

유래   춘추시대春秋時代 때 진령공晉靈公은 향락을 일삼았다. 그는 대신 도안가屠岸賈를 파견해 높이가 9층에 달하는 경대瓊臺를 짓도록 했다. 그는 이를 말리려 간언을 하는 사람은 일률로 목을 벤다고 미리 경고를 해 두었다.

대부大夫 순식荀息이 이를 알고는 진령공을 만나러 왔다. 진령공이 호위 병들에게 활을 겨누게 하고는 간언을 하러 온 순식을 사살할 준비를 하라고 명했다. 순식이 진령공을 만나서는 아무렇지도 않은 듯 이렇게 말했다.

"소신이 대왕님을 알현한 것은 감히 권고를 올리려는 것이 아니옵고 제가 가진 재주를 보여 드리기 위함입니다. 소신은 바둑돌 12개를 쌓은 후 그 위에 계란 아홉 개를 더 쌓아도 무너지지 않게 할 수 있습니다."

이 말을 들은 진령공이 순식에게 그 재주를 보이라고 명했다. 이에 순식이 먼저 바둑알 12개를 쌓고는 다시 그 위에 계란을 한 알씩 놓기 시작했다. 진령공이 이를 지켜보다가 위험하다고 말하자 순식은 아무렇지도 않은 듯 전혀 위험할 것이 없으며 이보다 더 위험한 일들도 있다고 말했다.

진령공이 더 위험한 일이 무엇인가고 묻자 그제야 순식이 이런 말을 했다.

"대왕께서 사처의 민부들을 모아 9층의 경대를 만드시는 통에 국내에는 밭농사를 할 남자들이 없고 아녀자들은 민부들을 위해 음식을 만드느라 바쁘지요. 식량은 점점 바닥이 나고 나라 곳간은 텅 비게 되었습니다. 이웃 나라들은 우리의 곳간이 빈 것을 알고는 우리나라를 침공할 준비를 하고 있지요. 이들이 군사를 일으키면 진나라는 결국 망하게 될 것입니다."

진령공은 순식의 말에 크게 깨닫는 바가 있어 9층 경대의 축조를 중지하라는 영을 내렸다.

危在旦夕 위재단석

글자풀이	위태할 위(危 wēi), 있을 재(在 zài), 아침 단(旦 dàn), 저녁 석(夕 xī).
뜻풀이	① 위험이 조석에 달려 있다. 위재조석. ② 매우 위급하다.
출처	진(晉) 진수(陳壽)
	『삼국지·오서·태사자전(三國志·吳書·太史子傳)』

유래   태사자太史子는 삼국시기 오吳나라의 무장이었는데 무예가
출중하고 활솜씨가 뛰어났다. 어릴 때부터 가정형편이 어려웠으며 공융孔
融의 도움을 받으면서 어머니 슬하에서 자랐다. 황건농민봉기가 일어난 후
당시 북해상北海相으로 있던 공융이 도창都昌이라는 곳에서 농민군 장군인
관해管亥의 군대에 겹겹이 포위되어 위급한 상황에 처했다. 태사자의 어머
니가 이 소식을 알고 아들에게 말했다.

"얘야, 지금 공대인孔大人께서 위험에 처했다고 하니 네가 가서 도와드려야
겠다."

태사자는 어머니의 말을 따르기로 하고 홀몸으로 도창성에 들어갔다.
이때 농민군은 성을 물샐틈없이 에워쌌고 공융은 급한 마음에 좌불안석이

었다. 어떤 사람이

"평원상平原相인 유비劉備가 신의를 중히 여기고 다른 사람의 어려움을 잘 도와 준다고 하니 사람을 보내 포위망을 뚫고 나가 평원상에게 도움을 청해보면 어떻겠습니까?"

하고 제안했다.
공융은 난색을 표하며 말했다.

"좋은 생각이긴 한데 이렇게 포위되어 있는 상황이고 몇 번 기별을 가지고 나갔던 사람들이 죽지 않으면 다쳐서 돌아오고 결국은 한 명도 나가지 못했구려."

이때 태사자가 일어서서 공융에게 서신을 전하러 가겠다고 자청했다.

이튿날, 오랫동안 굳게 닫혀있던 도창성의 성문이 불시에 열렸다. 태사자가 전신무장을 하고 말을 달려 나오는데 그를 따르는 자가 기병 두 명뿐이었다. 달려오던 태사자가 말에서 내려 활을 쏘는데 연달아 적병 두 명을 명중했다. 이어 태사자는 다시 말에 올라 성으로 들어갔고 성문은 또 굳게 닫혔다.

그 후 며칠간 태사자는 매일 같은 방법으로 포위한 농민군을 교란했는데 농민군 장병들은 이를 수비군의 일종의 살상 작전 정도로 생각하고 점점 경계를 늦추게 되었다. 그렇게 닷새째가 되던 날 아침 또 성문이 열리고 태사자가 말을 급히 달려 적군을 덮쳤다. 적군이 황급히 피하게 되고 빠져나갈 길이 생겼다. 포위 군사들이 태사자의 의도를 알아채고 보니 태사자는 이미 포위망를 뚫고 멀리 가버렸다.

평원군平原郡에 도착한 태사자는 평원상 유비를 만나 급한 상황을 전했다.

"지금 북해의 공대인께서 포위당해 고립무원에 빠진 위급한 상황입니다危在旦夕. 공께서 군사를 보내 구해주셨으면 합니다."

말을 마친 태사자가 공융의 친필서찰을 올렸다.

서찰을 읽고 난 유비는 즉시 정예군사 3천 명을 내주어 태사자와 함께 공융을 구하러 가게 했으며 결국 도창성의 포위도 풀리게 되었다.

威武不屈 위무불굴

글자풀이	위엄 위(威 wēi), 굳셀 무(武 wǔ), 아닐 불(不 bù), 굽을 굴(屈 qū).
뜻풀이	① 권력과 권세에 허리를 굽히지 않다. ② 견정하고 완강함을 말함.
출전	『맹자·등문공하(孟子·滕文公下)』

유래   전국시대戰國時代에 경춘景春이라는 학자가 맹자孟子를 찾아와 "영웅과 대장부"의 기준을 놓고 변론을 했다.

맹자를 만난 경춘이 궁금한 문제를 함께 토론해 보자고 청했고 맹자는 그렇게 하자고 대답했다.

경춘이 먼저 장의張儀와 공손연公孫衍이야말로 대장부이고 진정한 영웅이라고 추켜세웠다. 이에 맹자가 어떤 이유에서인가고 물으니 경춘이 이렇게 답했다.

"그 근거는 충분합니다. 장의는 화려한 언변으로 6국을 설복해 진秦나라에 복종하도록 했으며 공손연은 다섯 개 나라의 재상 직을 한 몸에 모았던 사람입니다. 이 두 사람이 노하면 천하가 벌벌 떨었고 여러 나라의 평안여부는 이 두 사람의 손에 달려 있었습니다. 그러니 이들이야말로 대장부이고 진정한 영웅이 아니겠습니까?"

맹자가 이런 반론을 제기했다.

"이들이 무슨 대장부란 말입니까? 장의는 기만술에 능한 자였습니다. 초회왕楚懷王이 그 꼬임에 들어 진秦나라에 갔다가 인질로 잡혀 목숨을 잃을 뻔한 적이 있고 그 외에도 장의가 다른 제후들을 기만한 예가 수없이 많습니다. 당신은 어떻게 이런 사기꾼을 영웅으로 여긴단 말입니까? 그리고 공손연은 여러 나라의 군대를 규합해 진秦나라를 누차 공격했으며 그 결과 전란이 빈번하고 수많은 군사들이 죽어 나갔습니다. 백성들의 목숨으로 개인의 공명과 부귀를 바꾸었으니 이는 백정이요, 죄인일 따름이며 진정한 영웅이나 대장부라 감히 말할 수 없습니다."

이에 경춘이 놀라며 어떤 사람이 진정한 영웅과 대장부인가고 맹자에게 물었다.

맹자의 대답은 이러했다.

"진정한 대장부는 인의仁義를 베푸는 사람입니다. 어진 자는 다른 사람을 사랑하고 의로운 자는 다른 사람이 난관과 위험을 헤쳐 나가도록 도와주며 자신이 행하는 일이 다른 사람에게 득이 되도록 합니다. 이런 사람은 높은 명성을 가질 필요가 없습니다. 그가 자신의 포부를 실현할 기회를 잡게 되면 온 천하의 사람들이 그 덕을 보고 뜻을 펼칠 수 없을 경우에도 자신의 운명을 원망하지 않으며 자아수양을 완성해 나갑니다. 이들은 부귀공명을 누릴 때도 나쁜 일을 하지 않으며 천할 때도 자신의 뜻을 굽히지 않으며 폭

력에 절대 굴복하지 않습니다.威武不屈 이런 사람이야말로 진정한 대장부라

할 수 있습니다."

爲富不仁 위부불인

글자풀이	할 위(爲 wéi), 부자 부(富 fù), 아닐 불(不 bù), 어질 인(仁 rén).
뜻풀이	① 부자가 되려면 어질수가 없다.
	② 돈을 위해 온갖 나쁜 짓을 다하다.
출전	『맹자·등문공상(孟子·滕文公上)』

유래　　　전국시대戰國時代 때 등滕나라는 국세가 기울기 시작했고 이때 등문공滕文公이 즉위했다. 상황을 개변하기 위해 등문공이 맹자孟子를 찾아 나라를 진흥할 방책을 물었다.

"선생께서는 박식한 학자이고 현인賢人이시라 이렇게 가르침을 받으러 왔습니다. 작금의 등나라가 하루 빨리 강대해지려면 어떤 방도를 취해야 할까요?"

맹자는 등문공이 진심으로 묻는지라 이렇게 아뢰었다.

"백성은 나라의 근본입니다. 한 나라를 큰 나무에 비한다면 백성은 바로 그

나무의 뿌리이고 뿌리가 깊이 박히고 튼튼해야 나무줄기가 단단하고 그 잎이 무성할 수 있습니다. 이런 나무야말로 잘 자랄 수 있는 것이옵니다.”

등문공이 어떻게 해야 나무뿌리를 튼튼히 할 수 있는지 물었다.
맹자가 이런 답을 했다.

“당연히 어진 정치를 베풀어야 합니다. 공자께서는 '어진 자는 백성을 사랑하며 백성의 힘을 아끼고 그들의 세금을 마음대로 늘려서는 안 된다'고 했습니다. 백성들이 안정된 생활을 하고 즐겁게 일한다면 나라가 부강하지 않겠습니까? 한 나라의 국군이라면 인의를 베풀어야만 백성들이 나라를 사랑할 수 있고 나아가 나라를 위해 목숨을 바칠 수도 있는 것입니다. 만약 그 나라의 왕이 마음대로 세금을 거두고 부역을 시킨다면 백성들의 원망만 사게 되고 이들은 나라를 위할 마음이 없어질 것입니다."

등문공은 맹자의 말에 깊은 도리가 있음을 알고 국내에서 어진 정치를 베풀리라 다짐했다.

圍魏救趙 위위구조

글자풀이	둘러쌀 위(圍 wéi), 나라 이름 위(魏 wèi),
	구할 구(救 jiù), 나라 조(趙 zhào).
뜻풀이	① 위나라를 포위하여 조나라를 구원하다.
	② 포위군의 근거지를 공격하여 포위당한 우군을 구출하다.
출전	한(漢) 사마천(司馬遷)『사기·손자오기열전(史記·孫子吳起列傳)』

유래   전국시대戰國時代 때 손빈孫臏과 방연龐涓은 귀곡자鬼谷子의 문하에서 병법을 배웠다. 방연은 눈앞의 이익과 공명을 위해 스승에게서 재능을 채 전수받기도 전에 하산하였고 얼마 후 위魏나라에서 대장大將직을 맡았다.

방연은 손빈의 지략이 자신보다 훨씬 높음을 아는지라 손빈을 위나라에 청하고는 무함을 하여 빈형臏刑(슬개골을 베어내는 형)을 받게 했다. 불구가 된 손빈을 제나라의 사신이 구해주었고 그 후부터 손빈은 제齊나라를 돕게 되었다.

얼마 후 방연이 10만 대군을 이끌고 조趙나라를 공격하였고 준비가 없었던 조나라 군대는 패전을 거듭하다가 도읍 한단邯鄲까지 퇴각해서야 가까스로 숨을 돌리고 수성전守城戰에 들어갔다.

조왕이 제나라에 구원을 청하게 되고 제왕은 손빈을 장군으로 임명하려 했으나 손빈은 주장主將을 도와 군사軍師를 맡겠노라고 했다.

이에 제왕이 전기田忌를 장군으로 임명했고 전기가 곧바로 한단으로 진격하려 하자 손빈이 말렸다.

"헝클어진 실타래를 풀 때는 억지로 당겨서는 안 되는 것과 마찬가지로 싸우려는 양측을 말릴 때는 어느 한쪽에 가담하지 말아야 합니다. 지금 위나라의 대부대가 멀리 한단에 가 있으니 국내는 전력이 비어 있을 것입니다. 우리 군대가 한단으로 진격한다면 그곳에 도착하기도 전에 함락될 수도 있으니 이 방법은 가당치 않은 것 같습니다."

이에 전기가 어떻게 하면 좋겠느냐고 물었다.
손빈의 대답은 이러했다.

"이럴 때는 군사를 몰아 위나라 도성 대량大梁을 치는 것이 더 좋은 방법입니다. 대량이 위험해지면 방연은 도읍을 구하려 회군할 것이니 한단의 포위는 자연스럽게 풀리게 됩니다. 우리 군은 위나라 군사들이 돌아오는 도중에 험요한 지형을 선택해 매복을 했다가 피로한 위나라 군이 지날 때 기습을 하면 기필코 대승을 거둘 것입니다. 방연을 잡지 못한다 하더라도 위나라에 큰 타격을 줄 수 있고 그 사기를 꺾어 놓을 수 있는 방책이오니 장군이 보시기에는 어떠하신지요?"

이에 전기가 정말 신묘한 전략이라고 하면서 손빈의 방책대로 제나라 군사를 휘몰아 위나라로 쳐들어갔으며 결국 대량을 포위하기에 이르렀다.

대량이 제나라 군에 포위되었다는 급보를 받은 방연은 크게 놀랐으며 하는 수 없이 철군을 명령했다.

위나라 군사들이 급급히 회군하는 도중 계릉桂陵 부근에 이르렀다. 방연이 살펴보니 산은 높고 골이 깊은지라 행군을 주저하고 있을 때 양측에서 함성소리가 크게 울리더니 제나라 군사들이 쏟아져 나왔고 결국 위나라 군대는 패전하고 말았다. 이번 전투에서 방연은 가까스로 목숨을 건지고 낭패한 모습으로 위나라에 돌아왔다.

唯我獨尊 유아독존

글자풀이   오직 유(唯 wéi), 나 아(我 wǒ), 홀로 독(獨 dú), 높을 존(尊 zūn).

뜻풀이   세상에서 자기 혼자 잘났다고 뽐내는 태도.

출전   『돈황변문집·태자성도경(敦煌變文集·太子成道經)』券一

유래   석가모니釋迦牟尼는 불교佛敎의 창시자이며 성불成佛후의 존칭은 붓다인데 우주와 인생의 진리를 깨달았다는 뜻이다. 신도들은 석가모니를 불조佛祖라고 부르며 그는 출생 때부터 신비로움을 지녔다.

석가모니는 어머니 마야부인의 오른쪽 옆구리에서 태어났다고 알려진다. 그 영아는 태어나자마자 몸을 일으켜 일곱 걸음을 걸었는데 걸음마다에 큰 바퀴 채를 방불케 하는 아름다운 연꽃이 피어났다. 영아는 전방을 주시하고 가벼운 걸음걸이로 한 연꽃 위에 올라섰으며 장중한 모습으로 몸을 단정히 하고는 한손은 하늘을, 다른 한손은 땅을 가리키며 입을 열어 말했다.

"천상천하, 유아독존. 하늘 위와 하늘 아래에서 오직 내가 제일 존귀하다"

이 아이가 바로 카빌라국의 국왕 정반왕이 늦게 얻은 귀한 태자이며 후

에 크게 이름을 날린 고다마 싯다르타이다.

29년 후 자애로운 모습의 이 왕자는 지존의 자리를 초연히 버렸고 부귀영화를 누리는 궁중생활을 포기했다. 그는 자신의 비범한 지혜와 놀라운 의지로 심산 속에서 6년간의 수행 끝에 인생의 행복의 진리를 깨닫게 된다. 그가 이를 곳곳에 전파하면서 바로 지금까지 전해진 불교를 창시하게 되었다.

唯命是從 유명시종

글자풀이	오직 유(唯 wéi), 목숨 명(命 mìng), 바를 시(是 shì), 좇을 종(從 cóng).
뜻풀이	시키면 시키는 대로 절대 복종하다.
출전	춘추·로(春秋·魯) 좌구명(左丘明)
	『좌전·선공 12년(左傳·宣公十二年)』

유래   춘추시대春秋時代 정鄭나라는 초楚나라와 동맹을 맺었으나 그 후 진晉나라와 은밀히 내왕했다. 초장왕楚庄王이 이를 괘씸하게 여겨 정나라의 죄를 물으려 군사를 파견했다.

두 나라 군사들이 3개월간 격전을 치렀고 결국은 초나라 군사들이 성을 넘자 정나라의 군민이 모두 합심하여 시가전을 벌였다.

정나라 왕인 정령공鄭靈公은 이런 처참한 정경을 보고는 마음이 찢어지는 듯 했고 신하와 백성들의 헌신정신에 크게 감동했다. 그는 국군인 자신이 백성들에게 안정된 생활을 마련해주기는커녕 백성들을 도탄에 빠지게 했으니 왕으로 있을 자격이 없다고 생각했다. 그는 백성들의 안녕을 위해 자신의 체면 따위는 생각하지 않기로 했다.

이에 정령공이 죄수처럼 봉두난발을 하고 웃통을 벗은 채로 양 한마리를 끌고 초장왕에게 사죄하러 갔다.

초장왕 앞에 끌려온 정령공이 이런 말을 했다.

"저는 하늘의 도움을 받지 못해 초나라를 잘 섬기지 못하여 결국 대왕의 노여움을 사게 되었습니다. 대왕께서 군사들을 친솔하여 이곳까지 와서 저의 죄를 물으니 이는 모두 소인의 죄입니다. 지금 대왕께서 하명하시는 것은 모두 따를 것입니다. 唯命是從 대왕께서 저를 강남이나 해변에 유배를 보낸다 해도 그 명을 따를 것입니다. 대왕께서 정나라를 멸하고 정나라의 땅을 여러 제후들에게 나누어 주며 정나라의 백성들을 노비로 삼는다 해도 그 영을 따를 것입니다. 만약 대왕이 과거 양국의 정을 생각해 정나라를 멸하지 않는다면 이는 대왕의 은혜이고 저의 바람이기도 합니다. 저의 생각을 대담하게도 대왕께 다 말씀드렸으니 결정해주시기 바랍니다."

초장왕이 이 말을 듣고는 이렇게 말했다.

"한 나라의 임금이 부득이한 상황에서 자신의 모든 것을 버리고 항복을 할 수 있다면 그는 꼭 백성들의 신뢰를 얻을 수 있을 것이다. 나도 정나라를 점령할 뜻이 없었다."

초장왕이 30리 밖으로 철군을 명하고 두 나라는 평화조약을 체결하였다.

未能免俗 미능면속

글자풀이	아닐 미(未 wèi), 능할 능(能 néng), 면할 면(免 miǎn), 풍속 속(俗 sú).
뜻풀이	아직 속된 습관을 버리지 못함을 이르는 말이다.
출전	남조·송(南朝·宋) 유의경(劉義慶) 『세설신어·임탄(世說新語·任誕)』

유래   위진魏晉 시기에 강소江蘇 산양山陽일대에 일곱 명의 명사(죽림칠현竹林七賢)가 늘 모임을 가지고 함께 술을 마시면서 학문을 논했다. 이들 중에서 완함阮咸과 숙부 완적阮籍의 가정형편이 제일 어려웠다.

당시 완씨 일가가 살고 있는 골목의 길 북쪽에는 부자들이 모여 살았는데 능라주단을 몸에 걸치고 맛있는 음식들을 먹었다. 완함과 그의 숙부인 완적은 길 남쪽에 살았으며 살림이 어려워 먹을 것과 입을 것이 늘 부족하였으며 완함은 그럴듯한 옷 한 벌 조차 없었다.

현지에는 해마다 7월 7일이면 여러 집들에서 옷가지를 볕에 쪼이는 풍속이 있었다. 이날이 되면 길 북쪽의 여러 집들마다에는 비단옷들이 걸려있었고 햇볕을 받아 오색찬란한 빛을 뿌리니 더욱 화려하고 존귀해 보였다. 처음 몇 해는 그런가보다 하고 지났으나 그런 세월이 한참 흐르고 나니 완함도 이를 대처할 방법을 생각해내게 되었다.

이해 7월 7일, 길 북쪽에는 예년과 마찬가지로 울긋불긋한 옷가지들이 걸렸다. 완함은 장롱을 다 뒤져 낡아빠진 속옷을 찾아내서는 대나무장대로 높이 걸어 문가에 두었다. 바람이 불어오니 그 속옷은 마치 깃발과도 같았으며 가문의 어른들이 이를 보고는 완함을 나무랐다.

"너는 어찌하여 속옷을 저렇게 걸어 놓는단 말이냐! 이 얼마나 꼴불견인고."

그러나 완함은 냉소를 지으며 말했다.

"저도 현지습관을 따르려는 생각뿐이었습니다.未能免俗"

未雨綢繆 미우주무

글자풀이	아닐 미(未 wèi), 비 우(雨 yǔ), 얽을 주(綢 chóu), 얽힐 무(繆 móu).
뜻풀이	① 비가 오기 전에 창문을 수선하다. ② 사전에 방비하다.
출전	『시경·빈풍·치효(詩經·豳風·鴟鴞)』

유래　　　서주西周 초기의 걸출한 정치가와 군사가, 사상가인 주공周公은 성이 희姬 이름이 단旦이며 주문왕周文王 희창姬昌의 넷째 아들이다. 그 봉지가 주周에 있었기에 주공周公 혹은 주공단周公旦이라 불렀다. 주공은 유학의 기틀을 잡은 사람으로 존칭되며 공자가 평생 존경했던 고대 성인聖人중의 한 명이었다.

　　주무왕周武王은 상商나라를 멸한 지 2년 만에 병으로 사망하고 그의 아들인 성왕成王이 즉위했다. 성왕은 즉위 당시 보령이 어렸기에 숙부인 주공이 대신해 조정사무를 처리했다. 다른 숙부들인 관숙선管叔鮮, 채숙도蔡叔度 등은 이에 불만을 품었고 주공이 조카의 왕위를 노린다고 의심한 나머지 상주왕商紂王의 아들 무경武庚과 결탁하여 반란을 일으켰다. 주공이 직접 대군을 이끌어 2년간의 전쟁끝에 반란을 진압하고 무경과 관숙선을 죽였으며 채숙도를 유배 보내 새로 탄생한 주周왕조가 점점 기틀을 잡아 나갈 수 있었다.

　그 후 주공은 관숙선 등이 무경과 암암리에 결탁한 전부의 과정을 낱낱이 조사했고 "치효"라는 시를 지어 성왕에게 바쳐 자신의 결백함을 알렸다. 시의 앞의 두 구절에는 이런 내용이 있다.

부엉이야 부엉이야!

내 자식 잡아먹었으니 내 집은 헐지 마라.

알뜰살뜰 가꿔온 터라 어린애들 가엾단다.

장마 비 오기 전에 뽕나무 뿌리 가져다가

창과 문 얽었거늘未雨綢繆.

이제 너희들 낮은 백성이 누가 나를 업신여기랴!

성왕은 이 시를 읽은 후 매우 감동을 받았으며 자신이 숙부 주공을 오해하였음을 알고 자책을 금치 못했다. 성왕이 어른이 되어 정무를 처리할 수 있게 되자 주공은 모든 권력을 다시 성왕에게 돌려주었다.

文武之道 문무지도,
一張一弛 일장일이

글자풀이   글월 문(文 wén), 무예 무(武 wǔ), 갈 지(之 zhī), 길 도(道 dào),

한 일(一 yī), 펼 장(張 zhāng), 한 일(一 yī), 느슨할 이(弛 chí).

뜻풀이   ① 당겼다 늦추었다 하는 것이 문무의 이치다.

② 나라를 다스리는데 있어서 엄격한 통제와 관대한 처분을 병

용하다.

③ 사업과 생활에 있어서 긴장된 활동과 느슨한 휴식을 병행하다.

출전   한(漢) 대성(戴聖)『예기·잡기하(禮記·雜記下)』

유래   공자孔子의 우수한 제자 중 한 명인 단목사端木賜는 자가 자공
子貢이다.

주周나라 때 민간에는 해마다 12월중의 하루에 백신百神들에게 제를 지
내는 명절이 있었고 이를 "납臘"이라고 불렀다. 이날이 되면 사람들은 춤과
노래를 감상하면서 마음껏 즐길 수 있었다.

어느 한번은 자공이 공자를 동행해 이 제례를 보러 갔다. 흥성흥성한 장
면을 보고 공자가 자공에게 물었다.

"너는 이 사람들이 왜 이처럼 즐거워하는지 알고 있느냐?"

이에 자공이 그 연유를 모르겠다고 답을 올렸다.
공자가 이런 해석을 했다.

"노비들은 일 년 사시절 밭에서 일만 하다가 이런 명절을 쇠게 되니 즐겁지 않겠느냐? 이는 군주가 이들에게 내려준 은혜이니라. 이것은 활시위를 당기는 것과 같은 도리이다. 시위를 너무 당기기만 하고 풀어주지 않는다면 활의 힘을 제대로 발휘할 수가 없고 반대로 시위를 풀어주고 팽팽하게 당기지 않는다면 활은 아무런 소용이 없게 된다. 백성들을 대함에 있어서도 마찬가지 도리이다. 다망한 일 년 중에 이런 명절을 마련해 즐겁게 지내도록 하는 것이다. 당겼다 늦추었다 하는 것이 바로 문왕과 무왕이 나라를 다스렸던 좋은 방법이다.文武之道, 一張一弛"

공자의 가르침을 들은 자공은 스승의 박식함에 탄복했다.

聞鷄起舞 문계기무

글자풀이　들을 문(聞 wén), 닭 계(鷄 jī), 일어날 기(起 qǐ), 춤출 무(舞 wǔ).

뜻풀이　　① 한밤중에 닭 우는 소리를 듣고 일어나 춤을 추다.

　　　　　② 뜻을 품은 자가 때를 맞추어 분연히 일어나다.

　　　　　때가 왔음을 알고 분발해 나서다.

출전　　　당(唐) 방현령(房玄齡)『진서·조적전(晉書·祖逖傳)』

유래　　　조적祖逖은 동진東晉때의 유명한 북벌北伐명장이다. 그는 명
문가의 자손이었으나 어렸을 적 아버지가 돌아가 형님슬하에서 자랐다. 어
릴 때는 글 읽기를 싫어했으나 열여섯 살 되던 해부터 결심을 내리고 책을
읽기 시작했다. 기억력이 비상했고 이해력 또한 남달라 몇 년 후에는 큰 뜻
을 품고 지략을 갖추게 되었다.

　　조적이 스무 살 되던 해 효렴孝廉으로 천거되었으나 이를 사양했다. 얼
마 후 한고향 사람인 유곤劉琨과 함께 주부主簿로 임명되었으며 이때부터
뜻이 맞은 두 고향친구는 가까운 벗으로 지냈다. 이들은 한솥밥을 먹고 한
이불을 덮고 잤으며 늘 함께 시를 읊고 산을 타면서 바른 품성을 길렀다.
이들은 중원中原을 되찾으려는 뜻을 가지고 있었기에 무예 수련도 게을리
하지 않았다.

한번은 두 사람이 천하대사를 담론하다가 늦게야 잠자리에 들었다. 얼마 후 조적이 닭 울음소리에 깨어났고 즉시 유곤을 흔들어 깨우면서 이렇게 말했다.

"이 울음소리가 아름답구나. 이는 잠자리에서 일어나 무예를 연마하라고 우리들을 깨우는 것이야."

유곤은 조적의 말을 듣고는 즉시 잠자리에서 일어나 옷을 입고는 함께 정원에서 검술을 연습하기 시작했다. 이때부터 두 사람은 닭 울음소리를 명령으로 삼아 날마다 아침 일찍 검술을 연마했다. 이런 노력 끝에 두 사람은 동진의 유명한 장군으로 성장할 수 있었다.

烏合之衆 오합지중

글자풀이	까마귀 오(烏 wū), 합할 합(合 hé), 갈 지(之 zhī), 무리 중(衆 zhòng).
뜻풀이	① 오합지중, 오합지졸. ② 조직도 기율도 없는 무질서한 무리.
출전	남조·송(南朝·宋) 범엽(范曄)『후한서·경엄전(後漢書·耿弇傳)』

유래   경엄耿弇은 자가 백소伯昭이고 동한東漢의 개국명장이며 중국 역사상 유명한 군사가이다.

기원 23년 왕망王莽이 세운 신新 왕조가 멸망하고 한애제漢哀帝 유흔劉欣이 즉위했다. 이때 각지의 호걸들이 군사를 일으켜 지방정권을 차지하였으며 군수와 현령들을 갈아치웠다. 경엄의 아버지 경황耿況은 왕망 정권 때 관직을 받은 터라 늘 불안했다. 이미 21살이 된 경엄은 공물을 마련해 장안長安에 가서 한애제를 만나려 결심했으며 이를 통해 아버지의 관직을 보존하려는 심산이었다.

어느 날 이들은 길에서 한애제의 아들 자흥子興이라고 자처하는 사람을 만났으며 그 사람은 지금 한단邯鄲에서 거병하려 한다고 말했다. 경엄과 동행했던 관리 손창孫倉과 위포衛包 등은 자흥이 한나라 왕실의 적통이니 이번 기회에 자흥에게 귀순하는 것이 옳은 선택이라고 주장했다.

이에 경엄이 칼자루를 잡고 말했다.

"유자홍은 소인배이니 다른 사람에게 잡히는 운명을 피하지 못할 것이다. 내가 장안에 가서 군대를 거느리고 와서 이 오합지졸烏合之衆들을 쓸어버릴 것이다. 그때 가서 이들을 없애는 것은 썩은 나뭇가지를 분지르듯 쉬운 일이다. 당신들이 잘못된 선택을 하는 것이니 얼마 지나지 않아 멸족의 화를 당할 것이 분명하다."

그러나 손창과 위포는 경엄의 권고를 듣지 않고 자홍이라고 자칭하는 사람의 휘하로 들어갔다.

경엄이 혼자서 계속 길을 재촉했다. 후에 남양南陽의 유수劉秀가 군사를 일으켰다는 소식을 듣고는 애제 유흔의 휘하에 들어가려던 계획을 포기하고 유수를 찾아갔다. 경엄이 점차 유수의 신임을 얻게 되었고 전투에서 용

감무쌍하여 여러 번 승전을 거두면서 유수가 천하를 평정하는데 지대한 공
을 세우게 되었다.

無可奈何 무가내하

글자풀이	없을 무(無 wú), 옳을 가(可 kě), 어찌 내(奈 nài), 어찌 하(何 hé).
뜻풀이	① 어찌 할 도리가 없다. ② 방법이 없다.
출전	한(漢) 사마천(司馬遷) 『사기·주본기(史記·周本紀)』

유래　　한무제漢武帝 때 통치자들이 국내적으로는 가혹한 수단으로 국정을 운명하고 대외적으로는 확장을 계속하니 백성들의 부담은 눈덩이처럼 늘어나 원망소리가 그치지 않았다. 참다못한 백성들이 곳곳에서 봉기를 일으켰는데 그 무리가 많을 때는 수천 명에 달하고 작은 규모도 수백 명에 이르렀다. 이들은 성을 점거하고 무기고를 탈취하였으며 하옥된 죄수들을 석방할 뿐만 아니라 관원들도 죽이니 이를 따르는 자들이 부지기수였다.

　백성들의 반항에 황제와 조정은 크게 놀라 무력으로 진압하려 했으나 봉기군은 싸울수록 더욱 용맹해졌다. 이에 조정은 더 많은 군사들을 보내 봉기군을 진압하였으며 그 결과 만여 명을 죽이고 봉기군의 식량을 나르던 몇 천 명도 함께 죽이니 봉기군은 거의 궤멸 직전에 이르렀다.

　그러나 흩어진 봉기군들이 다시 집결하여 산마루와 시골을 점거하고는 교통을 차단하고 수시로 무리를 지어 관군을 기습하면서 그 세가 또 다시 커졌다. 조정에서는 이들을 미워하고 무서워했으나 별다른 뾰족한 방도가

없었다. 無可奈何

　이런 상황을 개변하기 위해 조정은 『심명법沈命法』을 반포해 무리를 지은 화적떼를 발견하지 못했거나 발견하고 추포하는 책임을 다하지 못한 관리들 중 녹봉이 2천석 이하이면 그 죄를 따져 일률로 죽인다고 규정했다. 이때부터 직급이 낮은 관리들은 목숨을 잃을까 두려워 관할지역에 봉기군이 있어도 감히 고발하지 못했다. 즉 고발한다 해도 반란자들을 잡지 못하면 자신이 『심명법』에 걸릴 뿐만 아니라 고을의 태수太守까지도 연루되기 때문이었다. 상황이 이러하니 농민봉기군은 그 규모가 점점 커지게 되었고 결국 조정은 많은 군사를 동원해서야 이들을 진압할 수 있었다.

無所不容 무소불용

글자풀이	없을 무(無 wú), 바 소(所 suǒ), 아닐 불(不 bù), 받아들일 용(容 róng).
뜻풀이	① 극단의 수단을 쓰지 않는 곳이 없다.
	② 나쁜 일을 하는데 모든 수단을 다 쓰다.
출처	진(晉) 진수(陳壽)『삼국지·위서·조식전(三國志·魏書·曹植傳)』

유래　　　조식曹植은 자가 자건子建이며 위무제魏武帝 조조曹操의 아들 이고 위문제魏文帝 조비曹丕의 동생이다. 삼국시기 위나라 시인이고 문학가 이며 건안建安문학의 대표인물이다. 생전에 진왕陳王으로 봉해졌으며 후세 에는 그 익호가 "사思"였기에 진사왕陳思王이라고 불렸다.

위문제 조비가 즉위한 후 총명하고 재능이 뛰어난 동생 조식이 모반을 할까봐 두려웠다. 그는 조식에게 도성을 떠나 봉지封地로 갈 것을 명했으며 왕들과 제후들을 감시하는 관리를 특설하고 조식의 일거일동을 감시하도 록 하면서 언제든지 구실을 찾아 조식을 제거하려 했다.

그러나 한동안 눈에 불을 켜고 구실을 찾았음에도 조식을 죽일만한 이 유를 찾지 못했다. 조비가 감시관인 감국알자監國謁者 관균灌鈞에게 조식을 죽일만한 죄증을 찾으라고 하자 관균이 이렇게 소를 올렸다.

"조식은 술에 취해 불경한 말을 하고 황제 폐하의 대신들에게 겁박을 했습니다. 폐하께서 조식의 죄를 법으로 다스려 주옵소서."

조비는 이 기회를 빌어 조식을 제거하려 했으나 태후의 반대로 뜻을 이루지 못하고 조식의 작위를 안향후安鄕候로 강등했다. 그런 후 조비는 아량을 베푼다는 듯이 이렇게 말했다.

"과인은 천하의 사람들을 모두 품고 있다.無所不容 나의 친동생인 조식은 같은 피붙이일진대 어찌 정을 고려하지 않을 수 있단 말이냐? 해서 죽을죄를 지은 조식을 죽이지 않고 그 작위만 강등했노라."

그 후 10여 년간 조식은 여러 번 상소를 올려 조정을 위해 일할 것을 청했지만 그 뜻을 이루지 못했고 그의 재능도 꽃을 피우지 못했다. 우울한 나날을 보내던 조식은 마흔 한 살의 나이로 결국 세상을 하직했다.

無所畏懼 무소외구

글자풀이	없을 무(無 wú), 바 소(所 suǒ), 두려워할 외(畏 wèi), 두려워할 구(懼 jù).
뜻풀이	① 조금도 두려워하는 바가 없다. ② 매우 용감하다.
출전	북조·북제(北朝·北齊) 위수(魏收)
	『위서·동소전(魏書·董紹傳)』

유래   동소董紹는 자가 홍원興遠이며 변론에 능하여 당숙종唐肅宗이 그를 크게 신뢰했다.

그러던 어느 해 건안왕建安王 소보인蕭寶寅이 장안에서 반란을 일으켰다. 시어사侍御史 동소가 당숙종에게 자신이 군사를 이끌어 소보인을 진압하겠다고 간청했다. 그는 상주문에 이렇게 썼다.

"소신이 눈먼 파인巴人, (고대의 파족인)들 3천 정도만 거느리고 간다면 반드시 반란군을 전부 소멸할 것입니다."

숙종이 상주문을 보고 신변의 태감 서소徐紹에게 그 파인들이 정말로 눈이 먼 자들인지 물었다.

이에 서소가 답을 올렸다.

"이는 동소의 호언장담으로 그 파인들이 매우 용감하고 싸움에 능해 적들을 전혀 두려워하지 않으며無所畏懼 모두가 목숨을 걸고 싸운다는 뜻이고 정말로 눈이 먼 자들은 아니옵니다."

당숙종이 크게 웃으면서 동소에게 반란군을 토벌하라고 어명을 내렸다.

无妄之災 무망지재

글자풀이	없을 무(無 wú), 망령 망(妄 wàng), 갈 지(之 zhī), 재앙 재(災 zāi).
뜻풀이	불의의(뜻하지 않은) 재난.
출전	『주역·무망(周易·无妄)』 한(漢) 유향(劉向)
	『전국책·초책(戰國策·楚策)』

유래　　　전국시대 조趙나라의 이원李園은 여동생을 초楚나라 고렬왕考
烈王에게 바치려 했으나 왕이 생육을 못한다는 말을 듣고는 여동생이 궁에
서 왕의 총애를 받지 못할까 걱정이 되었다. 하여 이원은 초나라의 재상인
춘신군春申君에게 동생을 첩으로 삼도록 했다.

　　후에 이원의 여동생이 회임을 하게 되자 두 사람은 밀모를 하고는 춘신
군에게 이렇게 말했다.

　　"대감께서는 초왕의 신임을 받아 20여 년간 재상으로 계셨습니다. 그러나
　　지금 대왕께서 후사가 없으시고 대감은 여러 친왕들과 모순이 적지 않으
　　신데 그들 중 한 명이 보위에 오른다면 대감의 관직과 봉지를 유지할 수 있
　　겠습니까?"

이원의 동생은 이런 계책을 내놓았다.

"지금 소첩이 임신을 했고 대감께서 초왕과의 관계를 이용해 저를 초왕에게 바치는 것이 어떻겠습니까? 만약 남자아이를 낳게 되면 결국은 당신의 아들이 초나라 왕으로 될 것이니 그렇게 되면 대감의 앞날도 보장될 수 있지 않겠습니까?"

춘신군이 이 계책대로 임신한 이원의 동생을 초왕에게 바쳤고 그녀가 남자아이를 낳으니 태자가 되었다. 이원의 동생이 왕후로 책봉되었으며 이원도 대권을 손에 넣게 되었다.

얼마 후 고렬왕이 병에 걸리게 되자 주영이라는 사람이 춘신군을 찾아와 이렇게 말했다.

"이 세상 사람들에게는 생각지도 못했던 복과 예측하지 못했던 화가 있습니다."

이에 춘신군이 생각지도 못했던 복은 무엇인가고 물었고 주영은 이렇게 대답했다.

"지금 초왕의 병이 깊고 태자는 어립니다. 초왕이 붕어하면 대감께서는 어린 왕을 보좌할 것인데 이는 고대의 주공과 같은 역할입니다. 혹은 대감께서 왕으로 되여 장기간 초나라를 다스리는 방법도 있는데 이것이 바로 생각지도 못한 복입니다."

"그럼 예측하지 못했던 화는 또 무엇인가?"

춘신군이 물었다.
이에 주영이 말했다.

"지금 이원이 이미 일부 권력을 손에 넣고 있습니다. 초왕이 사망하면 이원은 먼저 입궁하여 초왕의 유언이라 하고 조정의 대권을 장악하고는 대감을 죽여 입을 막으려 할 것이니 이것이 바로 예측하지 못했던 화라고 하겠습니다."

그럼 예측하지 못했던 사람은 누구인가고 춘신군이 계속해 물었다.
주영의 대답은 이러했다.

"대감께서 저를 낭중 직에 임명하시고 초왕이 숨을 거둔 후 이원이 먼저 궁을 찾아오면 제가 죽여 버리는 것입니다. 이것이 바로 예측하지 못했던 사람이라는 것입니다."

춘신군이 이렇게 말했다.

"이원은 나약한 성정이고 내가 그를 잘 대해주었는데 어찌 그런 일을 할 수

있단 말인가?"

이 말을 들은 주영이 화가 미칠까 두려워 다른 나라로 도망쳤다.

열이레 후 고렬왕이 죽으니 이원은 급히 궁으로 들어와 살수들을 매복시키고는 춘신군이 도착하자 죽였으며 그 수급을 궁문밖에 던졌다. 이어 이원은 여동생과 춘신군의 아들인 태자를 초나라 왕으로 추대하니 바로 초유왕楚幽王이다.

五里霧中 오리무중

글자풀이	다섯 오(五 wǔ), 이수 리(里 lǐ), 안개 무(霧 wù), 가운데 중(中 zhōng).
뜻풀이	① 오 리나 되는 짙은 안개 속에 있다.
	② 무슨 일에 대하여 방향이나 갈피를 잡을 수 없다.
출처	남조·송(南朝·宋) 범엽(范曄) 『후한서·장해전(後漢書·張楷傳)』

유래　　　장해張楷는 한나라 때 성도成都사람으로 도술에 조예가 높아 맑은 날에도 주변 5리에 짙은 안개를 만들어낼 수 있었다고 전해진다. 관서關西에 살던 배우裵優도 안개를 만들어내는 재주가 있었으나 그 범위가 주변 3리 정도였다. 5리에 달하는 안개를 만들어내는 재주를 배우기 위해 배우는 전 재산을 다 판 돈으로 남쪽에 살고 있는 장해를 찾아가 스승으로 모시려 했으나 거절당했다.

다시 관서로 돌아온 배우는 알거지 신세가 되었다. 그러던 어느 날 배우는 안개를 만들어 도둑질할 생각을 떠올렸다. 그는 준비를 마치고 거리에 나가 구석 쪽에 서서는 중얼중얼 주문을 외우다가 "변해라"고 외쳤다. 그러자 안개가 스멀스멀 생겨나더니 잠깐 새에 사방으로 퍼져 나가면서 3리 남짓한 거리가 짙은 안개로 뒤덮였다. 사람들은 말하는 소리는 들을 수 있으되 그 형체는 볼 수가 없었다. 이를 틈타 배우는 거리의 가게들에 있는 물건들을 주머니에 쓸어 담아서는 집에 가져갔다.

도둑질에 재미를 들인 배우가 이제는 관아를 털기로 했다. 조예皁隷가 안개가 끼는 것을 보고 관아의 문을 닫아버렸다. 배우가 자루에 도둑질한 물건을 가득 담고 도망치려고 하니 문은 이미 굳게 닫혀 있었다. 안개가 걷히고 나서 도망칠 수 없게 된 배우는 그 자리에서 잡히고 말았다. 조예가 자루를 열어보니 모두가 도둑질한 물건인지라 배우에게 곤장 몇 십 대를 때리고는 동헌에 좌정해 심문을 시작했다.

매질에 혼이 빠진 배우는 겁에 질려 부들부들 떨더니 이렇게 말했다.

"죽을죄를 지었나이다. 이 모든 것은 장해가 가르친 것이옵니다. 장해는 소인보다 재주가 뛰어나 5리에 달하는 운무를 만들어낼 수 있습니다."

사건을 보고 받은 현감이 사실을 확대해서 상급자에게 보고했고 그 상관이 또 이를 과장해서 조정에 고했다. 조정에서는 즉시 성도에 사람을 보내 장해를 잡아들이니 결국 장해는 옥에 갇히고 말았다.

五日京兆 오일경조

글자풀이   다섯 오(五 wǔ), 날 일(日 rì), 서울 경(京 jīng), 조짐 조(兆 zhào).

뜻풀이   ① 오일경조. 삼일천하.

　　　　② 잠시 동안의 재직. 오래 계속하지 못하는 일.

출전   한(漢) 반고(班固)『한서·장창전(漢書·張敞傳)』

유래   　　서한西漢의 선제宣帝 때 태중대부太中大夫 장창은 그 성품이 정직하고 권세를 두려워하지 않았으며 사사로운 정을 따지지 않고 나라를 위해 힘써 일했다. 후에 한선제는 장창을 도성의 경조윤京兆尹으로 임명했다.

　　얼마 후 장창의 벗인 양운楊惲이 공을 턱 대고 교만함이 도를 넘더니 죄를 지어 극형을 당했고 그와 연관이 있는 관원들은 전부 정직을 당했으나 장창은 아무런 처분도 받지 않았다.

　　그런 와중에 도성에서 절도사건이 발생해 장창이 수하인 서순絮舜에게 이 사건을 수사하라고 지시했다. 그러나 서순은 장창의 명령을 받고도 수사에 착수하지 않고 집에 돌아가 술을 마시면서 이 일을 뒷전으로 생각했다. 어떤 자가 서순에게 장창의 말을 귓등으로 들어서는 안 된다고 권했으나 서순은 전혀 걱정이 없다는 듯이 말했다.

"장창은 5일 경조윤에 지나지 않는데五日京兆 감히 나를 어찌할 수 있단 말인가?"

이 말이 장창의 귀에 들어가니 그는 화를 참지 못하면서 서순을 잡아다가 극형에 처했다. 형을 집행할 때 장창이 사람을 보내 종이쪽지를 서순에게 주었는데 이런 말이 적혀 있었다.

"5일 경조윤도 너의 죄를 판정할 수 있으니 너는 결코 오늘을 넘기지 못하리라."

사후에 서순의 식솔들이 서순은 죽을죄를 짓지 않았으며 장창은 애매한 사람을 죽였다고 관에 고발했다. 한선제도 장창의 처사가 지나쳤다고 생각해 그의 경조윤 직을 파면했다.

惜墨如金 석묵여금

글자풀이　　아낄 석(惜 xī), 먹 묵(墨 mò), 같을 여(如 rú), 쇠 금(金 jīn).

뜻풀이　　　① 먹을 아끼기를 금같이 하다. 창작활동을 신중하게 하다.

　　　　　　② 글 따위를 좀처럼 쓰려 하지 않다.

출전　　　　명(明) 도종의(陶宗儀)『남촌철경록(南村輟耕錄)』

유래　　　　이성李成은 오대五代 말 유명한 화가이다. 그는 독서를 즐기고 시도 잘 썼을 뿐만 아니라 거문고와 바둑 등에도 능했다. 허나 그가 제일 뛰어난 성취를 거둔 분야는 바로 산수화이며 그중에서도 북방의 자연을 그린 산수화는 사람들의 감탄을 자아낸다.

　　이성은 산수화 창작에서 구도와 필묵의 사용을 강조했다. 그는 먹을 적게 사용하는 방법을 사용했으며 그가 그린 산과 돌은 마치 움직이는 구름과도 같았다 하여 후세 사람들은 이런 기법을 "권운준卷雲皴"이라고 불렀다.

　　이성의 이런 창작기법은 원, 명, 청 세 조대의 산수화가들에게 깊은 영향을 주었다. 후세 사람들은 이런 기법을 두고 "이성이 그림을 그릴 제 쉽게 붓을 대지 않고 먼저 담담하게 먹으로 그렸는데 먹을 아끼기를 금 같이 했다惜墨如金"고 평했다.

洗耳恭聽 세이공청

글자풀이	씻을 세(洗 xǐ), 귀 이(耳 ěr), 공손할 공(恭 gōng), 들을 청(聽 tīng).
뜻풀이	① 귀를 씻고 공손하게 듣다. ② 마음을 쏟아 가르침을 받다.
출전	진(晉) 황보밀(皇甫謐) 『고사전·허유(高士傳·許由)』

유래   "세이" 즉 "귀를 씻다"는 말에는 다음과 같은 유래가 전해진다.

요堯임금이 나이가 들어 현명한 사람에게 보위를 맡기려 했으며 그 적임자로 은둔해 있는 현자賢者라고 알려진 허유許由를 선택했다. 그러나 허유는 정치에 뜻이 없는 사람인지라 이를 거부했을 뿐만 아니라 아예 기산箕山에 들어가 은거했다. 요임금이 사신을 기산에 보내 허유에게 임금을 맡지 않으면 "구주장九州長"이라도 맡아달라는 말을 전하게 했다. 그러나 허유는 임금도 벼슬자리도 싫다고 하면서 사신을 돌려보냈다. 사신이 떠나간 후 허유는 사신의 말이 자신의 귀를 어지럽혔다고 여겨 산 아래에 있는 영수潁水가에 가서 귀를 씻었다.

소부巢父라는 사람도 이곳에 은거해 있었는데 마침 소를 끌고 와서 물을 먹이고 있었다. 허유가 요임금이 임금 자리를 넘겨주려 했다는 소식을 전하면서 이렇게 말했다.

"이런 불결한 말을 들었는지라 얼른 귀를 깨끗이 씻는 중이라네!"

그러자 소부가 냉소를 지으며 말했다.

"당신이 밖에서 자신의 재능을 소문내고 다녔기에 요임금의 귀에 들어간 것 아니겠나. 지금의 상황은 자네 때문에 발생한 것인데 어찌 귀를 씻는단 말인가? 그만두게. 내 송아지의 입이 더러워질까 두렵다네."

말을 마친 소부가 송아지를 끌고 강의 상류로 가버렸다. 이 전설을 "기산세이箕山洗耳"라고 한다. 진나라 때의 황보밀이 "기산세이"를 자신이 편찬한 『고사전』에 수록했다.

그러나 후세 사람들이 사용한 "세이"는 허유의 이야기와는 완전히 다르다. 허유는 듣기 싫어하고 자신의 신분을 강조하기 위해 귀를 씻었으나 후세 사람들이 말하는 "세이"는 가르침을 받으려는 뜻을 나타내며 통상 "세이공청"으로 사용되었다.

下筆成章 하필성장

글자풀이	아래 하(下 xià), 붓 필(筆 bǐ), 이룰 성(成 chéng), 글 장(章 zhāng).
뜻풀이	① 붓을 대기만 하면 당장에 문장을 이루다. ② 문재가 뛰어나다.
출처	진(晉) 진수(陳壽) 『삼국지·위서·진사왕식전(三國志·魏書·陳思王植傳)』

유래   조식은 위문제魏文帝 조조曹操의 셋째아들로 어려서부터 그 총명이 과인했고 시와 사辭, 노래歌, 부賦를 즐겨 열 몇 살이 되어서는 명문장 수백 편을 통달할 정도였고 그 문장실력 또한 월등했다. 그가 지은 7보시七步詩 『형제兄弟』중에 "본래 같은 뿌리에서 나왔건만 왜 이리도 콩처럼 들볶는고?"라는 구절은 모르는 사람이 없을 정도이다.

조식의 이런 재능은 천부적인 기질 외에도 어려서부터 연마해온 것이었다. 조식에게는 "수호繡虎"라는 별명이 있는데 이는 그의 문장이 화려함을 말해주는 것이었다.

조식은 어렸을 때부터 이미 빼어난 총명과 재능을 보여주었다. 어느 한 번은 조식의 문장을 본 조조가 깜짝 놀랐다. 문장의 내용이 심오하고 그 필봉이 청신하면서도 수려했으며 기백 또한 하늘을 찌를 듯 했다. 이를 본 조조가 필시 누가 대필해 주었으리라 짐작하고 조식을 불러 물었다.

"누가 이처럼 보잘것없는 글을 대필해 주었더냐?"

영문을 모르는 조식이 솔직하게 대답했다.

"부친께 아룁니다. 글이 좋고 나쁜지를 떠나서 모두 소자가 쓴 것입니다. 제가 생각하고 느낀 바를 붓을 대기만 하면 문장을 이룰 수 있었습니다.下筆成章 왜 누군가를 찾아 대필을 시켜야 합니까? 부친께서 믿지 못하시면 출제를 해주십시오. 소자가 이 자리에서 글을 지어 올리겠습니다."

이 말을 들은 조조가 허허 웃으면서 말했다.

"다른 사람이 대필한 것이 아니면 되었다."

얼마 후 조조가 관성官城에 축조한 동작대銅雀臺가 준공되었는데 조조는 여러 아들들에게 올라가 구경을 한 후 사辭나 부賦 한편씩 지으라고 명했다. 아들들의 문장실력을 알아보려는 심사였다. 조식이 붓을 잡더니 삼시간에 글을 써냈다. 이는 조식이 자기 입으로 말했던 "입을 열면 바른 도리를 말하고 붓을 대니 문장을 이루었다"는 말이 사실임을 충분히 말해준다.

先發制人 선발제인

글자풀이	먼저 선(先 xiān), 떠날 발(發 fā), 지을 제(制 zhì), 사람 인(人 rén).
뜻풀이	① 선수를 써서 상대방을 제압하다. ② 기선을 제압하다.
출처	한(漢) 반고(班固) 『한서·항적전(漢書·項籍傳)』

유래   기원전 209년 항량項梁과 그의 조카 항우項羽가 원수의 보복을 피해 오중吳中으로 도망쳤다. 회계군會稽郡 군수 은통殷通은 전부터 항량의 인품을 존중해왔던 터라 사람을 보내 항량을 청해 와서는 이렇게 물었다.

"선생의 재능은 인근에 널리 알려져 있습니다. 거병하여 진秦나라를 반대하는 일에 대해서 선생께서는 어떤 생각을 가지고 계십니까?"

이에 항량이 분연히 말했다.

"작금에 장강 양안의 사람들은 모두 일떠나 진나라의 폭정에 항거하고 있소이다. 이는 진나라의 운이 다했음을 말해주는 것입니다. 이런 때에 기선을 제압하면 다른 사람을 통제할 수 있고先發制人 기선을 빼앗기면 다른 사람의 통제를 당할 수밖에 없습니다."

항량의 말에 은통이 찬성하며 말했다.

"제가 듣기로 선생께선 초나라 대장군의 후손으로 큰일을 도모할 수 있다고 알고 있습니다. 제가 군사를 내서 봉기군과 호응할 터이니 선생께서는 항우와 함께 군사를 통솔해 주십시오."

항량이 속으로 너 같은 놈의 부하로는 되지 않을 것이라고 생각했다. 그는 문밖에 나가 항우에게 이리이리 하라고 귓속말로 이르고는 다시 돌아와 군수에게 항우를 불러 들이라고 청했다.

은통이 항우를 들라 하니 키꼴이 장대한 청년이 손에 서슬 푸른 검 한 자루를 들고 문에 들어섰다. 은통은 항우를 이리저리 살펴보면서 찬탄을 금치 못했다.

"정말 맹장이구려, 장군 가문의 후손답군."

항우가 검을 들어 한 번에 은통을 죽였다. 이어 항량과 항우는 은통의 수급을 베고 관부의 인수를 거두고는 관아에 가서 백 명에 달하는 관리들을 보이는 대로 베니 나머지 사람들은 겁에 질려 땅바닥에 머리를 조아리면서 감히 일어서는 자가 없었다.

이어 항량은 사처에 사람을 보내 옛 친구들과 향리, 관원들에게 군수를 이미 죽였다고 알렸다. 그리고는 이런 말도 전하게 했다.

"우리는 이제 오중의 군대를 일으켜 회계군 산하의 여러 현들을 칠 것이고 우리들의 군대도 갖추고 각 현들을 잘 다스릴 것이다. 바로 오중에 할거하여 주동권을 잡는 것이다."

先入爲主 선입위주

글자풀이	먼저 선(先 xiān), 들 입(入 rù), 할 위(爲 wéi), 주인 주(主 zhǔ).
뜻풀이	① 어떤 말이나 사상을 받아들인 다음에는 꼭 그것만이 옳다고 생각하다. 먼저 들은 것만을 옳다고 생각하다. ② 선입관에 사로잡히다. 선입견에 치우치다.
출전	한(漢) 반고(班固)『한서·식부궁전(漢書·息夫躬傳)』

유래   한漢나라 때 한애제漢哀帝가 동현董賢, 손총孫寵, 식부궁息夫躬 세 사람을 총애했다. 이에 승상丞相 왕가王嘉가 동현의 권세가 너무 크고 손총과 식부궁은 간사하고 거짓이 많은 사람이니 향후 조정을 어지럽히고 화를 초래할 것이라고 하면서 이들을 중용해서는 안 된다고 충언을 했다.

그러나 애제가 왕가의 충언을 듣지 않고 이들을 제후로 봉했다. 후에 식부궁이 동현의 권세가 날로 커지는 것을 보고 그 자리를 대체하려 결심했다. 식부궁이 사전에 흉노 선우에게 사람을 보내 천자를 배알하지 못하게 손을 써놓고는 애제에게 이렇게 고했다.

"폐하, 흉노匈奴의 선우單于가 올해 천자를 알현하지 않았습니다. 이는 아마도 군대를 보내 국경을 침탈할 예정이오니 이들을 물리칠 방책을 정하심이 옳은 걸로 사료됩니다."

많은 대신들이 식부궁의 말을 믿지 않았고 왕가가 이렇게 말했다.

"천자께서 성의를 가지고 선의를 베푸시면 백성들이 즐겁게 일하고 안락한 생활을 할 수 있습니다. 식부궁의 말은 거짓이 틀림없으며 천자께서 출병하신 기회를 타서 흉측한 일을 도모하려는 것입니다. 폐하께서는 이를 진실로 믿어서는 안 됩니다. 식부궁의 말을 먼저 들으셨다 하여 그 말이 반드시 옳다고 생각하시면先入爲主 그릇된 결단을 내리게 될 것이옵니다."

허나 한애제가 식부궁의 말만을 믿고 출정준비를 시켰으나 이번에는 동현이 반대하니 결국 출병은 취소되었다. 얼마 후 식부궁의 음모가 들통이 나서 하옥되었고 옥중에서 죽고 말았다.

先聲奪人 선성탈인

글자풀이	먼저 선(先 xiān), 소리 성(聲 shēng), 빼앗을 탈(奪 duó), 사람 인(人 rén).
뜻풀이	① 먼저 큰 소리를 쳐서(선수를 쳐서) 남의 기세를 꺾다.
	② 대단한 기세로 적을 먼저 위압하다.
출전	춘추·로(春秋·魯) 좌구명(左丘明)
	『좌전·소공21년(左傳·昭公二十一年)』

유래   춘추시대春秋時代 송宋나라의 사마司馬 화비수華費遂에게는 화추華貙와 화다료華多僚, 화등華登이라 부르는 세 아들이 있었다. 이들 중 화다료가 송원공宋元公의 신뢰를 받았는데 늘 국군 앞에서 두 형제의 험담을 하였고 그 결과 화등은 외국으로 망명했다. 그후 화추가 화다료를 죽이고 일부 사람들을 규합해 송宋나라를 배반했다. 이에 송원공이 제나라의 오지명烏枝鳴을 청해 도성을 지키도록 했다.

한편 외국에 망명했던 화등도 오나라 군대를 이끌고 화추를 지원했다. 화등의 군대가 송宋나라로 향하자 대부 복濮이 오지명에게 이렇게 말했다.

"병서에는 먼저 큰 소리를 쳐서 자신의 위망을 보여줌으로써 적의 사기를 꺾어 놓으며先聲奪人 적들의 사기가 완전히 꺾인 후에 적을 진공한다는 방책

이 있습니다. 현재 화등의 군사가 매우 피로해 있으니 이는 우리가 선공을
할 절호의 기회입니다. 만약 적들이 단단히 진을 치고 기세가 높으면 이들
을 깨뜨리기 어려울 것이며 그때 가서 후회해도 이미 늦었을 것입니다."

오지명이 이 계책을 받아 들여 화등군을 먼저 공격하니 오나라 군사들
이 대패했다. 화등이 패잔병들을 이끌고 죽기내기로 송원공을 공격했고
송원공이 이를 당해내지 못하고 도망치려 하자 복이 이를 막고 말했다.

"신은 군왕을 위해 싸우다 죽을 수 있으나 대왕님을 모시고 도망칠 수는 없
습니다. 대왕께서는 반드시 공격을 견디어 내셔야 합니다."

말을 마친 복이 군사들에게 이렇게 외쳤다.

"왕의 전사들은 깃발을 휘둘러라!"

군사들이 깃발을 힘차게 휘두르니 군의 사기가 올랐다. 이때 송원공이 나서서 군사들에게 말했다.

"나라가 망하고 국왕이 죽는다면 이는 당신들의 치욕이며 나 한사람의 죄만이 아니다. 너희들은 목숨을 걸고 싸워라!"

이에 제齊나라와 송宋나라의 군대가 합심하여 화등을 공격하였고 승기를 잡게 되었다.

相顧失色 상고실색

글자풀이	서로 상(相 xiāng), 돌아볼 고(顧 gù), 잃을 실(失 shī), 빛 색(色 sè).
뜻풀이	서로 마주보며 놀라운 표정을 짓다.
출처	송(宋) 설거정(薛居正) 등『구오대사·단희요전(舊五代史·段希堯傳)』

유래　　5대五代 때의 사람인 단희요段希堯는 그 성품이 부지런하고 정사에 근면하게 임했으며 고생을 두려워하지 않아 덕망이 높았다. 그는 후당後唐 때의 녹사참군錄事參軍으로부터 후진 때에 와서는 우간대부右諫大夫 관직에까지 오른 인물이다.

　　어느 한번은 단희요가 오월吳越에 공무로 가게 되었다. 출발하는 날은 화창하게 개어 있었다. 그런데 단희요가 병졸들을 거느리고 배에 올라 바다를 가고 있을 때 날씨가 변하면서 큰 바람이 불고 거센 파도가 연이어 덮쳐왔다. 키를 잡은 사공과 단희요의 하인들은 서로 마주보면서 경황실색한 표정을 지었다相顧失色.

　　이 위급한 찰나에 단희요는 태연한 표정으로 부하들에게 말했다.

"나는 평생 모든 일을 조심스럽게 처사해왔고 말과 행동에 있어서 감추는 것이 없었다. 또 음모를 꾸밀 줄 모르고 살았으니 하늘은 나의 마음을 환히

볼 수 있을 것일진대 나를 살펴주지 않을 리가 없다. 너희들은 무서워 말고 나를 믿도록 하라."

이상하게도 단희요의 말이 끝나자마자 큰 바람이 사라지고 바다는 평온한 상태로 돌아갔으며 단희요 일행은 안전하게 목적지에 도착했다.

相見恨晚 상견한만

글자풀이	서로 상(相 xiāng), 볼 견(見 jiàn), 한 한(恨 hèn), 늦을 만(晚 wǎn).
뜻풀이	일찍이 만나지 못한 것을 한탄하다.
출전	한(漢) 사마천(司馬遷)
	『사기·평진후주부열전(史記·平津侯主父列傳)』

유래   한무제漢武帝 집권 초반에 비록 나라의 국력이 강성하고 백
성들이 즐겁게 일하고 안락한 생활을 했으나 주변의 소수민족 세력들이 호
시탐탐 중원을 노렸고 제도적으로도 미비한 점들이 많아 문무에 겸비한 인
재들이 필요했다. 한무제 본인도 간절한 마음으로 이런 인재들을 물색했다.

제齊나라 사람인 주부언主父偃은 박학다식하였고 일찍 합종연횡술을 배
웠으며 그 후에는 『역경』과 『춘추』를 연구했다. 그는 제나라의 여러 제후들
을 찾아 유세를 했으나 유생들의 배척을 받았고 그 후 연燕나라, 조趙나라
등에 갔으나 그를 알아주는 사람이 없어 어려운 나날을 보내고 있었다. 그
러던 주부언이 장안長安에 가서 한무제를 만나 시국과 관련한 아홉 가지 일
을 말했고 그중의 하나가 바로 흉노匈奴정벌이었다.

이때 서악徐樂과 엄안嚴安도 시국과 관련된 상서를 올리니 황제가 세 사
람을 함께 만나서는 기쁜 심정으로 말했다.

"경들은 어디에 있었더란 말인가? 왜 일찍 만나지 못했던가?"

한무제가 이들 세 사람을 낭중郎中으로 임명했다.

후에 주부언은 시국과 관련된 상서를 여러 번 올렸고 한무제가 주부언의 재능을 인정하여 한 해 동안에 네 번이나 그 관직을 올려주었다. 그 후 주부언은 한무제의 중요한 책사가 되었다.

相敬如賓 상경여빈

글자풀이 서로 상(相 xiāng), 공경할 경(敬 jìng), 같은 여(如 rú), 손 빈(賓 bīn).

뜻풀이 부부가 서로 손님을 대하듯이 존경하다. 부부는 가장 친밀한 사이지만 항상 서로 공경하여 마치 손님을 대하듯 한다는 뜻.

출전 춘추·로(春秋·魯) 좌구명(左丘明)

『좌전·희공32년(左傳·僖公三十二年)』

유래 춘추시대春秋時代 때 진晉나라의 대신 치예郤芮가 죄를 지어 죽게 되었고 그 아들 치결郤缺도 평민으로 강등되었다. 한번은 대부 서신胥臣이 노魯나라에 사신으로 갔다가 귀국하는 도중 기冀 땅을 지나다가 길옆의 밭에서 한 사나이가 김을 매고 있는 정경을 목격하게 되었다.

마침 이때 그 장정의 아내가 식사를 가져 와서 밥그릇을 머리 위까지 들어서 공손하게 남편에게 올렸다. 남편 역시 같은 예로 아내를 대했다相敬如賓.

이를 본 서신이 큰 감명을 받아 말했다.

"부부간에 이토록 존경하고 아끼니 정말 덕이 높은 사람이다. 만약 이런 이가 진나라를 다스린다면 나라는 꼭 흥할 것이다."

서신이 그 사나이에게 물어보니 치예의 아들 치결이었고 밭농사로 생업을 이어가고 있었다. 서신이 치결을 조정에 천거하였고 진문공晉文公은 치결을 하군대부下軍大夫로 임명했으며 그 후 상경上卿으로 그 직을 올려주었다. 진문공은 또 원래 치예의 봉지였던 기 땅을 치결에게 하사했다. 치결도 진문공의 기대를 저버리지 않고 덕으로 나라를 다스리니 진나라는 점점 강성해졌다.

相濡以沫 상유이말

글자풀이   서로 상(相 xiāng), 젖을 유(濡 rú), 써 이(以 yǐ), 거품 말(沫 mò).

뜻풀이   같이 곤경에 처하여 미력한 힘으로나마 서로 도와주다.

출전   『장자·대종사(莊子·大宗師)』

유래   장자莊子는 선진先秦(진나라 이전 시대) 위대한 사상가, 정치가, 문학가이다.

장자는 가정형편이 째지게 가난했다. 한번은 그의 아내가 쌀을 꾸어오라고 시켰고 장자는 깁고 기운 허름한 옷을 입고 감하후監河侯를 찾아갔다. 이에 감하후가 "가을에 봉지의 소작료를 받게 되면 삼백 금을 빌려 줄 것이니 그거면 족한가?"고 물었다.

장자가 어처구니가 없어 이런 대답을 했다.

"제가 오는 길에 수레바퀴 자국 속에 있는 붕어 몇 마리가 제발 물 한 바가지만 부어 목숨을 살려달라고 하는 소리를 듣게 되었습니다. 저는 오몃나라 유람을 마치고 돌아올 때 서강西江의 물을 끌어다 살려주마고 대답했습니다. 허나 그 붕어들은 저의 구원을 기다릴 바에는 건어물 가게에서 자신들의 시체를 찾는 편이 더 빠를 것이라고 하면서 분노를 금치 못했습니다."

191

말을 마친 장자는 쌀도 빌리지 않은 채 화를 내며 집으로 돌아왔다.

아내가 다른 곳을 더 알아보지 않았다고 나무라니 장자가 자신은 나름대로의 도리가 있다고 말했다.

아내가 대단한 도리보다 우선 밥을 먹어야 굶어 죽지 않을 것이 아닌가 하고 반문했다.

장자의 대답은 이러했다.

"생과 사는 자연의 이치이니 이는 마치 낮과 밤이 시간에 따라 바뀌는 것과 마찬가지라오. 강이 말라 고기들이 육지에 갇히게 되었을 때 대방의 몸에 습윤한 공기를 불어주고 서로 침으로 대방의 몸을 적셔준다면相濡以沫 이는 당연히 좋은 일이오. 허나 그렇지 않을 바에는 애초에 드넓은 강과 호수에서 서로를 잊고 관심하지 않는 것이 나을 것이요."

아내는 장자가 하는 말을 이해할 수가 없어 다른 방에 가서 눈물을 흘렸다.

相提幷論 상제병론

글자풀이	서로 상(相 xiāng), 끌 제(提 tí), 아우를 병(幷 bìng), 논할 론(論 lùn).
뜻풀이	(성질이 다른 것을) 한데 섞어 논하다. (주로 부정문에서 많이 쓰임.)
출처	한(漢) 사마천(司馬遷)
	『사기·위기무안후열전(史記·魏其武安侯列傳)』

유래　　　두영寶嬰은 오吳나라와 초楚나라의 "7국의 난"을 평정한 공을
인정받아 대장군大將軍에 위기후魏其侯를 제수 받았다.

　한경제漢景帝 4년에 유영劉榮이 태자로 책봉되었다. 한경제의 누님인 장
공주長公主는 딸을 태자에게 시집보낼 뜻을 밝혔으나 태자의 어머니인 율희
栗姬가 이 혼사를 강하게 반대해 나섰다. 이에 장공주는 한경제의 다른 비
인 왕부인의 아들 유철劉徹에게 딸의 혼담을 넣었고 왕부인은 이를 흔쾌히
받아 들였다.

　이때부터 장공주는 매일 한경제 면전에서 왕부인을 칭찬하고 율희를 헐
뜯었다. 경제가 오래도록 장공주의 무함하는 말을 듣다보니 태자를 바꾸
려는 생각을 가지게 되었다. 몇 달 후 경제가 갑자기 교지를 내려 유영의
태자위를 폐하고 임강왕臨江王으로 강등시켰다.

　태자의 스승인 두영은 이를 보고 있을 수만 없어 경제를 만나 물었다.

"태자께서 죄가 없으신데 왜 폐하께서는 임강왕으로 강등시킨 것이옵니까?" 이에 경제가 노한 어투로 말했다. "태자가 죄가 없는 것은 사실이나 무능한 것 역시 사실이다. 한나라의 이 강산을 무능한 자에게 넘긴다면 짐이 어찌 마음을 놓을 수 있겠는가? 이는 황실의 일이니 더 참견하지 말지어다."

두영은 태자를 잘 보호하지 못했으니 조정의 대소신료들에게 미안하다고 자책하면서 병을 핑계로 두문불출했다. 많은 사람들이 두영을 찾아와 조당에 나갈 것을 권유했으나 고집을 꺾지 못했다. 후에 상수商遂라는 사람이 두영을 찾아와 이렇게 말했다.

"공께서는 황제의 뜻을 바꿀 수 없고 그렇다고 이 일을 위해 목숨을 바칠 수도 없는 상황에서 지금은 집에서 미녀들과만 어울리고 있습니다. 만약 이 두 가지 일을 연관시켜 평가를 한다면相提而論 황제의 잘못을 일부러 꼬집는 것이니 신하로서는 참으로 불충한 일이 아닙니까?"

두영도 자신이 지나쳤다고 생각해 다시 조정에 나가 일을 보기 시작했다.
후세 사람들은 "상제이론"을 "상제병론"으로 고쳐 사용하게 되었으며 이는 두 가지 일을 함께 토론함을 말하는 것인데 옛 뜻 그대로 사용한 경우이다.

跳梁小醜 도량소추

글자풀이	뛸 도(跳 tiào), 대들보 량(梁 liáng), 작을 소(小 xiǎo), 추할 추(醜 chǒu).
뜻풀이	① 이리저리 뛰어다니며 소란이나 피우는 소인배.
	② 별다른 재능 없이 함부로 소란을 피우며 못된 짓을 하는 인물.
출전	원(元) 탈탈(脫脫) 등『송사·장경헌전(宋史·張景憲傳)』

유래   송宋나라 때의 장경헌張景憲은 그 성정이 강직했고 회남淮南의 전운부사轉運副使직을 맡은 적이 있다. 당시 산양山陽에는 관방關昉이라는 관원이 있었는데 친척 중에 고관대작들이 많아 그 위세를 믿고 현지에서 고약한 짓을 골라 했다. 장경헌이 부임한 후 관방을 영외嶺外에 유배를 보냈고 이는 탐관오리들에게 큰 충격을 주었다.

후에 장경헌은 치적이 뛰어나 호부부사戶部副使로 승진했다. 원풍元豊 초년에 장경헌이 하양河陽지역의 최고관리를 맡았다. 이때 일부 소수민족들이 늘 국경을 침범하였고 장경헌은 황제에게 이런 상서를 올렸다.

"국경을 교란하는 자들은 모두 별다른 재능이 없이 소란만 피우는 자들입니다跳梁小醜 그러나 이들의 근거지는 편벽한 곳에 있고 지세가 험준해 지키기는 쉬우나 공격하기 힘듭니다. 폐하께서 대군을 보내 공격한다면 거리가 먼데다가 만약 후방공급이 따라가지 못한다면 군심이 동요할 것이고 사기가 저락될 것이며 적군의 겹겹한 포위에 들것입니다. 그렇게 되면 아군에 불리할 것이니 오히려 이들을 한동안 놔두는 것이 옳을 것입니다."

후에 이 고사에서 "도량소추"라는 성어가 유래되었다. 이는 품격이 높지 못한 사람이나 진정한 학문을 갖추지 못한 학자가 개인의 이익 혹은 자신의 비밀스런 목적을 위해 소란을 피우고 말썽을 일으키나 별 볼 일이 없고 오히려 자신의 추악한 면모를 드러냄을 비유한다.

小心翼翼 소심익익

글자풀이　　작을 소(小 xiǎo), 마음 심(心 xīn), 날개 익(翼 yì), 익(翼 yì).

뜻풀이　　① 엄숙하고 경건하다. ② 거동이 신중하고 소홀함이 없다.

　　　　　③ 매우 조심스럽다.

출전　　　『시경·대아·대명(詩經·大雅·大明)』

　　　　　원(元) 탈탈(脫脫) 등『송사·열전(宋史·列傳)』

유래　　　송宋나라 때의 가황중賈黃中은 학식이 깊고 문장을 잘 썼으며 백성을 사랑하고 사심이 전혀 없이 정무에 힘썼으며 불의를 용납하지 않는 성격이었다.

　가황중이 열다섯 살에 진사進士에 급제하고 교서랑校書郎이 된 후 그 재능을 발휘하면서 몇 년 후에는 의주태수宜州太守로 승진했다.

　그가 부임한지 얼마 되지 않아 의주에 심한 한재가 들었다. 밭들이 갈라 터지고 수목이 말라 죽었으며 백성들은 무더기로 굶어 죽었다. 가황중은 조정에 구제를 청하는 한편 자신이 모아두었던 돈을 전부 내놓았고 가산을 팔아서 이재민들을 구제해 몇 천 명의 목숨을 구했다. 황제가 이번 일을 통해 가황중의 능력을 발견하고 그를 금릉태수金陵太守로 임명했으며 가황중은 금릉을 잘 관리해 나갔다. 그는 금릉관부의 물품을 점검하던 중 수십 개

의 갑에 들어 있는 진귀한 보물들을 발견했으며 이를 등록한 후 황제에게
보냈다.

　가황중의 보고를 받은 황제는 기쁜 한편 화가 났다. 이전의 금릉태수들
이 이런 보물이 있는 줄도 몰랐다는 것에 화가 치밀었고 가황중이 세심한
일처리로 보물을 발견한 후 전혀 사심이 없이 조정에 장계를 올려 알린 것
을 대견하게 생각했다. 이에 황제는 가황중을 도성에 불러 들여 조정의 조
서를 심사하는 중서사인中書舍人을 맡겼다. 황제는 또 가황중의 모친을 불
러 이런 칭찬을 했다.

　　"이 모든 것은 어미가 잘 가르친 덕이니 가히 맹자孟子의 어머니와 비견할
　　만하다."

그러나 가황중도 일처리에서 부족한 바가 있었으니 너무 소심하고 과단하지 못했다. 이에 황제는 가황중에게 이렇게 타일렀다.

"조심하는 것은 좋은 일이고 관리나 황제가 모두 그러해야 한다. 그러나 지나치게 조심스러우면小心翼翼 대신의 신분에 어울리지 않는 것이다."

"소심익익"은 『시경』중 "유차문왕, 소심익익 維此文王, 小心翼翼"이라는 구절에서 유래했다. 『송사』에 기록된 가황중은 "소심익익" 즉 매우 조심스러워 소심할 정도의 관리 중 대표인물이라 할 수 있다.

心腹之患 심복지환

글자풀이	마음 심(心 xīn), 배 복(腹 fù), 갈 지(之 zhī), 근심 환(患 huàn).
뜻풀이	① 내부에 숨어 있는 치명적인 화근(우환). ② 심복지환
출처	춘추·로(春秋·魯) 좌구명(左丘明)『좌전·애공11년(左傳·哀公十一年)』

유래　　춘추시대春秋時代 때 오吳나라와 월越나라 간의 교전에서 월왕 구천勾踐이 화살로 오왕 합려闔閭에게 중상을 입혔다. 임종을 앞두고 합려는 아들 부차夫差에게 이 원한을 잊지 말 것을 당부했고 부차는 눈물을 흘리며 꼭 복수를 하겠노라고 다짐했다.

　합려가 죽은 후 왕으로 즉위한 부차는 매일 군사 조련을 게을리 하지 않았다. 2년이 지나 오나라가 월나라를 공격했고 결국 월나라가 대패했다. 월왕 구천은 잔여 군사들을 이끌고 회계會稽라는 곳에 도망쳤으며 대부 문종을 파견해 오나라의 태재太宰인 백비伯嚭에게 많은 금은보화들을 주면서 화의를 청했는데 심지어는 신하의 예로 오나라를 섬기겠노라고 다짐했다. 오나라의 대신인 오자서伍子胥가 승리의 여세를 몰아 월나라를 멸하고 후환을 제거해야 한다고 부차를 설득했지만 오왕은 백비의 말만 믿고 월나라와 강화를 했다.

201

그 후 제齊나라의 경공景公이 죽고 새로 즉위한 왕이 우매하고 나약한지라 부차가 군사를 보내 제나라를 공격하도록 했다. 오자서가 부차에게 이렇게 권고했다.

"지금 월나라의 구천이 백성들의 신망을 얻고 있으니 이후 오나라의 심복 지환이 될 것입니다. 대왕께서 먼저 월나라를 정벌하지 않고 제나라를 치려고 하시니 이는 크게 잘못된 일인 줄로 사료됩니다."

그 후에 발생한 일들은 오자서의 판단이 정확했음을 말해준다. 몇 년이 지나지 않아 오나라가 북쪽의 진晉나라를 정벌하게 되었는데 이때를 틈타 월나라가 오나라에 쳐들어갔으며 이번 전쟁에서 오나라는 완전히 패하고 말았다.

信口開河 신구개하

글자풀이	믿을 신(信 xìn), 입 구(口 kǒu), 열 개(開 kāi), 물 하(河 hé).
뜻풀이	입에서 나오는 대로 거침없이 지껄이다.
출전	원(元) 상중현(尙仲賢)『기영포(氣英布)』

유래　　　　진(秦)나라 말 항우(項羽)와 유방(劉邦)이 천하를 다투는 초한(楚漢)전쟁 중 영벽(靈璧)전투에서 유방이 패하여 군사를 형양(滎陽)에 주둔시켰다. 승전한 항우는 영포(英布)를 "당양군(當陽君)"으로 봉하고 정예군사 40만을 거느리고 구강(九江)에 주둔하면서 한(漢)나라 군을 진공할 것을 명했다.

　유방의 전알관(典謁官) 수하(隨何)는 어릴 때부터 영포와 친분이 있었으며 이를 안 유방이 수하를 보내 영포에게 투항을 권했다. 영포가 수하의 말을 듣고 유방에게 투항하였다. 한나라 군영에 온 영포는 중용을 받을 것이라고 굳게 믿었다. 그러나 유방은 일부러 영포를 만나지 않았으며 영포의 오기가 꺾인 후에야 환영 연회를 차리고 영포를 "구강후(九江侯)"로 봉했으며 영포에게 항우를 치게 하니 이번에는 항우가 크게 패했다.

　"신구개합"이라는 성어는 수하가 영포에게 투항을 권유할 때 나온 말이다. 영포가 수하를 "신구개합(信口開合)"한다고 질타했는데 여기서 "신구"는 입에서 나오는 대로 생각 없이 말한다는 뜻이다. 이는 사실을 날조하거나

과장해 말하는 것을 형용하기도 한다. "합合"과 "하河"의 한어독음이 비슷하기에 후에는 "信口開河"로 사용하게 되었다.

行將就木 행장취목

글자풀이	걸을 행(行 xíng), 장차 장(將 jiāng), 이룰 취(就 jiù), 나무 목(木 mù).
뜻풀이	① 오래지 않아 관속에 들어가게 된다. ② 죽을 날이 가깝다.
출처	춘추·로(春秋·魯) 좌구명(左丘明) 『좌전·희공23년(左傳·僖公二十三年)』

유래　　　춘추시대春秋時代 때 진晉나라가 주변의 작은 제후국들을 병
탄하면서 대국으로 성장했다. 당시 연로한 국왕 진헌공晉獻公이 비妃인 여
희驪姬를 총애해 여희가 낳은 왕자로 보위를 잇게 할 생각이었다. 헌공은
여희의 모함을 믿어 태자 신생申生을 죽도록 했다. 여희가 여기에서 그치지
않고 신생의 이복형인 공자公子 중이重耳와 이오夷吾도 죽이려 하니 두 사람
은 도망치는 수밖에 없었다. 중이는 자신의 봉지인 포성蒲城에 피신했는데
이를 알게 된 진나라 추격군사들이 중이를 잡으러 왔다. 포성의 백성들이
진나라 군사들과 결사항전을 하여 중이를 보호했다. 허나 중이는 포성의
백성들이 더 큰 화를 당하지 않도록 하기 위해 모사들인 호언狐偃, 조쇠趙衰
등과 함께 적狄나라로 몸을 피했다. 적나라의 군신이 중이를 존경하여 미
녀 숙괴叔槐와 계괴季槐를 중이에게 소개했다. 중이가 계괴를 마음에 두어
혼인을 하고 첩으로 들였으며 숙괴는 조쇠에게 주었다. 몇 년이 지나니 계

괴는 아들 두 명을 낳게 되었는데 그 이름을 백숙伯儵, 숙류叔劉라 했다. 숙괴도 조쇠를 위해 아들을 낳으니 그 이름을 조순趙盾이라 했다.

얼마 후 진晉나라의 왕이 자객을 파견해 중이를 죽이려 한다는 은밀한 소식이 들려왔다. 사연인즉 중이와 함께 진晉나라에서 도망쳤던 공자 이오가 헌공이 죽은 후 진秦나라의 힘을 빌려 귀국해 즉위하니 바로 진혜공晉惠公이다. 그는 형인 중이가 귀국해 왕권을 다투게 될 것을 우려해 자객을 보낸 것이었다. 이 소식을 들은 중이가 다시 제齊나라로 몸을 피했다. 그 후 여러 해의 세월이 흐른 후 중이는 수하 책사들의 재촉을 받아 진晉나라의 왕권을 잡을 수 있는 기회를 얻고자 제나라를 떠나기로 했다. 작별을 고하면서 중이는 계괴에게 이런 당부를 했다.

"내 형편이 좋아지면 꼭 너를 데리러 올 것이니 25년간 나를 기다려 다오. 그때 가서 내가 오지 않으면 다른 사람에게 재가를 해도 될 것이다."

계괴가 이 말을 듣고 비 오듯 눈물을 쏟으며 말했다.

"소첩이 올해로 이미 스물다섯이니 25년을 더 기다린다면 그때는 죽을 날이 멀지 않을 것입니다行將就木. 그래도 저는 꼭 기다릴 것입니다."

行尸走肉 행시주육

글자풀이	다닐 행(行 xíng), 주검 시(尸 shī), 달릴 주(走 zǒu), 고기 육(肉 ròu).
뜻풀이	① 살아있는 송장이요, 걸어 다니는 고깃덩어리.
	② 무능한 인간. ③ 산송장.
출처	진(晉)나라 왕가(王嘉)『습유기·후한(拾遺記·後漢)』

유래　　　동한東漢 때의 임말任末은 그 가정형편이 빈한했으나 어려서부터 공부를 열심히 했다. 열네 살이 되어서는 책을 들고 스승들을 찾아다녔으며 온갖 고생을 마다하지 않았고 후에는 학문으로 대성했다. 그는 언제나 자신에게 이런 격려를 했다.

　"학문을 잘 연마하지 않는다면 장차 어떻게 큰일을 성취할 수 있겠는가! 배움에는 끝이 없으니 죽을 때까지 배우는 것이야말로 인생을 헛되이 보내지 않은 것이라 할 수 있다."

　임말은 수림 가에 초막집을 지어 놓고 그 안에서 공부를 한 적도 있다. 붓이 없으면 나뭇가지를 뾰족하게 깎아서 썼고 먹이 없으면 물에 재를 풀어서 쓰기도 했다. 밤에 등불이 없어 달빛을 빌어 책을 읽었고 달빛마저 없는 밤이면 풀을 태워 그 빛을 이용하기도 했다. 책을 읽다가 느끼는 바가 있으면 입고 있는 옷에 적어 놓기도 했다. 이렇게 열심히 학문을 연마한 끝에 그는 박식한 학자로 되었고 많은 사람들이 소문을 듣고 찾아와 그의 문하생으로 되었다.

그는 임종 시에 제자들에게 이런 말을 남겼다.

"만약 한 사람이 열심히 배운다면 비록 그가 죽었어도 살아 있는 것과 다름이 없을 것이며 만약 배우지 않는다면 비록 그 사람이 살아 있다 해도 산 송장과 차이가 없으니 무슨 의미가 있겠느냐! 行尸走肉"

幸災樂禍 행재낙화

글자풀이	다행 행(幸 xìng), 재앙 재(災 zāi), 즐거울 낙(樂 lè), 재화 화(禍 huò).
뜻풀이	① 남의 재앙을 보고 기뻐하다. ② 남의 재앙을 고소하게 생각하다.
출처	춘추·로(春秋魯) 좌구명(左丘明)
	『좌전·희공14년(左傳·僖公十四年)』

유래　　　춘추시대春秋時代 때 진晉나라에 내란이 일어나 공자公子 이오
夷吾가 진秦나라로 피신했으며 진나라의 도움을 많이 받게 되었다. 이오는
만약 자신이 왕위에 오른다면 땅을 진나라에 떼어주어 그 은혜를 갚을 것
이라 맹세했다. 후에 그는 진秦나라의 도움을 받아 왕위에 오르게 되었는
데 바로 진혜공晉惠公이다. 그러나 왕위에 오른 진혜공은 자신이 한 약속을
지키지 않았다.

　　진혜공이 즉위한 네 번째 해에 국내에 기근이 발생했다. 진秦나라 왕은
껄끄러웠던 일은 뒤로 하고 많은 곡식을 보내주었다. 그 이듬해 진秦나라
에도 큰 흉년이 들었는데 이해 진晉나라의 작황은 좋은 편이었다. 진秦나
라가 사람을 보내 진혜공에게 식량을 살 의향을 전했으나 거부당하고 말
았다.

　　진晉나라의 대부大夫 경정慶鄭은 간곡하게 혜공을 설득했다.

"다른 사람의 은혜를 저버린다면 친인을 잃게 될 것입니다. 남의 재앙을 고소하게 생각하는 것은 인의가 없는 행위이며 재물을 내어 다른 사람을 구하는 것을 아깝게 생각함은 불길한 징조이고 이웃 나라의 원한을 산다면 이는 불의不義라고 할 수 있습니다. 이 네 가지는 나라를 다스림에 있어서 기본이온데 이를 잃는다면 무엇으로 나라의 안위를 보장할 수 있겠습니까?"

다른 한 대부인 괵사虢射는 반대 의견을 내면서 이렇게 말했다.

"우리는 땅을 떼어주겠다는 약속을 이미 저버린 터이니 식량을 주지 않아도 아무 문제가 없을 것입니다."

경정이 이를 반박했다.

"신의를 저버리고 이웃 나라의 불만을 야기해서는 안 됩니다. 만약 우리나라에 무슨 재난이 발생한다면 그 어느 나라가 우리를 돕는단 말입니까?"

경정이 다시 한 번 간곡하게 권했다.

"은혜를 저버리고 다른 사람의 재앙을 보고 기뻐하는幸災樂禍 행위는 일반 백성들도 꺼리는 것입니다. 가까운 사람도 이런 일 때문에 원수로 되거늘 적대적인 관계에 있던 두 나라는 더 말할 것이 없겠지요."

　그러나 진혜공은 경정의 의견을 가납하지 않았고 진혜공의 행위는 결국
진나라의 분노를 자아냈다. 그 이듬해 진목공秦穆公이 군사를 보내 진晉나
라를 공격해왔고 진혜공은 포로로 잡히고 말았다.

胸有成竹 흉유성죽

글자풀이   가슴 흉(胸 xiōng), 있을 유(有 yǒu), 이룰 성(成 chéng), 대 죽(竹 zhú).

뜻풀이   ① 대나무를 그리기전에 마음속에는 이미 대나무의 형상이 있다.

        ② 일을 하기 전에 이미 전반적인 고려가 되어 있다.

        ③ 속에 이미 타산이 있다.

출처   송(宋) 소식(蘇軾)

        『문여가화운당곡언죽기(文與可畵篔簹谷偃竹記)』

유래   북송北宋 때 문여가文與可라 부르는 유명한 화가가 있었는데 대나무그림을 잘 그리는 대가였다. 그가 그린 대나무그림을 벽에 걸어 넣고 무더운 여름날에 보면 마치 대나무 숲에 들어가 있는 듯 시원함이 느껴졌다고 하니 그 신묘한 경지를 알 수 있다.

    사서를 보면 소동파蘇東坡도 대나무를 좋아했다. 그는

"먹을 고기가 없을지언정 거처에 대나무가 없어서는 안 된다. 고기가 없으면 몸이 수척해질 뿐이나 대나무가 없으면 그 사람이 용속해진다"

고 말한 적이 있다.

문여가는 대나무를 그리기 위해 계절에 관계없이 그리고 날씨에 관계없이 거의 대나무 숲에서 살다시피 했다. 찌는 듯 무더운 삼복 날씨에도 그는 대나무 숲에 들어가 대나무가 태양을 마주한 쪽을 보면서 정신을 집중해 대나무의 변화를 관찰하곤 했다. 때로는 대나무의 한마디 길이가 얼마나 되는지 손으로 재보기도 하고 때로는 대나무의 잎이 얼마나 많은지 적기도 했다. 옷은 땀에 푹 젖고 얼굴도 땀벌창이 되었으나 전혀 개의치 않았다.

　　사실 문여가가 대나무를 실물처럼 그려낼 수 있던 것은 대상의 전반을 속속들이 파악하는 능력에 있었다. 대나무를 그리기 전에 마음속에는 이미 그 형상이 있었으니 그려낸 그림은 핍진함이 대단할 수밖에 없었다.

　　당시 조보지晁補之라는 사람이 문여가를 이렇게 칭찬했다.

"문여가가 대나무를 그릴 때는 이미 마음속에 대나무가 그려져 있었다胸有成竹."

休戚相關 휴척상관

글자풀이   쉴 휴(休 xiū), 슬플 척(戚 qī), 서로 상(相 xiāng), 빗장 관(關 guān).

뜻풀이   ① 슬픔과 기쁨(화복)이 서로 연관되어 있다.

② 관계가 밀접하여 이해가 일치하다.

출처   『국어·주어하(國語·周語下)』

유래   춘추시대春秋時代 때 진晉나라의 왕인 도공悼公 희주자姬周子는 젊었을 때 가문의 배척을 받아 국내에 거주할 수가 없어 주周나라의 낙양洛陽에 살게 되었다. 그곳에서 주나라의 명문 출신인 선양공單襄公의 수하에서 일했다. 선양공은 주자를 대단히 존경해 자신의 집에 청해서는 마치 귀빈을 대하듯 했다.

주자는 비록 나이는 많지 않았으나 일처리와 행동거지가 노련하면서도 신중했다. 말을 할라치면 충효와 인애를 언급했고 다른 사람을 대함에 있어서 우호적이고 화목하게 지냈다. 비록 몸은 주나라에 있었으나 자신의 조국인 진나라에 재앙이 생겼다 하면 크게 걱정했고 좋은 일이 생긴 소식을 접하면 기쁨을 금치 못했다休戚相關. 이를 본 선양공은 매우 만족해했다. 얼마 후 선양공이 병환으로 앓게 되었는데 살날이 얼마 남지 않았음을 직감하고는 아들 선경공單頃公에게 이렇게 분부했다.

"내가 보기에 주자는 훌륭한 젊은이다. 그는 자신의 나라를 잊지 않고 조국의 운명을 항상 근심하니 진나라로 돌아가 보위에 오를 가능성이 크다. 내가 죽은 후 주자를 잘 돌봐주어야 할 것이다."

얼마 후 진晉나라 국내에 변고가 생기니 진려공晉厉公이 피살되고 대신들이 주자를 국내에 모셔 국왕으로 추대했는데 그가 바로 진도공이다.

후에 이 고사에서 유래한 성어가 바로 "휴척상관"이다.

虛左以待 허좌이대

글자풀이	빌 허(虛 xū), 왼 좌(左 zuǒ), 써 이(以 yǐ), 기다릴 대(待 dài).
뜻풀이	상좌를 남겨두고 현자(賢者)를 기다리다.
출처	한(漢) 사마천(司馬遷)『사기·위공자열전(史記·魏公子列傳)』

유래   전국시대戰國時代 위魏나라의 신릉군信陵君은 천하의 현자賢者들을 집에 청해서 모셨는데 문객이 이미 2천 명이나 되었으나 계속 현자들을 찾아 다녔고 찾아오는 손님들을 열정적으로 맞이했다. 신릉군은 이문夷門이라고 곳에 70세가 넘은 후영侯嬴이라는 명사가 있다는 말을 듣고는 자신의 문객으로 청하려 했다.

어느 날 그는 연회를 크게 차리고 손님들을 청했다. 손님들이 자리에 다 앉은 후 그는 자신의 왼쪽 자리를 비워두고는 직접 마차를 몰고 후영을 맞으러 갔다.

후영은 헌옷을 입은 채 신릉군이 모는 마차에 올랐다. 신릉군이 직접 고삐를 잡고 신중하게 마차를 몰았다. 도중에 후영이 친구인 주해朱亥를 보고는 마차에서 내려 오랫동안 한담을 나누었는데 그 목적인즉 신릉군이 싫어하는지를 떠보려는 것이었다. 허나 신릉군은 전혀 개의치 않아 했고 더욱 온화한 표정이었다. 이렇게 되니 연회상을 지키고 있는 손님들이 짜증이

났다.

한참이 지나서야 신릉군이 돌아왔다. 하인들은 신릉군이 헌옷을 입은 노인을 위해 직접 마차를 몰고 온 것을 보고는 속으로 후영을 욕했다. 신릉군이 후영을 상석에 모시고 술을 부어 올리니 좌중의 모든 사람들이 놀라는 눈치였다.

사실 후영은 이런 지나친 행동을 함으로써 신릉군이 현자들을 예의로 맞이한다는 명성을 더 크게 누릴 수 있게 했던 것이다.

徐娘半老 서낭반로

글자풀이	천천히 서(徐 xú), 여자 낭(娘 niáng), 반 반(半 bàn), 노인 로(老 lǎo).
뜻풀이	한창 때의 아름다움을 여전히 간직하고 있는 중년부인.
출처	당(唐) 이연수(李延壽)『남사·후비전 하(南史·后妃傳下)』

유래　　남조南朝 때 양梁나라의 상동왕湘東王 소역蕭繹의 비妃 서소패徐紹佩는 정략혼인으로 궁에 들어왔다. 소역과는 금슬이 좋지 않았는데 소역이 양원제梁元帝로 즉위한 후에는 오랫동안 서씨를 황후로 삼으려 하지 않았다. 양원제는 서씨를 왕비에서 황비로만 승격시켜 주었고 아주 냉담하게 대했으며 수년간이나 서씨를 찾지 않은 적도 있었다. 때문에 서소패는 고독하고 우울한 나날을 보냈다.

후에 소역은 상동왕의 신분으로 형주荊州에 가게 되었다. 이때 서소패는 이미 중년에 접어들었다. 한번은 서황비가 형주의 요광사瑤光寺에 불공을 드리러 갔다가 이 절의 지원智遠이라는 중과 눈이 맞았다. 얼마 후 서씨는 소역의 측근인 기계강曁季江이 젊고 영준한 것을 보고는 그와 또 눈이 맞았다.

서비는 기계강보다 열 살 이상 많았으나 정성 들여 요염하게 화장을 하고 나면 여전히 젊어 보였다. 계강은 서비의 용모에 대해 이렇게 탄복한 적이 있다.

"백직柏直의 개는 늙어서도 여전히 사냥감을 잡고 소율양蕭溧陽의 말은 늙었어도 여전히 바람같이 달린다. 중년이 된 서황비가 그 미모가 여전하고 徐娘半老 이토록 다정다감할 줄이야!"

　서비의 황음무도한 행적이 결국 소역의 귀에 들어갔으나 그는 체면 때문에 계속 참고 있었다. 그 후 소역이 총애하던 왕귀비王貴妃가 급사했는데 어떤 사람이 이는 서비가 독살한 것이라 고발했다. 더는 참을 수가 없었던 소역은 서비에게 자살하라는 어명을 내렸다. 서비가 우물에 투신해 죽은 후 소역은 그 시신을 서씨 집에 돌려주었으며 이는 서씨가 더는 왕비가 아님을 명백히 한 것이다.

削足適履 삭족적리

글자풀이	깎을 삭(削 xuē), 발 족(足 zú), 맞을 적(適 shì), 신 리(履 lǚ).
뜻풀이	① 발을 깎아 신발에 맞춘다는 뜻.
	② 불합리한 방법을 억지로 적용함을 비유하는 말이다.
출처	한(漢) 유안(劉安) 등 『회남자·설림훈(淮南子·說林訓)』

유래   『회남자·설림훈淮南子·說林訓』에는 이런 두 편의 이야기가 수록되어 있다.

춘추시대春秋時代에 초령왕楚靈王의 동생인 기질棄疾이 책사인 조오朝吳의 제안을 받아들여 초령왕이 군사를 이끌고 출정한 틈을 타서 태자를 죽이고 새로운 군주를 옹립했다. 초령왕은 정벌전쟁 중에 국내에 변고가 생겼고 동생이 태자를 죽였다는 말을 듣고는 이 세상을 살아갈 의미가 없다고 여겨 자진하고 말았다. 초령왕이 죽은 것을 안 기질은 즉시 새 군주를 핍박해 자살하게 하고는 자신이 왕의 자리를 차지했으니 그가 바로 악명이 자자한 초평왕楚平王이다.

다른 한 이야기의 내용은 다음과 같다.

진헌공晉獻公이 여희를 총애해 그의 말이라면 다 들어주었다. 여희가 자신이 낳은 어린 아들 해제奚齊을 태자로 삼을 것을 요구하니 헌공은 원래의 태자인 신생申生을 죽였다. 그러나 진헌공에게는 중이重耳와 이오夷吾라는 다른 두 아들이 있었다. 여희는 해제가 장래에 왕위를 승계하는데 이들이 큰 위협이 될 것이라고 생각해 진헌공에게 이렇게 아뢰었다.

"신생은 비록 죽었으나 중이와 이오가 아직 살아 있습니다. 이후 대왕에서 승하하신 후 해제가 보위에 오르면 이들 형제는 틀림없이 이전의 대신들을 규합해 해제를 적으로 삼을 것입니다. 그렇게 되면 해제가 어찌 평안하게 군주로 있을 수 있겠나이까? 이들 형제도 죽이는 것이 좋을 듯 싶습니다."

암둔한 진헌공이 이를 흔쾌히 허락했다. 허나 한 정직한 대신이 이를 사전에 알고는 중이와 이오에게 알려주었고 이를 들은 두 사람은 서로 다른 나라에 피난을 가게 되었다.

『회남자』의 저자는 이 두 가지 일을 논하면서 이렇게 평가했다.

"나쁜 사람의 말을 믿어 부자와 형제간에 서로 살육을 하니 이는 마치 발을 깎아 신발에 맞추는 것과 다름이 없는 것이며削足適履 참으로 아둔한 짓이다."

學富五車 학부오거

글자풀이	배울 학(學 xué), 부자 부(富 fù), 다섯 오(五 wǔ), 수레 거(車 chē).
뜻풀이	책을 널리 읽어 학식이 풍부하다.
출처	『장자·천하(莊子·天下)』

유래   전국시대戰國時代의 철학자인 혜시惠施는 재능이 출중했으며 "명가名家"의 대표 인물이다. 그는 장자莊子의 친한 벗이었고 혜자惠子라고도 불렸다.

혜시는 만물은 변화하는 것이기에 한 사물은 상대적으로 고정된 상태가 있을 수 없다고 주장했다. 그는 "태양이 중천에 있는지 봤더니 기울어져 있고 만물은 태어나자마자 죽어간다."고 말했다. 이는 긴 시간적 공간에서 사물을 본 것이다. 그는 또 사물은 모두 변화하고 시시로 변화한다고도 했으며 모든 사물의 성격은 상대적이기 때문에 사물 간에는 절대적인 구별이 없다고 여겼다. 그는 하늘은 땅처럼 낮고 산은 호수처럼 평탄하다고 주장했으며 만물은 같으면서도 완전히 서로 다르다는 관점을 내놓았다.

장자는 혜시를 이렇게 평가했다.

"혜시는 학식이 깊고 다방면의 지식을 가지고 있으며 그가 가진 책은 수레

다섯 대로도 다 담지 못한다學富五車. 그러나 그가 주장하는 바는 너무 잡다

하며 그 단어표현 역시 적절치 못한 부분이 있다."

言不由衷 언불유충

글자풀이	말씀 언(言 yán), 아닐 불(不 bù), 말미암을 유(由 yóu),
	속마음 충(衷 zhōng).
뜻풀이	① 말이 진심에서 우러나오지 않다. ② 속에 없는 소리를 하다.
출전	춘추·로(春秋·魯) 좌구명(左丘明)
	『좌전·은공3년(左傳·隱公三年)』

유래   춘추시대 주周나라 왕실이 쇠락했고 여러 제후국들 중 정鄭
나라의 실력이 월등했다. 후에 정무공鄭武公이 신후申侯의 딸을 부인으로 삼
았고 태자 오생寤生과 숙단叔段을 낳게 되었다. 정무공이 죽은 후 오생이 왕
위를 계승하니 그가 바로 정장공鄭莊公이다.

　　무공과 장공은 주나라 조정의 경사卿士를 맡았고 그 권세가 대단했다.
정장공이 경사로 있을 때 주평왕周平王은 다른 한 귀족인 괵공虢公을 신임
해 일부 권력을 맡겼으며 이를 정장공이 불만스럽게 여겨 주평왕을 원망
했다. 주평왕은 정장공의 비위를 건드리지 않기 위해 괵공의 일을 부인했
고 서로 볼모를 보내는 방식으로 정장공을 구슬렸다. 주평왕은 왕자인 호
狐를 정나라에 보냈고 정장공은 태자 홀忽을 주나라에 볼모로 보냈다. 기원
전 720년에 주평왕이 죽고 그의 손자인 희림姬林이 즉위하니 바로 주환왕周

桓王이다. 주환왕이 대권을 괵공에게 맡기려 하자 정나라가 이를 고깝게 여겨 여러 가지로 도발을 해왔다. 이해 여름 정나라의 제족祭足이 군사를 인솔하여 주나라의 도읍지역인 내습지內濕地를 공격하고는 밀을 전부 베어갔다. 가을이 되니 정나라 사람들은 성주成周일대의 곡식을 베어갔고 주나라와 정나라는 원한이 쌓이게 되었다.

『좌전·은공 3년』은 이 일을 기록한 후 이런 평을 했다.

"말이 진심을 담지 않았으니 서로 볼모를 교환해도 별 소용이 없었다信不由中, 質無益也. 쌍방이 서로 상대방을 배려하고 양해를 한 후 일을 처리하며 예의로 이를 구속한다면 볼모가 없다 한들 그들 간의 관계를 파괴할 사람이 또 누가 있을까?"

"신불유중" 의 "신信"은 사람의 말을 지칭하고 "중中"은 "충衷"과 같은 뜻으로 속마음을 말한다.

言過其實 언과기실

글자풀이   말씀 언(言 yán), 지날 과(過 guò), 그 기(其 qí), 열매 실(實 shí).

뜻풀이   ① 말이 과장되어 사실과 맞지 않다. ② 사실보다 과장해서 말하다.

출처   진(晉) 진수(陳壽) 『삼국지·촉서·마량전(三國志·蜀書·馬良傳)』

유래   삼국시기 촉蜀나라의 장수 마속馬謖은 군사이론을 담론하기를 즐겼고 승상 제갈량諸葛亮은 그런 마속의 능력을 높이 평가했다. 그러나 반면에 유비劉備는 마속이 말은 그럴듯하게 하지만 진정한 실력이 없다고 보았다. 유비가 임종 시에 제갈량에게 이런 유언을 했다.

"마속은 입으로만 일하는 자이니言過其實 그의 능력을 벗어나는 관직에 절대 등용하지 말아주시오. 승상께서는 이 점을 꼭 유념하셔야 합니다."

그러나 제갈량은 유비의 경고를 깊이 받아들이지 않았고 마속을 참군參軍으로 임명하고는 늘 함께 밤을 지새우며 군사를 담론하곤 했다.

기원 228년 봄, 제갈량은 기산祁山에서 출전해 일격에 조조의 위魏나라를 쓸어버리려 했다. 유비의 충고를 잊은 제갈량이 마속을 보내 전략요충지인 가정街亭을 수비하도록 했다. 마속은 교만했고 적을 경시했으며 병법서의 전법을 이론 그대로 옮겨 싸움을 지휘했다. 그 결과 가정전투에서 마속은 위나라 장군 장합張郃에게 참패를 당했다. 이는 제갈량의 진군계획 전반을 뒤흔들어 놓았고 제갈량은 할 수 없이 한중漢中으로 철군하게 되었다. 이때에야 제갈량은 사람을 보는 유비의 안목에 다시 한 번 탄복했고 마속을 믿은 자신의 아둔함을 통탄했다. 선황제의 유언을 따르지 않아 북벌의 실패를 초래했으니 이는 신하의 도리를 어긴 것이라고 제갈량은 깊이 반성했다.

제갈량은 결국 마속의 목을 베었고 과오를 범한 자신에 대해서는 스스로 품계를 세 단계 강등하는 처분을 내렸다.

言聽計從 언청계종

글자풀이   말씀 언(言 yán), 들을 청(聽 tīng), 꾀 계(計 jì), 좇을 종(從 cóng).

뜻풀이   ① 어떤 말이나 계획도 모두 듣고 받아들이다.

　　　　② (어떤 사람을) 매우 신임하다.

출전　　한(漢) 사마천(司馬遷)『사기·회음후열전(史記·淮陰侯列傳)』

유래　　　진秦나라가 멸망하고 항우項羽와 유방劉邦이 천하를 다투는 중에 제왕齊王 한신韓信은 항우의 20만 대군을 일거에 격파했다. 이에 항우가 책사인 무섭武涉을 한신에게 보내 이런 권유를 했다.

"애초에 천하 백성들이 진나라의 잔혹한 통치로 살길이 없었기에 모두들 합심하여 진나라를 공격했습니다. 그때 우리는 진왕조가 멸망하면 여러 영웅들이 즉시 전쟁을 중지하고 백성들이 안정된 생활을 할 수 있도록 하자고 약조했습니다. 그런데 지금 진왕조가 멸망했으나 한왕漢王(유방)이 약속을 어기고 계속 동쪽으로 영토를 확장하고 있으며 심지어 제후들의 병력을 규합하여 초楚나라를 공격하고 있습니다. 이는 천하를 차지하겠다는 야욕을 보여주는 것이고 한왕의 탐욕스러움을 말해주는 것이 아니겠습니까?"

무섭이 기세등등하게 따지고 들었으나 한신은 전혀 반응을 보이지 않았다. 이에 무섭이 계속 말을 이어갔다.

"비록 현재 제왕께서 한왕과 가까이 지내고 한왕을 위해 전쟁에서 승전을 계속하고 있지만 제가 보건대 결국 한왕에게 목숨을 잃게 될 것입니다. 작금의 항왕項王(항우)과 한왕의 승패 여부는 제왕의 손에 달려 있습니다. 항왕이 이 전쟁에서 패한다면 그 다음은 바로 제왕이 피해를 보게 될 것입니다. 제왕께서는 항왕과 이전에 교분이 있었으니 초나라와 연합해 유방을 치고 항왕과 함께 천하를 나누어 가짐이 어떠하신지요? 이는 현명한 선택이 될 것입니다."

한신이 무섭의 호의에 감사를 드리고 나서 이렇게 말했다.

"한왕께서는 나에게 상장군上將軍 직을 맡기고 수십만의 군대를 지휘하도록 했을 뿐만 아니라 제가 올리는 계책을 다 받아들였습니다言聽計從. 한왕이 이토록 나를 믿을 진대 내가 배신한다면 이는 도의에 어긋나는 일입니다. 한왕을 향한 저의 충심은 죽어도 변하지 않을 것입니다."

한신의 진심을 알게 된 무섭은 더는 설득할 방법이 없음을 알고는 빈손으로 돌아갈 수밖에 없었다.

奄奄一息 엄엄일식

글자풀이	가릴 엄(奄 yǎn), 엄(奄 yǎn), 한 일(一 yi), 숨쉴 식(息 xī).
뜻풀이	① 마지막 숨을 모으다. ② 숨이 간들간들하다.
출전	진(晉) 이밀(李密)『진정표(陳情表)』

유래   이밀李密은 서진西晉 때의 유명한 문학가이다. 촉한蜀漢이 멸
망한 후 서진의 일부 지방 관리들이 이밀을 등용하려 했으나 그는 연로한
조모를 보살필 사람이 없다는 이유로 거절했다. 얼마 후 진무제晉武帝가 이
밀을 태자시종太子侍從으로 임명했다. 그러나 이밀은 연로한 조모를 떠날
수 없다고 생각하여 진무제에게『진정표』라는 글을 올려 자신의 불우한 경
력과 출사를 거부할 수밖에 없는 연유를 고했다.
    글에는 이런 내용이 있다.

"신은 운명이 기구하여 어릴 때부터 불행한 일들을 많이 겪었습니다. 신이
태어난 지 6개월 만에 부친께서 별세하셨고 네 살 되던 해에 어머니가 재
가를 했습니다. 그 후 신은 조모의 슬하에서 자랐습니다. 지금 조모는 이미
연로하시고 여러 가지 병이 있어 자리에서 일어나지 못하니 이는 서산낙
일과 같아 목숨이 위태롭습니다.奄奄一息 조모가 보살펴주지 않았다면 신은

지금의 성취를 거두지 못했을 것입니다. 지금에 와서 신이 조모를 모시지 않는다면 얼마 남지 않은 여생을 보내기 힘들 것입니다. 지금 조모와 저는 서로 의지해 살아가고 있습니다. 신은 올해 마흔 넷 이옵고 조모는 이미 96세 고령이시니 신이 폐하를 위해 일할 수 있는 시간은 많으나 조모에게 보답할 수 있는 시일은 얼마 남지 않았습니다. 하여 신은 조모의 마지막 세월을 함께 하려는 소신의 청을 폐하께서 윤허해주시기를 바랄 뿐입니다. 신의 사정은 지방관원들이 소상히 알고 있고 천지신명께서도 알고 있을 것이옵니다."

글은 애잔함과 함께 진솔한 마음을 그대로 보여주고 있다.
그 후 이밀은 조모가 세상을 뜬 후에야 출사를 했다고 한다.

掩耳盜鈴 엄이도령

글자풀이	가릴 엄(掩 yǎn), 귀 이(耳 ěr), 훔칠 도(盜 dào), 방울 령(鈴 líng).
뜻풀이	① 귀 막고 방울 도둑질하다.
	② 눈 감고 아웅하다. 남을 속이지는 못하고, 자신만을 속이다.
출전	전국·진(戰國·秦) 여불위(呂不韋) 등
	『여씨춘추·자지(呂氏春秋·自知)』

유래   춘추시대春秋時代 때 진晉나라의 귀족인 지백智伯이 범씨 가문을 멸했다. 어떤 사람이 혼란한 기회를 틈타 범씨 집에 물건을 훔치러 들어갔다가 마당에 있는 큰 종을 발견했다. 종은 그 조형이 아름다웠고 종에 새겨진 도안도 화려했다.

허나 종은 어림잡아도 몇 백 근은 족히 되었으니 도둑 혼자서는 움직일 엄두도 나지 않았다. 도둑은 한참동안 생각한 끝에 종을 부셔서 집에 가져가려 생각했다.

도둑은 큰 망치를 가져다 있는 힘껏 종을 때렸다. 큰 종소리에 도둑은 깜짝 놀랐으며 급히 몸으로 종을 덮어 종소리를 막으려 했다. 허나 어찌 종소리를 몸으로 덮을 수가 있으랴. 종소리는 길고 멀리 퍼져갔다.

이에 도둑은 점점 겁이 났고 자기도 모르게 두 손으로 귀를 막았다.

"종소리가 작아졌군, 오, 이제는 들리지 않는군."

도둑은 기뻐서 이렇게 중얼거렸다.

"바로 이 방법이야. 귀를 막으면 종소리가 들리지 않는 것이구나."

그는 즉시 솜을 찾아 두 귀를 단단히 막고는 이제 더는 누구도 종소리를 듣지 못할 것이라고 굳게 믿었다. 담이 커진 도둑이 종을 계속하여 때렸고 종소리가 마을 전체에 울려 퍼졌다.

끊이지 않는 종소리에 마을 사람들이 잠을 깨었고 종의 주인은 옷을 걸치고 나왔으며 이웃들도 무슨 영문인지 알아보려고 모여 들었다. 도둑은 그때까지도 두 귀를 막고 종을 부시려고 열심히 망치질을 하고 있었다. 종의 주인이 도둑의 손에서 망치를 빼앗고는 이렇게 물었다.

"야심한 시각에 잠은 자지 않고 왜 종을 치는 거요?"

도둑은 여러 사람들을 보면서 이상하다는 듯이 말했다.

"나는 두 귀를 다 막았는데 당신들은 어떻게 종소리를 들을 수 있었단 말이요?"

眼中之釘 안중지정

글자풀이   눈 안(眼 yǎn), 가운데 중(中 zhōng), 갈 지(之 zhī), 못 정(釘 dīng).

뜻풀이   눈엣가시

출처   송(宋) 구양수(歐陽脩) 『오대사·조재례전(五代史·趙在禮傳)』

유래   후당後唐의 장종 재위 때 조재례趙在禮가 지휘사指揮使 직을 맡아 와교관瓦橋關의 수성장군으로 있다가 후에는 패주貝州에 주둔하게 되었다.

하루는 수하군사 황보휘皇甫暉가 난을 일으켰다. 조재례가 소식을 듣고 황급히 월담을 하다가 황보휘한테 잡히고 말았다.

황보휘는 칼을 조재례의 목에 겨누고 말했다.

"조재례 이놈, 네가 우리와 함께 조정을 반대해 싸우겠다고 한다면 우리의 우두머리로 삼을 것이요, 그렇지 않으면 죽일 수밖에 없을 것이다."

조재례가 무서워서 몸을 사시나무 떨듯 하면서 그렇게 하겠노라고 대답했고 그 후 부터는 반란군의 두목으로 되어 조정을 반대해 싸우게 되었다.

장종庄宗이 명종明宗을 파견해 조재례 군을 토벌하게 하였는데 명종이 다른 마음을 품고 조재례 군과 한통속이 되어 오히려 장종을 공격하여 승리하고는 왕위에 올랐다.

명종은 즉위한 후 조재례를 의성군義成軍 절도사節度使로 삼았다. 조재례
는 백성들을 억압하고 갖가지 명목으로 수탈을 일삼아 크게 재산을 모았
다. 그가 송주宋州에 있을 때는 백성들의 피해가 말이 아니었다. 후에 조재
례가 거란을 공격하라는 조정의 명을 받고 송주를 떠나게 되니 백성들이

"눈에 든 가시가 뽑히니 기쁘기 그지없구나.眼中之釘"

하고 말했다.

조재례가 거란공격에서 아무런 공도 없이 돌아오는데 송주 백성들이 한
말을 전해 듣고는 앙심을 품었다. 그는 송주 백성들에게 모든 사람이 "못
뽑는 비용"으로 1천 전錢씩 내야하며 어기는 자는 죽인다는 영을 내렸다.

偃旗息鼓 언기식고

글자풀이   쓰러질 언(偃 yǎn), 기 기(旗 qí), 숨쉴 식(息 xī), 북 고(鼓 gǔ).

뜻풀이   ① 깃발을 내리우고 북을 멈추다. ② 정전하다, 휴전하다.

③ (작전상)적의 눈에 띄지 않게 비밀리에 행군하다.

④ (비평이나 공격 등을) 멈추다.

출처   진(晉) 진수(陳壽)『삼국지·촉서·조운전(三國志·蜀書·趙云傳)』

유래   삼국시기 위魏나라와 촉蜀나라 간에 한중漢中지역에서 전쟁
이 발발했다. 촉나라의 장군 황충黃忠이 조조 수하의 장군인 하후연夏侯淵을
죽이고 전략적 요충지를 점령했다. 이에 화가 치민 조조가 친히 20만 대군
을 통솔해 하후연의 원수를 갚으려 출정했으며 군량과 마초를 한수이북의
산기슭에 모아놓았다. 황충이 이 군량마초를 불살라버리겠다고 자청해 나
서니 유비는 수하의 유명한 장군 조운趙云을 내주면서 부장으로 삼도록 했
다. 황충은 공을 세우려는 마음이 앞서 부하 장수인 장저張著와 함께 야음
을 틈타 위나라 군사의 병참기지를 불태우려 계획했다. 출발에 앞서 조운
은 이들과 돌아올 시간을 약속했다.

이튿날 약속한 시간이 다 되었으나 황충과 장저가 보이지 않자 조운은
기병 수십 기를 이끌고 상황을 살피러 나갔다. 한곳에 도착하니 황충과 장

저가 위나라 군사들에 각개 포위되어 고전을 하고 있었다. 조운이 적은 군사를 이끌고 용맹하게 적진에 뛰어들어 황충과 장저를 구해 군영으로 돌아왔다.

이때 조조는 산마루에서 지휘를 하고 있다가 조운이 이처럼 용감무쌍하고 위나라 진영을 제집 드나들듯 자유롭게 휘젓고 다니는 것을 보자 크게 노해 직접 대군을 거느리고 산을 내려가 전투에 합류했다. 조운의 부장인 장익張翼은 후미에서 대군이 추격해오는 것을 보고 조운에게 군영의 문을 굳게 닫아걸자고 했다. 그러나 조운은 오히려 군영의 대문을 크게 열고 깃발을 내리우고 북소리를 멈추게 했다偃旗息鼓. 그리고 군영 밖 참호에 궁수들을 매복시킨 후 자신은 말에 올라 창을 꼬나든 채 군영 입구에 서있었다.

성정이 의심이 많은 조조가 촉나라 군영 앞에까지 추격해오니 조운 한 사람만 서있었다. 그는 군영의 문이 활짝 열려 있으니 반드시 복병이 있다고 판단하고 급히 철수명령을 내렸다. 이때 조운이 손에 든 창을 휘두르자 사방 참호 속에 있던 복병들이 비 오듯 화살을 날렸다. 조조는 조운이 매복시킨 군사가 얼마나 되는지 몰라 덜컥 겁이 나는지라 먼저 말머리를 돌려 줄행랑을 쳤고 나머지 장수들도 앞 다투어 걸음아 날 살려라 도망쳤다. 조운과 황충이 군사를 이끌고 조조 군의 뒤를 추격하니 조조 군은 크게 패하고 한수漢水에 빠져죽은 군사가 부지기수였다. 이 승기를 잡아 촉나라 군사는 조조군의 군영을 점령하고 군량과 마초를 탈취했다.

揚揚自得 _{양양자득}

글자풀이   오를 양(揚 yáng), 양(揚 yáng), 스스로 자(自 zì), 얻을 득(得 dé).

뜻풀이   ① 매우 만족하다. ② 뜻을 이루어 뽐내며 거들먹거림.

출처   한(漢) 사마천(司馬遷)『사기·관안열전(史記·管晏列傳)』

유래   춘추시대春秋時代 때 제齊나라의 재상 안자晏子가 수레를 타고 길을 가다가 큰길가의 한 초가집을 지나게 되었다. 이 집은 안자의 마부가 사는 집이었는데 마침 마부의 아내가 문틈으로 밖을 보았다. 아내는 채찍을 휘두르며 말을 모는 남편이 어깨에 힘을 넣고 득의양양해하는 모습을 목격했다意氣揚揚, 甚自得也. 그에 반해 안자는 수레에 점잖게 앉아서 행인들에게 부드러운 모습을 보여주었다. 마부가 저녁에 집에 돌아오니 아내는 대뜸 이렇게 말했다.

"우리 헤어집시다."

마부가 깜짝 놀라 물었다.

"왜 나를 떠나려 한단 말이요?"

아내가 말했다.

"안자는 키가 작지만 그 출중한 재능으로 제나라의 재상으로 되었고 여러 제후국들에 이름을 날리니 준걸이라고 할 수 있지요. 그러나 오늘 제가 본 안자는 호화스러운 수레에 앉았으되 겸손하고 부드러워 자고자대하는 모습을 전혀 볼 수가 없었습니다. 반면에 당신은 키가 크지만 다른 사람의 수레를 몰아주는 처지임에도 득의양양해하니 저는 당신을 떠나려는 것입니다."

아내의 깊은 속내를 알게 된 남편은 그 후 부터는 겸손하고 신중하게 행동거지를 취했다. 안자도 이를 보고는 마부의 인품을 긍정해주었다.

養虎爲患 양호위환

글자풀이	기를 양(養 yǎng), 범 호(虎 hǔ), 할 위(爲 wéi), 근심 환(患 huàn).
뜻풀이	① 호랑이를 키워서 후환을 남기다.
	② 적을 살려두어 후환을 남기다.
출처	한(漢) 사마천(司馬遷)『사기·항우본기(史記·項羽本紀)』

유래   진秦나라 말, 각지에서 불같이 일어난 봉기군들 중 유방劉邦과 항우項羽의 세력이 제일 강했다. 유방은 먼저 진나라의 도읍 함양咸陽을 점령했으나 항우가 이에 불만을 품고 대량의 군사들을 모아 유방을 공격하려 했다. 당시 유방은 군사력이 항우와는 비교가 안 되는지라 주동적으로 관중關中에서 철거했다.

    몇 년의 시간이 흐르면서 유방은 많은 모사들과 장수들을 수하에 두었고 그 세력이 점점 강해졌다. 유방은 항우에게 사신을 보내 홍구鴻溝를 경계선으로 정하고 서로 침범하지 않으며 각자의 영역을 유지하자고 제안했다. 이때의 항우는 그 세가 약해졌기에 유방의 제안을 받아 들였고 군사를 이끌고 동쪽으로 이동했다. 이에 유방은 매우 만족했고 자신도 군사를 이끌고 철수하려 했다. 유방의 모사인 장량張良과 진평陳平이 유방을 만나 이렇게 권고했다.

"지금 대왕께서는 천하의 3분의 2가 되는 땅을 차지했고 각지의 제후들도 대왕께 복종하고 있습니다. 이에 반해 항우의 군사는 피로가 쌓이고 군량도 없어 제일 쇠잔한 상태입니다. 지금의 기회를 이용해 항우를 소멸하지 않는다면 이는 마치 호랑이를 길러 결국은 자기 목숨을 빼앗기는 것과養虎爲患 다름이 없습니다."

유방이 수하 모사들의 제안이 지당하다고 여겨 군사를 이끌고 항우를 추격하는 한편 한신韓信과 팽월彭越 등 장수들에게 양쪽에서 협공을 하도록 했다. 그 결과 항우군은 크게 패했고 항우 자신도 오강烏江에서 자살하게 되었다.

業精於勤 업정어근

글자풀이   일 업(業 yè), 정진할 정(精 jīng), 어조사 어(於 yú), 부지런할 근(勤 qín).

뜻풀이   학문, 기예는 근면해야 진보한다.

출전   오대·후진(五代·後晉) 유구(劉昫)

        『구당서·한유전(舊唐書·韓愈轉)』

유래   한유768-824는 자가 퇴지退之이고 하남河南 하양河陽 태생이다. 당唐나라 때의 유명한 문학가, 사상가, 철학가이며 직언을 서슴지 않는 관리였다. 그는 직언 때문에 황제와 대신들의 미움을 사서 도성에서 멀리 떨어진 곳에 현령縣令으로 좌천되었다가 오랜 세월이 흐른 후에야 다시 도성에 돌아왔다.

　도성에서 그는 국자감國子監 박사博士직을 맡게 되었고 제자들을 열심히 가르쳤다. 한번은 그가 자신의 경력을 예로 들면서 학생들에게 이런 훈계를 했다.

"학업은 부지런함에서 정진하고業精于勤 게으름에서 황폐해진다. 작금에 성군聖君과 현신賢臣들이 화목하게 지내고 법이 구전하며 흉악한 자들을 벌하고 재능 있고 선량한 자들은 등용된다.

너희들은 학업에 정진해야지 상급 관리들의 눈에 들지 않을까봐 걱정해서는 안 된다. 이는 내가 여러 해 동안 지내온 경험이다."

제자들 중 한 사람이 대담하게 이런 질문을 했다.

"스승님, 저희들이 알기로 스승에서는 문재文才로 천하에 이름을 날렸고 학식 또한 깊으나 조정에서는 중용하지 않았습니다. 스승에서 서슴없이 직언을 한 결과 먼 지역으로 좌천되기도 했지요. 지금 스승에서는 아무런 권세도 없는 국자감 박사라는 한직에 계시고 가솔들 또한 생활고에 시달리고 있는 줄로 압니다. 하오니 학문이 깊고 덕이 높다 한들 무슨 소용이 있단 말입니까?"

이에 한유가 그 제자를 엄하게 꾸짖었다.

"틀린 말이다. 사람이 살아가는 목적이 어찌 돈과 관직만을 위해서란 말이며 공부를 하고 일을 하는 것이 오직 식솔들이 유족한 생활을 하는 데만 목적이 있더란 말이냐? 그 옛날 사마천司馬遷은 학식이 깊었으나 궁형宮刑을 받았고 그럼에도 『사기史記』라는 위대한 작품을 완성했다. 굴원屈原은 나라의 일을 깊이 생각하는 시인이었고 유배를 갔다가 멱라강에 투신자살할 때 까지도 초楚나라의 앞날을 걱정했다. 이들은 비록 역경에 처했으나 종래로 학업과 깊은 생각을 멈추지 않았으니 바로 우리들이 본받아야 할 바가 아니겠느냐!"

葉公好龍 엽공호룡

글자풀이	잎 엽(葉 yè), 공변될 공(公 gōng), 좋아할 호(好 hào), 용 룡(龍 lóng).
뜻풀이	① 겉으로는 좋아하는 듯하나 속으로는 두려워하다.
	② 말로는 좋아한다고 하지만 실제로는 좋아하지 않다.
출전	한(漢) 유향(劉向)『신서·잡사(新書·雜事)』

유래   춘추시대春秋時代에 자장子張이라는 사람이 노魯나라의 왕인 노애공魯哀公을 찾아가 만나 뵙기를 청했다. 그러나 7일이나 기다렸으나 노애공은 만나주지 않았고 이에 자장은 궁의 마부에게 부탁해 "엽공호룡"이라는 고사를 노애공에게 전했다.

초楚나라 때 엽현葉縣 현령縣令 심제량沈諸梁은 이름이 자고子高였고 사람들은 그를 엽공葉公이라 불렀다. 엽공은 용을 좋아해 장식품이나 기둥, 창문 등에 용을 그려 놓는가 하면 밥그릇이나 옷 등 일상용품에도 용의 그림을 빼놓지 않았다. 집의 벽에도 큰 용을 그려 놓을 정도였다. 엽공의 집을 방문한 사람들은 마치 용궁에 들어온 듯 했고 집안 도처에서 용의 도안을 볼 수 있었다.

엽공이 용을 좋아한다는 소문을 들은 진짜 용이 어느 날 엽공의 집을 찾아갔다. 용이 머리를 창문으로 들이밀고 집안을 살폈다. 엽공은 진짜 용이

온 것을 보고는 혼비백산하여 도망치기에 바빴다. 이는 엽공이 진심으로
용을 좋아한 것이 아니라 용의 외양을 갖추었으나 실제로는 용이 아닌 것
을 좋아했음을 말해준다.

자장이 이 고사를 전하면서 이런 말도 덧붙였다.

"저는 노나라 왕이 선비들을 좋아한다는 말을 듣고 먼 길을 걸어 이곳까지
왔으나 왕은 소문과는 달리 저를 만나주지 않았습니다. 이는 왕이 선비들
을 진심으로 좋아하는 것이 아니라 그 외양이 선비와 비슷하나 결코 선비
가 아닌 자들을 좋아하는 것임을 말해주는 것입니다."

夜以繼日 야이계일

글자풀이	밤 야(夜 yè), 써 이(以 yǐ), 이를 계(繼 jì), 날 일(日 rì).
뜻풀이	① 밤낮없이. ② 낮과 밤이 따로 없이 계속하다.
출전	『맹자·이루하(孟子·離婁下)』

유래   주공단周公旦은 성이 희姬이고 이름이 단旦이며 주문왕周文王의 넷째 아들이다. 그 봉지가 주周에 있었으므로 주공周公 혹은 주공단이라 부른다.

주공은 형인 무왕武王을 도와 상商나라를 멸하고 주周나라를 세우는데 지대한 공을 세웠다. 주무왕이 죽은 후 주공은 어린 주성왕周成王을 도와 국정을 살폈다. 일부 귀족들이 이를 시기 질투하여 주공이 왕위를 찬탈할 야심이 있다고 성왕에게 고했다. 또 다른 형제들은 주왕紂王의 아들 무경武庚과 결탁하여 반란을 일으켰고 동방의 이족夷族도 반기를 들었다. 이런 상황에서도 주공은 무왕의 유언을 잊지 않았으며 성왕의 오해를 불식시키고 무경과 이족의 반란을 평정하는 한편 국내의 예법과 법률을 정비했다. 또 계속 제후들을 분봉하고 낙읍洛邑을 건설해 후에는 동도東都 성주成周로 만들었다.

동도건설을 마친지 얼마 안 되어 주공은 과로로 사망했다. 임종 시에 그는 대신들에게 천자를 도와 조정의 일을 잘 처리할 것을 부탁했으며 자신을 성주에 묻어달라고 했다. 이는 죽어서도 선왕의 어명을 잊지 않겠다는 뜻이었다.

이런 주공에 대해 맹자孟子는 높은 평가를 했다.

"주공은 하夏, 상商, 주周 세 조대의 개국開國군주들의 현명함과 덕을 골고루 배워 주나라를 잘 다스렸다. 현실과 맞지 않는 내용이 있으면 주공은 머리를 들어 깊이 생각했고 밤낮없이 그 생각을 이어갔다仰而思之,夜以繼日. 그러다가 좋은 생각이 떠오르면 앉아서 날이 밝을 때까지 기다렸다가 즉시 실행에 옮겼다."

一敗塗地 일패도지

글자풀이	한 일(一 yī), 패할 패(敗 bài), 진흙 도(塗 tú), 땅 지(地 dì).
뜻풀이	① 일패도지하다.
	② 철저히 실패하여 돌이킬 수 없다. 여지없이 패하다.
출전	한(漢) 사마천(司馬遷) 『사기·고조본기(史記·高祖本紀)』

유래　　　한고조漢高祖 유방劉邦은 젊었을 때 사수泗水에서 정장亭長으로 있었다. 한번은 그가 관부의 명을 받고 인부로 차출된 농민들을 여산驪山까지 인솔해 가게 되었다. 그러나 도중에 인부들이 연이어 도망을 치자 유방은 이런 생각을 했다.

"이러다가는 여산에 도착하기도 전에 인부들이 모두 도망쳐 버릴 것이다. 인솔자이자 정장인 나는 중죄를 면치 못할 것이니 그럴 바에는 이들을 모두 풀어주고 나도 도망쳐야겠다."

유방이 인부들에게 이 생각을 말하니 모두들 유방에게 감읍했다. 일부 인부들은 도망가지 않고 유방을 따라 산에 숨어들었다.

얼마 후 진승陳勝이 대택향大澤鄉에서 농민봉기를 일으켰다. 패현沛縣의 관리인 소하蕭何와 조참曹參이 현령에게 외지에 몸을 숨기고 있는 유방을 불러오면 큰 쓸모가 있을 것이라고 설득했고 현령은 즉시 사람을 보내 유방을 청해오도록 했다. 헌데 유방이 100여명의 무리를 이끌고 성 아래에 도착하니 현령은 그 숫자가 많은 것을 보고는 원래 생각을 바꿔 성문을 닫아걸게 했으며 계책을 낸 소하와 조참을 죽이려 했다. 이에 소하, 조참이 도망쳐 유방에게로 갔으며 얼마 후 이들은 함께 부하들을 이끌고 성 밖에 이르러 반란을 일으키자는 편지를 화살에 매달아 성안으로 날렸다. 성안의 백성들이 유방을 도와 현령을 죽이고 성문을 열어 유방의 군대를 맞이했고 모두들 유방을 두령으로 추대했다.

허지만 유방은 겸손하게 사양하며 말했다.

"현재 천하가 혼란하니 만약 당신들이 두령을 잘못 뽑는다면 실패할 경우 돌이킬 수 없는 처지가 될 것입니다今置將不善,一敗塗地. 나는 가진 재능과 덕이 여러 분들의 기대에 미치지 못하니 더욱 합당한 사람을 추대하기 바랍니다."

그러나 소하와 조참 그리고 여러 사람들이 유방을 극력 추대하니 유방은 결국 이를 받아들이고 패현을 근거지로 삼고는 진秦나라의 폭정을 뒤엎기 위한 길에 올랐다.

一筆勾銷 일필구소

글자풀이	한 일(一 yī), 붓 필(筆 bǐ), 갈고리 구(勾 gōu), 녹일 소(銷 xiāo).
뜻풀이	① 빚 따위를 단번에 갚다. ② 일소하다. ③ 무효로 하다. 취소하다.
출전	송(宋) 주희(朱熹)『5조명신언행록(五朝名臣言行錄)』

유래　　　　범중엄范仲淹 989-1052은 소주蘇州 오현吳縣사람이며 북송 때의 유명한 정치가, 사상가, 문학가이다. 송진종宋眞宗 때 진사進士에 급제했고 출사해서는 우사간右司諫, 이부원외랑吏部員外郎, 지주知州, 추밀부사樞密副使 (부재상에 해당함) 등 직을 맡았다.

　경력慶歷 3년에 조정에서 범중엄을 참지정사參知政事(부재상에 해당함)로 임명하니 그는 뜻이 맞는 한기韓琦와 부필富弼 등과 손잡고 관리들의 실적을 중심으로 한 개혁을 단행했다. 그는 관원들의 명부를 가져와서는 이들의 정무수행상태를 살펴보았으며 기준에 미달하는 자는 붓으로 그 이름을 지워버리고一筆勾銷 직무를 해제했다. 공석이 된 자리는 하급자들 중 재능이 있는 자들을 등용했다.

　이를 본 부필이 범중엄에게 말했다.

"공이 붓으로 한번 그어 버리면 이들은 관직을 잃고 장래도 잃게 됩니다.

그렇게 되면 이들의 일가족은 그 상심이 클 것입니다."

범중엄이 단호하게 말했다.

"그들 일가족이 상심해 우는 것이 무능한 관리가 수많은 백성들에게 화를 가져오는 것에 어찌 비할 수 있단 말입니까?"

그러나 신정新政은 당시 귀족과 관리들의 이익을 건드렸기에 강한 반대에 부딪쳤으며 1년도 못되어 개혁은 실패로 돌아갔다. 결국 범중엄도 섬서陝西 사로순무사四路巡撫使로 좌천되었다.

一代楷模 일대해모

글자풀이 한 일(一 yī), 대 대(代 dài), 본보기 해(楷 kǎi), 모범 모(模 mó).

뜻풀이 한시대의 모범(본보기).

출처 오대·후진(五代·後晉) 유구(劉昫)

　　　『구당서·이정전(舊唐書·李靖傳)』

유래 당唐나라의 개국황제 이연李淵은 군사를 일으켜 천하를 얻은 황제이다. 이정李靖은 이연을 따라 남정북전하면서 많은 공을 세웠고 여러 번 상을 받았다. 후에 당고조唐高祖 이연이 퇴위를 하고 태종太宗 이세민李世民이 황제로 되면서 이정은 형부상서刑部尚書에서 병부상서兵部尚書로 자리를 옮겼다.

　당시 서북변경의 돌궐 등 소수민족이 늘 국경지역을 교란했다. 이들은 가축들을 빼앗고 백성들을 죽여 당나라의 큰 우환거리가 되었다. 태종 이세민 역시 남정북전하면서 말잔등 위에서 천하를 평정한 사람인지라 서북변경의 위협을 철저히 제거하기 위해 이정을 행군총독行軍總督으로 임명해 군사를 이끌고 정벌을 떠나도록 했다.

　어느 한번은 이정이 기병 3천 명만 이끌고 돌궐군을 크게 격파하여 변경 밖으로 몰아냈으며 이에 당태종의 신임은 더욱 깊어졌다. 그 후 이정이 조

정을 위해 또 다시 많은 전공을 세우니 그 관직이 상서우복야尙書右僕射에

이르렀다.

　천하가 평정된 후 이정은 무신인 자기가 이후 조정에서 더 큰 역할을 할

수 없을 것이라 생각해 낙향을 결정했다. 그는 자신의 생각을 자세히 적어

태종에게 올렸다. 태종이 이정의 상소문을 보니 그 낙향하려는 뜻이 간절

한지라 이정의 요구를 허락하고는 중서시랑中書侍郞을 파견해 이정에게 어지

를 전하도록 했다. 태종은 이정의 공로를 크게 치하하면서 이런 말을 했다.

"고금을 막론하고 높은 관직을 차지하고 만족을 느끼는 사람이 아주 적었

다. 총명한 사람이든 평범한 사람이든 거의 모두가 만족을 모른다. 어떤 이

는 빼어난 재능이 없으면서도 권세에 미련을 가지고 그 관직을 내놓으려

하지 않는다. 짐은 공의 사직을 받아들이노라. 이는 공의 뜻을 존중하는 것

일 뿐만 아니라 공을 한 시대의 본보기로 내세워一代楷模 후세 사람들이 따

라 배우도록 하기 위함이다."

관직을 내놓은 이정은 『이위공병법李衛公兵法』이라는 책을 저술해 평생의

전투경험과 소회를 정리했다.

一鼓作氣 일고작기

글자풀이   한 일(一 yī), 북 고(鼓 gǔ), 지을 작(作 zuò), 기운 기(氣 qì).

뜻풀이   ① 단숨에 해치우다. ② 처음의 기세로 끝장내다.

출전   춘추·로(春秋·魯) 좌구명(左丘明)

                『좌전·장공10년(左傳·莊公十年)』

유래   춘추전국春秋戰國시대에 제齊나라의 포숙아鮑叔牙가 대군을 이끌고 노魯나라를 공격했다. 노장공魯莊公이 대경실색하여 어찌할 바를 모르고 있을 때 항간에 은거해 있던 조귀曹劌가 장공을 만나 노나라군의 책사를 맡겠노라고 자청했다.

두 나라 군대는 장작長勺라는 곳에서 한판 결전을 치를 각오로 진세를 펼쳤다. 제나라 군이 먼저 북을 울려 진공을 알렸다. 이에 급해진 노장공이 북을 울려 출전을 하려 하자 조귀가 아직은 때가 아니니 기다려야 한다고 말했다.

제나라 군사들은 노나라 군사들이 꿈쩍도 하지 않는지라 다시 북을 울리고 깃발을 흔들며 소리를 질러댔다. 노장왕이 이번에도 공격 명령을 내리려 했으나 조귀가 또 다시 막았다. 제나라 군대는 다시 한 번 북을 울려 노나라 군대에 도전했으나 조귀는 진세를 유지하기만 하고 대응하지 말라고 조언했다. 세 번이나 진공 신호를 보냈으나 노나라가 응전하지 않자 제나라 군사들의 사기가 크게 꺾이고 정서가 저락했다. 노나라 군사들이 싸울 마음이 없다고 여긴 제나라 군사들은 그 자리에 앉아 휴식을 취했고 진세가 흐트러졌다. 이때 기회를 살피던 조귀가 노장공에게 바로 지금이 북을 울려 진공할 적기敵機라고 알려주었다.

노장공이 명령을 내리니 진공을 알리는 북소리가 울렸고 노나라 군사들이 용감하게 적진을 향해 진공하여 제나라 군대는 대패했다.

후에 노장공이 이번 전투에서 이긴 원인에 대해 묻자 조귀는 이렇게 답했다.

"전투에서 제일 중요한 것은 군사들의 사기지요. 제나라 군대가 첫 북을 울려 진공을 알릴 때 그들의 사기는 매우 높았습니다. 두 번째로 북을 울려 진공하려 할 때도 우리 군은 전혀 동요함이 없었으니 제나라 군의 사기가 떨어지기 시작했습니다. 세 번째로 북을 울렸을 때 이들은 용기를 완전히 잃고 경계를 늦추게 되었습니다―鼓作氣, 再而衰, 三而竭. 바로 이때 우리 군이 북을 울려 진공을 하였고 사기가 드높은 우리 군이 해이하고 피곤해진 제나라 군을 공격하였으니 적군이 큰 피해를 볼 것은 불 보듯 뻔한 일이 아니겠습니까?"

一見如故 일견여고

글자풀이	한 일(一 yī), 볼 견(見 jiàn), 같을 여(如 rú), 예 고(故 gù).
뜻풀이	① 첫 대면에서 옛 친구와 같이 친해지다.
	② 처음 만남에서 의기투합하다.
출처	송(宋) 구양수(歐陽脩) 등 『신당서·방현령전(新唐書·房玄齡傳)』

유래　　방현령房玄齡은 중국 당唐나라 때의 개국 재상宰相이다. 그는 역사 지식에 밝고 문장 능력이 출중해 18살에 진사에 급제를 하고 우기위羽騎尉를 제수 받았다. 후에 한왕漢王 진우량陳友諒이 수隨나라를 배반하였는데 방현령이 이에 연루되어 관직이 강등당해 상군上郡이라는 곳에 가게 되었다.

　　수나라 말에 천하가 혼란에 빠지게 되고 이연李淵이 군사를 일으켜 중원을 장악했다. 방현령은 이연의 아들인 진왕秦王 이세민李世民이 위하북부를 시찰한다는 소식을 듣고는 말을 달려와 진왕의 휘하에 들어가기를 청했다. 그는 너무나 급한 나머지 채찍을 든 채로 이세민의 군영을 찾아가 뵙기를 청했다.

　　이세민은 오래전부터 방현령의 명성을 익히 알고 있던 차라 두 사람은 첫 만남에서 옛 친구를 만난 듯 급속히 친해졌으며一見如故 일찍 만나지 못한 것을 애석해할 정도였다. 이세민은 즉석에서 방현령을 부기실府記室로 임명했다. 이때부터 방현령은 이세민을 따라 전장을 누비면서 때로는 구사일생으로 살아나기도 했다. 매번 승전을 하고 나면 장병들은 금은보화를 찾기에 열중했으나 방현령은 이세민을 위해 인재를 찾기에 급급했다. 이에 이세민은 이런 말을 했다.

"한漢나라 광무제光武帝에게 등우鄧禹라는 인재가 있어 대신들이 사이좋게 지냈다면 나에게는 방현령이 있으니 이는 등우를 얻은 것과 다름이 없다."

기원 627년에 당태종唐太宗 이세민이 즉위한 후 방현령과 두여회杜如晦, 장손무기長孫無忌, 위지경덕尉遲敬德, 후군집侯君集 등을 일등공신으로 봉했으며 방현령을 중서령中書令으로 임명했다.

一鱗半爪 일린반조

글자풀이   한 일(一 yì), 비늘 린(鱗 lín), 반 반(半 bàn), 손톱 조(爪 zhǎo).

뜻풀이   ① (구름사이로 드러난) 용의 비늘 한 조각과 발톱 반쪽.

　　　　　② 산만하고 단편적인 사물의 편린.

출전   당(唐) 고중무(高仲武) 『중흥한기집·소환(中興閑氣集·蘇渙)』

유래   어느 한번은 시인 백거이白居易가 문우文友들과 모임을 가졌다. 이들은 남조南朝의 흥망을 소재로 하여 저마다 "금릉회고金陵懷古"라는 주제로 시를 짓기로 했다. 모두들 시상을 떠올리며 시를 써내려 가는데 유우석劉禹錫은 별 흥미가 없는 듯 술만 마셨다. 이를 본 다른 사람들이 급해서 이렇게 말했다.

"아직 시도 짓지 않았는데 자네가 먼저 술을 마시면 쓰나?"

유우석 역시 당대의 명사인지라 여러 사람들의 책망을 듣고는 즉시 시를 써내려 가는데 삽시간에 『서새산회고西塞山懷古』라는 시를 지었다. 여러 사람들이 모여와서 보니 그 시는 이러했다.

| 왕준王濬의 누선樓船이 익주에서 내려오니 | 王濬樓船下益州, |
| 금릉의 왕조기운 빛을 잃었다네 | 金陵王氣黯然收. |

| 천길 쇠사슬 물밑에 잠기니 | 千尋鐵鎖沈江底, |
| 한 조각 항복 깃발 석두성石頭城을 나온다네. | 一片降旛出石頭. |

| 인간 세상 지난 일 수많이 아파했건만 | 人世幾回傷往事, |
| 산세는 예전 그대로 찬 강물을 베고 있네. | 山形依舊枕寒流. |

| 이제는 온 사방이 한집이 된 때 | 今逢四海為家日, |
| 옛 보루만 가을 억새 속에 쓸쓸히 남아있네. | 故壘蕭蕭蘆荻秋. |

백거이가 이 시를 읽어 보고 감탄을 금치 못하며 말했다.

"정말 대작이구려. 우리는 용을 찾으러 바다 밑으로 내려 갔으나 유공이 용의 구슬을 이미 가져왔으니 그 나머지 비늘 한조각과 발톱 반쪽이 무슨 의미가 있겠소?一鱗半爪"

그 뜻인즉 사물의 주요한 부분과 핵심을 당신이 다 가져갔으니 나머지는 편린들뿐이며 시를 써봤자 유우석을 초과할 수 없다는 것이다. 여러 사람들이 이 말에 동의하고는 모두들 지필묵을 거두고 날이 샐 때까지 술을 마셨다.

一目十行 일목십행

글자풀이	한 일(一 yī), 눈 목(目 mù), 열 십(十 shí), 줄 행(行 háng).
뜻풀이	① 한 눈에 열 줄씩 읽다. ② 책 읽는 속도가 매우 빠르다.
출전	당(唐) 요사렴(姚思廉)『양서·간문제기(梁書·簡文帝記)』

유래   남북조南北朝시대 양梁나라의 간문제簡文帝 소강蕭綱은 양무제의 셋째 아들이었다. 천성이 총명했던 소강은 여섯 살에 문장을 지어 사람들을 놀라게 했으나 양무제는 소강의 재능을 잘 믿지 않았다.

어느 날 양무제가 소강에게 글을 지으라 하고는 제목을 내주면서 이렇게 말했다.

"내가 직접 보는 자리에서 글을 지어 보거라. 네가 도대체 문장을 쓸 수 있
는지 지켜 볼 것이다."

소강이 붓을 들더니 얼마 안 되어 문장을 써냈다. 무제는 문장을 읽어보고는 이렇게 평했다.

"음, 잘 지었구나. 글귀가 잘 맞고 문장 또한 수려하다. 이제는 내 아들의 문

재文才를 의심할 사람이 없을 것이다."

소강은 어른이 된 후 책 읽기를 즐겼고 그 독서 속도 또한 일반인들과 달랐다. 『양서·간문제기』기록에 따르면 소강은 "글을 읽을 때면 열 줄을 한눈에 읽어 내려갔다.讀書十行俱下"고 한다. 성어 "일목십행"은 바로 "십행구하"에서 변형된 것이다.

一諾千金 일낙천금

글자풀이   한 일(一 yī), 허락할 낙(諾 nuò), 일천 천(千 qiān), 쇠 금(金 jīn).

뜻풀이   ① 한번 승낙한 말은 천금과 같다. ② 약속은 틀림없이 지킨다.

출전   한(漢) 사마천(司馬遷)『사기·계포난포열전(史記·季布欒布列傳)』

유래   초한楚漢전쟁 때 항우項羽의 부하인 계포季布는 유방劉邦의 대
군을 여러 번 이겼다. 항우가 유방에게 패해 오강烏江에서 자결한 후 계포
는 가까스로 목숨을 구했고 이때부터 몸을 숨기고 살았다. 천하를 얻은 유
방이 계포를 잡아들이라는 수배령을 내리고 계포를 숨겨 주는 자는 삼족을
멸한다고 공표했다.

   계포는 원래 초楚나라 사람이었고 그 사람됨이 정의롭고 약속을 중히 여
겼으며 천하의 호걸들과 널리 사귀었던지라 사람들이 멸족의 위험을 무릅
쓰고 그를 숨겨 주었다. 허나 유방에게 잡힐 위험이 항상 뒤따르는지라 계
포는 노나라 땅의 주가朱家의 집에서 신분을 속이고 머슴으로 살았다.

   주가는 당시 유명한 협객이었고 유명인사들과 교분이 두터웠다. 그는
계포를 알아보았으나 모른 척했으며 이렇게 도처에 숨어 사는 것이 장구지
책이 아니라 생각했다. 그는 낙양洛陽의 여양후汝陽侯 하후영을 찾아가 이렇
게 사정했다.

"신하된 자로서 주군을 섬기는 것은 당연한 도리입니다. 허니 항우 수하의 장수였던 계포가 초나라를 위해 싸운 것은 충신의 본분을 다한 것입니다. 그가 여러 번 한왕의 군사를 이긴 것은 그의 재능을 보여준 것이라 할 수 있지요. 현재 한왕이 황제로 되었으니 천하의 인재를 널리 구해 나라를 다스려야 할 것입니다. 황제께서는 인자하고 아량이 넓은 분이시니 이전의 일을 계속 마음에 두실 필요가 있겠습니까? 보기 드문 현신賢臣인 계포를 막다른 골목으로 밀어 넣는다면 그는 적국으로 도망칠 것입니다. 그렇게 되면 한나라는 유능한 신하를 잃게 되고 적국은 유능한 신하를 얻게 될 것이니 이는 결국 한나라의 손실이 됩니다. 그럴 바에는 수배령을 풀고 계포를 귀순시킴이 옳을 것입니다."

하후영이 주가의 말에 도리가 있다고 여겨 유방을 만나 이를 전했다. 유방이 자신의 처사가 지나쳤음을 알고는 수배령을 거두고 계포를 중랑장^中郞將으로 임명했다. 그 후 계포는 한나라의 신하로 열심히 일했다.

계포와 같은 고향 사람인 조구생^{曹丘生}은 계포가 중랑장이 되었다는 말을 듣고 다른 사람을 통해 한번 만나기를 청했다. 허나 계포는 조구생이 재능은 없고 말주변만 좋은 사람이라고 알고 있었는지라 만나기를 거부했다. 사실 조구생은 계포가 생각하는 그런 부류의 사람이 아니었다. 그는 화려한 언변을 가지고 있었을 뿐만 아니라 사람됨이 중후하고 영웅호걸들과 사귀기를 즐기는 성격이었다. 그는 직접 계포를 찾아가 뵙기를 청했고 계포는 마지못해 만나 주었으나 그 태도가 냉랭했다.

허나 조구생은 개의치 않고 이렇게 말했다.

"공께서는 초나라 사람이고 소인 또한 그러하니 한고향의 정을 소중히 여겨야 옳은 것입니다. 초나라에는 '계포의 한번 승낙을 얻는 것이 황금 천 냥보다 비싸다得黃金千兩,不如季布一諾'는 말이 있습니다. 공께서 초나라와 양梁나라에서 이런 명성을 누리는 것은 제가 열심히 여러 곳을 다니면서 알린 공로도 있습니다. 하오니 우리가 벗으로 사귀지 못할 이유가 무엇이란 말입니까?"

계포는 조구생의 말에 감명을 받았고 이때부터 두 사람은 생사를 함께하는 막역지우가 되었다.

一錢不值 일전불치

글자풀이	한 일(一 yī), 돈 전(錢 qián), 아닐 불(不 bù), 값 치(値 zhí).
뜻풀이	① 한 푼의 가치도 없다. ② 보잘것 없다.
출처	한(漢) 사마천(司馬遷)
	『사기·위기무안후열전(史記·魏其武安侯列傳)』

유래   관부灌夫는 한漢나라 경제景帝때의 장군이었는데 특이한 성격으로 사람들의 존경을 받았다. 그는 절대 권세에 아부하지 않았고 세도가들을 멸시했으며 그들을 힐난할 기회가 있으면 종래로 놓치지 않았다. 그러나 지위가 낮은 사람들은 아주 열정적으로 대하고 예의를 차렸으며 공개장소에서 그들을 칭찬하곤 했다.

경제 때 두영竇嬰이 한동안 권세를 잃자 일부 소인배들이 두영을 멀리하고 다른 권문세족들에게 빌붙었다. 그러나 관부만은 두영과의 우애를 계속했고 이는 사람들의 칭찬을 받게 되었다. 관부는 술을 즐겨 마셨고 술에 취해서는 사단을 일으키는 때가 많았는데 어느 한번은 취중에 두태후竇太后의 동생을 때려 상처를 입혔고 이 때문에 목숨을 잃을 뻔 했다.

두영이 장군으로 임직하고 있을 때 무안후武安侯 전분田蚡은 품계가 두영보다 낮았고 두영을 만나면 공손하게 예를 갖췄다. 후에 전분이 제후로 되

267

고 재상으로 임명 받은 후에는 두영을 눈에 차하지 않았는데 관부는 이런 행위를 매우 멸시했다.

어느 한번은 전분이 조정의 대신들을 연회에 초청하는지라 두영은 관부에게 함께 가자고 했다. 연회에서 관부가 예의상 전분에게 술을 권했으나 전분은 오만스럽게 거부했다. 관부가 기분이 상하고 분노가 치밀었으나 참고는 임여후臨汝侯 관현灌賢에게 가서 술을 권했는데 공교롭게도 관현은 정부식程不識이라는 관원과 귓속말을 나누고 있던 차라 관부가 권하는 술을 못 본 척 했다. 이에 더는 참지 못한 관부는 얼굴색이 삽시간에 변하면서 이렇게 관현을 욕했다.

"나는 정부식이 한 푼의 가치도 없는 인간이라고 보아왔다一錢不値. 오늘 승
상의 희사를 경축하는 자리에 너는 어찌하여 여인처럼 귓속말을 나눈단
말인가?"

두영이 급히 관부를 말렸으나 때는 이미 늦어 연회는 흐지부지 끝나 버렸다.

一竅不通 일규불통

글자풀이   한 일(一 yī), 구멍 규(竅 qiào), 아니 불(不 bù), 통할 통(通 tōng).

뜻풀이   ① 한 구멍도 뚫리지 않다. ② 아무것도 모르다.

출처   전국·진(戰國·秦) 여불위(呂不韋) 등 『여씨춘추(呂氏春秋·過理)』

유래   상商나라 주왕紂王은 비妃인 달기達己를 총애해 하루 종일 달
기와 향락에 빠져 있었고 나라의 대사는 전혀 돌보지 않았으며 백성들의
생활에는 아무런 관심이 없었다. 주왕은 또 달기의 말을 절대적으로 믿어
많은 충신들과 무고한 백성들을 죽였다.

    그러던 어느 날, 주왕의 숙부인 비간比干이 더는 두고 볼 수가 없어 주왕
에게 이런 권고를 했다.

"대왕께서 이토록 주색에만 빠져 있어서는 안 됩니다. 또 충신들과 무고한
백성들을 분별없이 죽여서도 안 될 것입니다. 대왕께서는 응당 정신을 차
리시고 나라와 백성들을 위해 의미 있는 일들을 하셔야 합니다."

달기가 이를 전해 듣고는 매우 불쾌해 주왕에게 이렇게 말했다.

"대왕님, 만약 비간이 진정한 충신이라면 그에게 가슴을 열고 심장과 간을 꺼내 대왕께 바치라고 말해 주세요."

주왕이 달기의 말을 듣고는 이렇게 답했다.

"그것 참 좋은 생각이구나. 달기 너는 정말 총명하다."

주왕은 어명을 내려 비간에게 배를 가르도록 명하니 비간은 결국 죽고 말았다.

후에 이 사건은 『여씨춘추呂氏春秋』라는 책에 수록되었으며 그중에는 이런 평가도 있다. "주紂의 마음이 통하지 않아 악행을 일삼았다. 만약 그의 마음속에 구멍이 하나라도 통했더라면 비간이 죽지 않았을 것을! 一竅不通"

一日千里 일일천리

글자풀이	한 일(一 yī), 날 일(日 rì), 일천 천(千 qiān), 거리 리(里 lǐ).
뜻풀이	① 하루에 천리를 달리다. ② 발전의 속도가 빠르다.
출전	『장자·추수(莊子·秋水)』

유래　　　전국시대戰國時代 때 진秦나라가 주변의 나라들을 차례로 공략하고는 그 예봉을 연燕나라에 돌렸다. 연나라의 태자太子 단丹이 백척간두에 처한 나라를 구하기 위해 유명한 책략가인 전광田光을 찾아가 진나라의 진공을 막을 방책을 물었다.

　　전광이 태자 단의 손을 잡고 문밖에 나가서는 큰 나무 옆에 있는 말을 가리키며 말했다.

"준마는 그 전성기에는 하루에도 천리를 갈 수 있습니다.一日千里 허나 늙게되면 허약한 말도 늙은 천리마보다 더 빨리 달릴 수 있답니다. 태자께서 들으신 저와 관련된 소문은 제가 젊었을 때의 일이고 저는 이미 늙어 아무 소용이 없게 되었습니다. 허나 늙은 이 몸이 비록 태자를 위해 나라의 큰일을할 수는 없으나 저의 친구인 형가荊軻는 이 중차대한 일을 해낼 것으로 생각됩니다."

말을 마친 전광이 형가를 불러 진시황을 암살하는 계획을 함께 의논하도록 했다.

작별에 앞서 태자는 전광에게 절대 이번 일이 새어나가서는 안 된다고 신신당부했다. 이에 전광이 웃으면서 꼭 그렇게 하겠노라고 대답했다.

두 사람이 떠난 후 전광은 태자의 근심을 덜어주기 위해 자살했다.

후에 형가는 진나라로 가서 진왕 영정贏政을 죽이려 했으나 실패하고 그 자리에서 목숨을 잃었다. 형가가 진왕을 암살하려 한 이 비장한 이야기는 후세에까지 오래 전해졌다.

一日三秋 일일삼추

글자풀이	한 일(一 yī), 날 일(日 rì), 석 삼(三 sān), 가을 추(秋 qiū).
뜻풀이	(그리움이 절실하여) 하루가 삼년 같다.
출처	춘추(春秋) 일명(佚名)『시경·왕풍·채갈(詩經·王風·采葛)』

유래　　　『시경』에는 이런 시가 있다.

저 칡이나 캐러 갈까 하루를 못 보아도 석 달이나 된 듯하네

저 흰 쑥이나 캐러 갈까 하루를 못 보아도

세 번째 가을이 된 듯하네一日三秋

저 약쑥이나 캐러 갈까 하루를 못 보아도 삼 년이나 된 듯하네.

옛 노래들 중 많은 내용은 사랑을 노래한 것이다. 이 시도 한 남자가 여인을 사모하는 가사이다. 그 시대의 남자들은 사냥과 농경, 전투 등을 담당했고 여인들은 길쌈과 채집, 음식조리를 담당했다. 이 시에서 주인공이 사모하는 대상은 먼저 칡을 캐고 후에 흰 쑥을 캐며 이어 약쑥을 캐는데 이는 부지런하고 일솜씨가 있는 처녀임을 알 수 있다.

현대인들은 하루를 못 보면 삼년 같다, 일일이 여삼추라고 말하는데 바

로 위의 시에서 유래한 것이며 이는 사자성어 "일일삼추"로 고착되었다.

一身是膽 일신시담

글자풀이	한 일(一 yī), 몸 신(身 shēn), 이 시(是 shì), 쓸개 담(膽 dǎn).
뜻풀이	① 온몸이 모두 담이다. ② 아주 대담하다.
출처	진(晉) 진수(陳壽) 『삼국지·촉서·조운전(三國志·蜀書·趙云傳)』

유래   삼국시기 유비劉備와 제갈량諸葛亮은 10만 대군을 지휘해 한중漢中에서 조조曹操군를 공격했다. 조조는 직접 40만 대군을 인솔해 반격을 펼쳤으며 전투에 필요한 수많은 군량을 한수 이북의 산기슭에 비축해 놓았다.

이 첩보를 받은 유비는 조조가 이번 전쟁에서 끝장을 내려는 심사라는 것을 알고는 제갈량과 함께 적을 물리칠 계책을 의논했다. 이에 제갈량이 말했다.

"군사 한 갈래를 파견해 조조군의 군량과 마초를 태워버리면 적들의 기염을 꺾어 놓을 수 있습니다."

촉蜀나라의 노장인 황충黃忠이 출전을 거듭 청하니 유비는 황충과 조운趙云을 함께 파견했다. 그러나 위나라 군사와 접전하자마자 황충이 적군의 장수 몇명에게 포위되어 도무지 빠져 나올 수 없었다. 이를 본 조운이 말을 달려와 위나라의 장수 몇 명을 창으로 찔러버렸는데 마치 무인지경을 드나들듯 했고 조조군의 진세가 크게 흔들렸다.

뒤이어 조조가 직접 군대를 이끌고 도착해보니 촉나라 군영에는 깃발이 하나도 없고 북소리가 없이 조용했으며 조운 한사람만이 창을 꼬나들고 말 위에 앉아 있었는데 그 자태가 태연자약했다. 조조는 복병이 있을까 의심되어 철군명령을 내렸다. 헌데 그가 말머리를 돌리자마자 뒤쪽의 촉나라 군영 쪽에서 화살이 빗발치듯 날아왔고 조조 군이 혼란해진 틈을 타서 조운이 거느린 촉나라 군사들이 엄살해오니 조조군은 죽거나 다치는 자가 부지기수였다.

이튿날 날이 밝자마자 유비가 조운의 군영에 축하하러 왔다. 그는 조운이 조조군을 대파하던 정경을 부장들에게서 전해 듣고는 찬탄을 금치 못했다.

"자룡子龍, (조운의 호)은 정말로 출중한 담략을 가졌구나.一身是膽"

그때부터 촉나라 군사들은 조운을 호위장군虎威將軍이라 불렀다.

一往情深 일왕정심

글자풀이	한 일(一 yì), 갈 왕(往 wǎng), 뜻 정(情 qíng), 깊을 심(深 shēn).
뜻풀이	① 정이 매우 깊어지다. ② 애정이 갈수록 두터워지다.
출전	남조·송(南朝·宋) 유의경(劉義慶)
	『세설신어·임탄(世說新語·任誕)』

유래   동진東晉 때의 유명한 장군 환이桓伊는 자가 숙하叔夏, 자야子 野이며 회남태수淮南太守를 맡았다가 후에 도독예주제군사都督豫州諸軍事, 서 중낭장西中郎將, 예주자사豫州刺史 등 관직을 두루 역임했다.

기원 383년에 전진前秦과 동진東晉간에 있은 비수淝水전투에서 사현謝玄 이 이끄는 8만의 동진 군이 전진황제가 통솔한 90만 대군을 대파했다. 이 전투에서 환이는 큰 전공을 세워 얼마 후 강주자사江州刺史로 승차했다.

환이는 음악에도 조예가 깊어 작곡을 할 줄 알고 피리를 잘 불었다. 지 금까지 전해온 명곡인 "매화삼농梅花三弄"은 최초에 환이가 곡을 만들었다 고 하며 그의 피리연주는 당시에 "강좌제일江左第一"로 평가되었다.

환이는 다른 사람들이 노래를 부르는 것을 즐겨 듣기도 했다. 아름다운 노래를 듣게 되면 그는 저도 모르게 음악에 박자를 맞췄으며 감동을 받곤 했다. 당시 재상인 사안謝安도 음악을 즐겼으며 두 사람은 만나기만 하면

음악에 대해 담론하곤 했다. 사안은 환이가 음악에 조예가 깊고 그토록 푹
빠져 있는 것을 보고는 이렇게 말했다.

"환자야桓子野는 음악에 대한 사랑이 참으로 깊구려.子野可謂一往有深情"

"일왕정심"이라는 성구는 이 고사에서 유래했다.

一廂情願 일상정원

글자풀이	한 일(一 yī), 행랑 상(廂 xiāng), 뜻 정(情 qíng), 원할 원(願 yuàn).
뜻풀이	(일을 하는데) 오로지 자기 생각만 하고
	객관적인 조건을 고려하지 않다.
출전	『백유경(白喻經)』

유래　　　옛날 인도의 한 시골청년이 도성에 놀러 갔다가 공주를 보고는 자기 형편은 생각하지도 않고 제 생각만 하던 끝에 一廂情願 상사병에 걸렸다.

집에 돌아온 그는 공주 생각으로 밥맛을 잃었고 점점 초췌해졌다. 그의 친지와 벗들이 병이 생긴 원인을 묻자 청년은 자신의 생각을 솔직하게 말해 주었다. 그러고는

"만약 공주를 아내로 맞이하지 못하면 나는 죽을 것이요"

라고 말했다.

사정을 알게 된 친구들이 청년을 달래면서 이런 거짓말을 했다.

"걱정하지 말게. 우리가 사람을 도성에 보내 공주를 자네에게 배필로 주십사고 국왕께 청을 드리겠네."

청년이 이를 철석같이 믿고 친구들에게 이렇게 말했다.

"정말 고마운 일이군. 얼른 갔다 오게나."

며칠이 지나 친구들이 청년을 보러 와서는 이런 거짓말을 했다.

"사람을 보내 국왕에게 청을 드렸으나 공주께서 허락하지 않는다네."

이 말을 들은 청년이 제멋대로 이 상황을 분석하면서 기쁜 심정으로 말했다.

"잘 되었군 그래. 내가 직접 찾아가 공주를 만나면 꼭 나에게 시집오겠다고 할 거네."

一言九鼎 일언구정

글자풀이　　한 일(一 yī), 말씀 언(言 yán), 아홉 구(九 jiǔ), 솥 정(鼎 dǐng).

뜻풀이　　①한마디의 말이 구정(九鼎)만큼 무게가 있고 값지다.

　　　　　②일언이 중천금이다. 일언천금.

출전　　　한(漢) 사마천(司馬遷)

　　　　　『사기·평원군우경열전(史記·平原君虞卿列傳)』

유래　　　전국시대戰國時代 때 진秦나라가 조趙나라를 공격해 수도 한단邯鄲을 포위했고 조나라는 풍전등화의 위기에 놓였다. 이에 조나라의 효성왕孝成王이 평원군平原君을 초楚나라에 파견해 구원을 청하도록 했다.

　　　초나라에 도착한 평원군이 초왕을 만나 구원을 청했으나 초왕은 좀처럼 시원한 답을 주지 않았다. 평원군의 문객門客인 모수毛遂가 검을 들고 초왕의 면전에서 이렇게 말했다.

　　　"오늘 저희는 초나라에서 군사를 파견해 조나라를 구원해 주십사고 청을 들고 있으나 대왕께서는 가타부타 말씀이 없으십니다. 그러나 명심하셔야 할 것은 초나라가 비록 인구가 많고 국토가 넓다 하나 패전을 면치 못하고 도읍까지 잃었습니다. 제가 보기에는 오히려 초나라가 조나라의 힘을 빌려 진나라에 대항하여야 할 것 같습니다."

모수의 말에 초왕은 설득이 되어 군사를 보내 조나라를 도울 것이라고
약조했다.
후에 평원군은 이렇게 모수를 칭찬했다.

"모선생이 초나라에 도착하자마자 조나라의 지위는 아홉 개의 정보다 더
위엄이 있게 되었습니다.一言九鼎 모선생의 세치 혀는 백만의 군사보다 더
위력이 있습니다."

一衣帶水 일의대수

글자풀이	한 일(一 yī), 옷 의(衣 yī), 띠 대(帶 dài), 물 수(水 shuǐ).
뜻풀이	①한 줄기의 띠처럼 좁은 냇물이나 강물. ②좁은 강을 사이에 두다.
출처	당(唐) 이연수(李延壽)『남사·진후주기(南史·陳後主紀)』

유래   기원 581년에 양견楊堅이 북주北周정권을 장악하고 황제로 칭했으며 수隋나라를 세우니 바로 수문제隋文帝이다. 큰 포부를 가지고 있던 수문제는 보위에 오르자 바람으로 전국 통일을 위한 준비에 착수했다.

당시 남조南朝 진陳나라의 황제는 진숙보陳叔寶였고 역사적으로 그를 진후주陳後主라 부른다. 진후주는 다재다능하여 음악가이고 시인이었다. 그러나 후주는 나라를 다스리고 백성들의 생활수준을 제고하는 능력은 부족한 인물이었다. 한 나라의 황제인 진후주는 매일 궁에서 악기를 연주하고 곡을 창작했으며 시와 문장을 짓기에 여념이 없었고 나라의 안위와 백성들의 질고는 안중에도 없었으니 나라는 하루하루 쇠락해졌다. 황제가 정사에 관심이 없자 눈앞의 향락만 추구하는 일부 조정대신들은 부귀영화를 오래도록 차지하기 위해 진후주의 비위를 맞추어 주면서 매일 음주가무에 세월이 가는 줄 몰랐다. 진나라는 누란의 위기에 놓이고 도탄에 빠진 백성들의 원성이 하늘에 닿았으며 굶주린 백성들이 도처에 들끓었다.

전국을 통일할 기회가 왔음을 본 수문제가 즉시 군사를 일으켜 진나라를 정벌하려 했다. 이때 한 대신이 말했다.

"진후주가 무능하고 정사에 관심이 없기는 하오나 큰 죄가 없습니다. 우리 수나라가 이유도 없이 진나라를 정벌한다면 출병의 명분이 없사오니 통촉하여 주시기 바랍니다."

그러나 확고한 주장을 가지고 있었던 수문제는 대신들에게 이렇게 말했다.

"진후주가 상商나라 주왕紂王의 악행이나 주유왕周幽王의 아둔함은 범하지 않았으나 주색에 빠지고 후궁에만 들어가 있으니 강남의 백성들이 먹고 살기조차 힘들게 되었다. 짐이 천하의 주인이 된 마당에 어찌 옷의 띠처럼 좁은 한 갈래의 강이一衣帶水 막는다 하여 강남의 백성을 구하지 않을 수 있단 말인가?"

결단을 내린 수문제는 군사력을 대폭 증가하고 군량을 비축하면서 진나라를 칠 기회만을 노렸다.

기원 589년에 수나라는 끝내 전국통일의 대업을 완성했다.

以暴易暴 이포역포

글자풀이	써 이(以 yì), 사나울 포(暴 bào), 바꿀 역(易 yì), 포(暴 bào).
뜻풀이	① 난폭한 임금을 제거하기 위해 난폭한 수단을 사용함.
	② 악한 자를 또 다른 악한 자로 바꿈.
출전	한(漢) 사마천(司馬遷)
	『사기·백이숙제열전(史記·伯夷叔齊列傳)』

유래　　　고죽국孤竹國의 태자인 백이伯夷와 숙제叔齊는 왕위승계를 놓고 서로 사양하다가 도성을 떠났고 이에 다른 태자가 왕위에 올랐다. 백이, 숙제는 동생에게 부담을 주지 않기 위해 고죽국에 돌아가지 않고 이곳저곳을 떠돌아 다녔다. 그러던 중 이들은 주문왕周文王이 인재를 아낀다는 소문을 듣고 찾아가기로 했다.

　　이들 형제는 풍찬노숙하면서 주周나라에 도착했으나 주문왕은 이미 사망했고 그의 아들인 무왕武王이 왕위에 올라 상商나라 주왕紂王을 정벌할 준비를 하고 있었다. 백이와 숙제는 상왕商王은 천자이니 그를 쳐서는 안 되며 문왕이 금방 별세한 상황에서 무왕이 상례에 집중하지 않고 전쟁을 일으키려 하는 것은 불인不仁, 불의不義, 불효不孝라고 여겨 무왕에게 출병을 그만둘 것을 권했다. 무왕이 이 권고를 듣지 않고 출정을 했고 상나라를 멸

하고 주나라를 세웠다. 백이, 숙제는 무왕의 처사에 반감을 가지고 더는 주
나라의 곡식을 먹지 않으리라 다짐했으며 인적이 드문 수양산首陽山에 가서
산나물로 끼니를 이어갔다.

　이날도 형제가 산에서 산나물을 뜯다가 부근에 사는 아낙네를 만났다.
그 여인은 겨릅대처럼 여윈 형제를 보고는 빨리 하산하여 먹을거리를 찾으
라고 권했다.

　백이, 숙제가 우리는 산나물로 배를 채울지언정 주나라 땅에서 나는 곡
식을 먹지 않을 것이라고 대답했다.

　그 아낙네가 그럼 당신들이 먹고 있는 산나물 역시 주나라에서 자란 것
이 아닌가 하고 물었다. 백이, 숙제가 생각해보니 그 말이 맞는지라 아예
산나물도 먹지 않으니 얼마 후 두 사람은 수양산에서 굶어 죽었다. 임종을

맞아 이들은 자작민요를 불렀는데 그 내용은 이러하다.

"우리는 수양산에 올라 산속의 나물로 목숨을 이어간다. 폭력으로 폭력을

대신한 자들이 아직도 그 잘못을 모르고 있네……以暴易暴兮,不知其非矣."

以訛傳訛 이와전와

글자풀이	써 이(以 yǐ), 그릇될 와(訛 é), 전할 전(傳 chuán), 와(訛 é).
뜻풀이	① 그릇된 말이 그릇된 말로 전해지다.
	② 헛소문이 꼬리를 물고 번져 가다.
출전	전국·진(戰國·秦) 여불위(呂不韋) 등
	『여씨춘추·신행람·찰전(呂氏春秋·愼行覽·察傳)』

유래   춘추시대春秋時代 때 송宋나라에 정丁씨 성을 가진 사람이 있었다. 그는 집에 우물이 없어 밖에 나가 물을 길어 와야 했고 늘 식구들 중 한 사람은 밖에서 집으로 물을 날라 와야 했다. 후에 정씨네는 마당에 우물을 팠고 이집 식구들은 사람들에게 "우리 집은 우물을 파고 난 후에는 한 사람을 얻게 되었다"고 말하곤 했다.

사람들이 이 말을 듣고는 다른 이들에게 이렇게 전했다.

"정씨네가 우물을 팠는데 글쎄 사람을 파냈다지 뭐요."

후에 도성에 사는 사람들이 모두 이 일을 가지고 쑥덕쑥덕했고 한 대신이 이를 듣고는 송宋나라 왕에게 고했다. 왕은 즉시 사람을 보내 그 내막을 알아오도록 했다.

정씨는 이렇게 해석했다.

"내가 말한 뜻은 우물을 파놓고 나니 마치 한사람의 일손이 더 늘어난 것
같다는 뜻이지 우물에서 시체를 파냈다는 것이 아닙니다."

以隣爲壑 이린위학

글자풀이	써 이(以 yǐ), 이웃 린(隣 lín), 할 위(爲 wéi), 구덩이 학(壑 hè).
뜻풀이	① 이웃 나라를 배수지로 삼아 넘는 물을 그곳으로 뽑아내다.
	② 화를 남에게 전가시키다.
출처	『맹자·고자하(孟子·告子下)』

유래 　　전국시대戰國時代의 백규白圭는 위魏나라의 재상을 맡은 적이 있으며 재임 당시 치수治水에서 출중한 재능을 보였고 그 본인도 이를 큰 자랑거리로 생각했다. 어느 한번은 백규가 맹자孟子를 만나 홍수를 다스리는 일을 토론하는 기회에 또 자기자랑을 늘어놓았다.

"내가 물을 다스리는 방법은 대우大禹보다 한수 위입니다."

이에 맹자가 즉석에서 반박했다.

"말도 안 됩니다. 대우가 물을 다스릴 제 네 곳의 바다를 강물이 흘러드는 골짜기로 삼았고 물의 성격을 활용해 홍수를 물길로 잡아 놓고 네 곳의 바다에 흘러들게 함으로써 물의 피해를 완전히 제거했습니다. 이는 자신의

지역에 유리하며 다른 사람에게 피해를 주지 않는 방식입니다. 그러나 당신은 둑만 쌓고 그 구멍들을 막으며 둑의 높이를 계속 늘려갑니다. 당신은 피해를 입지 않았으나 물은 인국으로 흘러가고 이는 인국을 물을 가두는 골짜기로 여기는 것이요以隣爲壑, 다른 사람에게 위해를 끼치는 것이지요. 당신의 이 방식은 인자함과 사랑의 마음을 가진 사람이라면 모두 싫어하는 것일진대 어찌 자랑삼아 말한단 말입니까?"

이 말을 들은 백규가 부끄러워 얼굴을 들지 못했고 그 후부터는 스스로 치수의 공을 자랑하는 일이 없었다.

以貌取人 이모취인

글자풀이	써 이(以 yǐ), 모양 모(貌 mào), 취할 취(取 qǔ), 사람 인(人 rén).
뜻풀이	① 용모로 사람을 평가하다. ② 용모로 사람을 고르다.
출전	한(漢) 사마천(司馬遷)
	『사기·중니제자열전(史記·仲尼弟子列傳)』

유래　　　공자의 제자 중에 재자^{宰子}는 언변이 뛰어나고 문제를 깊이 파고들기를 즐겼다.

　　당시에는 부모가 돌아가면 자식들이 삼년상을 지내야 했다. 재자가 이에 다른 주장을 내놓았다.

　"부모가 돌아가면 삼년간 상을 지내야 하는데 그 시간이 너무 긴 것 같습니다. 이 3년간 예의도 배우지 못하고 오락도 금하니 음악을 배울 수도 없습니다. 제가 보기에는 1년 상을 지내도 충분할 것 같습니다."

　이에 공자가 물었다.

　"부모님이 돌아가신지 3년도 안되어 흰 쌀밥을 먹고 비단옷을 걸친다면 너는 마음이 편하겠느냐?"

이에 재자가 편할 것 같다고 답했다.

공자는 재자 너의 마음이 편하다면 그렇게 하라고 말해 주었다.

재자가 나간 후 공자는 이렇게 말했다.

"재자는 그 마음이 어질지 못하다. 자식이 태어나면 3년 동안 부모의 품을 떠날 수 없다. 부모를 위해 3년 상을 지내는 것은 세상 사람들이 모두 행하는 것일진대 재자는 부모의 품에서 3년을 자라오지 않았더란 말인가?"

공자의 제자 중에 담대멸명澹臺滅明이라는 사람도 있었다. 그는 생김새가 추했는데 공자는 처음에 담대멸명의 재능이 뛰어나지 못하다고 여겼다. 그런데 후에 담대멸명이 강남에서 학문을 강하고 나서는 그 명성이 높아졌다.

공자는 감개를 금치 못하며 말했다.

"나는 오직 언변으로만 한 사람을 평가하여 재자를 판단함에 오류를 범했고, 얼굴 생김새로만 사람을 판단하여 담대멸명을 제대로 평가하지 못했구나.吾以言取人, 失之宰子;以貌取人,失之子羽"

한 사람의 외모로만 그 사람을 판단한다면 그릇된 결론을 얻을 수 있으니 공자도 예외가 아니었다.

以身試法 이신시법

글자풀이 　써 이(以 yǐ), 몸 신(身 shēn), 시험할 시(試 shì), 법 법(法 fǎ).

뜻풀이 　① 생명의 위험을 무릅쓰고 법을 어기다.

　　　　② 법을 알면서 고의로 어기다.

출전 　한(漢) 반고(班固) 『한서·왕존전(漢書·王尊傳)』

유래 　　한漢나라 때의 왕존王尊은 어려서 부모를 여의고 친척집에 얹혀살았다.

　그는 불우한 환경에서도 사서史書들을 찾아서 읽었으며 열세 살 때부터 관아에서 일을 맡아했고 후에는 다른 사람의 천거를 받아 서괵西虢현령 겸 미양美陽현령을 지냈다.

　한번은 한문제漢文帝가 서괵현을 경유하다가 왕존이 정직하고 청렴하며 재능이 출중한 인재임을 알아보고는 안정태수安定太守직을 맡겼다. 왕존은 부임한 뒤 소속 현령들에게 이런 공문을 보냈다.

"백성의 어버이인 여러 현령들은 지방의 불온세력들과 불법분자들을 엄하게 법으로 다스리고 백성들을 어질게 대하길 바란다. 여러분은 솔선수범하고 맡은 바 소임을 다하여야 할 것이며 백성들의 목숨을 대가로 법을 어

기는 일을 해서는 안 될 것이다.毋以身試法"

    당시 도성인 장안長安은 치안 상황이 좋지 않았다. 한문제는 왕존이 법을 엄격히 집행한다는 것을 알고는 경조윤京兆尹으로 임명했다. 그 결과 석달 만에 장안의 치안이 크게 개선되었다. 후에 왕존은 서주자사徐州刺史를 맡았으며 임직 기간 중 과로로 사망했다.

義不容辭 의불용사

글자풀이   옳을 의(義 yì), 아닐 불(不 bù), 얼굴 용(容 róng), 사양할 사(辭 cí).

뜻풀이   도의상 사퇴할 수 없다. 의리상 거절할 수 없다.

출처   명(明) 나관중(羅貫中)『삼국연의(三國演義)』제58회

유래   적벽赤壁대전이 있은 후 유비劉備의 군대는 사기가 충천했고
제갈량諸葛亮의 탁월한 지휘로 장사長沙, 영릉零陵 등 세 개 군을 점령했으며
이어 수로와 육로로 서천西川을 향해 진격했다.

이 소식을 접한 조조曹操는 대경실색했다. 이때 조서어사詔書御使 진군陳
群이 계책을 내놓았다.

"하관에게 계책이 있습니다. 먼저 손권孫權을 멸하고 그 후 유비를 없애는
것입니다. 즉 각개 격파를 한 후 형주荊州를 점령하자는 것입니다."

진군이 이어 말했다.

"승상께서는 먼저 대군을 파견해 강동江東을 진공하십니다. 그렇게 되면 손
권은 틀림없이 공황상태에 빠져 유비에게 구원을 청할 것입니다. 허나 유

비의 목적은 사천四川을 점령하는 것이라 절대 병력을 갈라 손권을 구하지 않을 것입니다. 손권은 구원병이 없게 되면 그 세가 약하니 어찌 우리 위나라 군대를 당해낼 수 있겠습니까? 손권이 패하게 되면 우리는 강동을 얻게 되고 이어 유비를 친다면 이는 식은 죽 먹기나 마찬가지 아니겠습니까?"

조조가 이 계책을 신통하게 여겨 30만 대군을 보내 강동을 공격하도록 했다.

손권은 조조의 대군이 또 쳐들어온다는 말을 듣고 즉시 문무백관들을 모아 적을 물리칠 대책을 의논했다. 책사인 장소張昭가 말했다.

"사람을 보내 유비와 다시 연합을 결성하고 공동으로 조조 군에 저항해야 합니다."

이에 손권이 말했다.

"만약 유비가 출병만 해준다면 근심할게 뭐가 있겠소? 그러나 유비가 출병하지 않을 경우 우리는 어떻게 해야 하는가?"

장소가 말했다.

"인정으로 보나 도리로 보나 유비는 군대를 보내 우리 동오를 도와야 할 책임이 있습니다. 그는 우리 오나라의 부마이니 오나라가 당하는 것을 좌시

할 수는 없을 것입니다. 도의적으로 보아도 절대 거절할 수가 없을 것입니다. 義不容辭"

손권은 장소의 말이 옳다고 생각되어 편지를 보내 유비에게 구원을 청했다.

손권의 편지를 받은 유비가 이러지도 저러지도 못하고 좀처럼 결정을 내리지 못했다. 이를 본 제갈량이 말했다.

"주공께서 걱정하지 않으셔도 됩니다. 우리가 출병하지 않아도 손권에게는 아무런 위험이 없을 것입니다. 조조가 얼마 전 서량태수西涼太守 마등馬騰을 죽이지 않았습니까? 우리가 마등의 아들인 마초馬超에게 군사를 일으켜 조조를 정벌하도록 적당히 입김을 불어 넣으면 조조는 오나라를 칠 병력을 낼 수 없을 것입니다."

제갈량의 말대로 마초가 군사를 이끌고 조조를 공격하니 조조는 동오를 공격하려던 계획을 포기할 수밖에 없었다.

義無反顧 의무반고

글자풀이   옳을 의(義 yì), 없을 무(無 wú), 되돌릴 반(反 fǎn), 돌아볼 고(顧 gù).

뜻풀이   정의를 위해 뒤돌아보지 않고 용감하게 나아가다.

출전   한(漢) 사마천(司馬遷)

       『사기·사마상여열전(史記·司馬相如列傳)』

유래   임공臨筇의 거부巨富인 탁왕손卓王孫의 딸 탁문군卓文君이 무일푼인 사마상여司馬相如와 눈이 맞아 가출했다. 이에 탁왕손이 크게 노하여 절대 딸 부부에게 일전 한 푼도 주지 않으리라 맹세했다. 후에 사마상여와 탁문군이 임공에 돌아와 생계를 유지하기 위해 작은 주막을 차렸다. 탁문군이 직접 가게를 돌보고 사마상여는 주막의 심부름꾼과 잡부로 있었는데 설거지도 하고 손님도 맞이하곤 했다.

현지인들은 고을의 최고 부잣집 딸이 주모로 있고 사천의 최고선비第一才子로 알려진 사마상여가 주막에서 심부름 일을 한다는 소문을 듣고는 너도나도 주막에 몰려왔다. 이들은 대부분 미인 탁문군을 보러 왔으며 주막의 장사는 점점 잘 되어갔다.

이 일이 탁왕손의 귀에까지 들어갔고 탁왕손은 체면이 깎이는 일이라 여겨 이들 부부에게 큰돈과 함께 열 명이 넘는 노비까지 보내면서 즉시 주막장사를 그만두라고 전했다. 이때부터 사마상여는 넉넉한 생활을 할 수 있었다.

후에 사마상여가 쓴 『자허부子虛賦』를 본 한무제漢武帝가 그 재능을 알아보고 조정에 불러 관직을 맡도록 했다.

몇 년 후 사천四川에서 큰 난이 일어났고 한무제가 사마상여에게 조정의 뜻을 알려 사천의 소수민족들을 위로하는 조서를 쓰도록 했다. 이 글에는 이런 구절이 있다.

"사천의 여러 민족 백성들은 변경을 굳게 지키고 적들이 쳐들어오면 정의를 위해 용감하게 나아갈 것이며 절대 물러나거나 주저하지 말지어다.義無反顧,計不旋踵"

"의무반고"라는 성어는 이 고사에서 유래했다.

異軍突起이군돌기

글자풀이	다를 이(異 yì), 군사 군(軍 jūn), 갑자기 돌(突 tū), 일어날 기(起 qǐ).
뜻풀이	① 다른 부대가 돌연 일어서다. ② 새로운 세력이 돌연 나타나다.
출처	한(漢) 사마천(司馬遷)『사기·항우본기(史記·項羽本紀)』

유래   진秦나라 말 백성들이 조정의 폭정에 항거하여 곳곳에서 봉기를 일으켰다. 동양현東陽縣의 백성들도 힘을 합쳐 현령縣令을 죽이고 봉기를 일으켰으며 옥리獄吏였던 진영陳嬰을 두령으로 추대했다.

진영은 평소 일처리가 공정했고 인품 또한 충직하고 인자하여 위망이 높았다. 하여 백성들은 진영이 봉기군 두령이 되었다는 소문을 듣고는 앞다투어 봉기군에 합류했고 얼마 지나지 않아 봉기군은 2만여 명으로 늘었다. 봉기군은 모두 푸른 두건을 머리에 둘러 기타 부대와는 다른 새로운 군대임을異軍突起 보여주었다. 이들은 진영을 봉기군의 왕으로 추대할 일을 토론하게 되었는데 진영의 어머니가 이를 근심하면서 아들에게 말했다.

"우리 조상들 중에는 높은 지위에 있었던 사람이 없느니라. 지금 너의 명성이 삽시에 커지는 것은 좋은 징조가 아니다. 너는 수하군사들과 함께 다른 사람에게 귀순함이 좋을 것 같다. 만약 이후에 봉기가 성공한다면 왕후장

상에 봉해질 것이고 설사 실패한다고 해도 큰 화를 입지는 않을 것이다."

진영이 어머니의 말을 따르기로 하고 부하들에게 이렇게 말했다.

"내가 알기로 항량項梁이 장군가문 출신이고 초楚나라에서 명망이 높다고
하오. 진나라를 반대해 싸우는 이런 중차대한 일에는 항량과 같은 사람이
없어서는 안 되니 우리 모두 그의 휘하에 들어가는 것이 어떠하오?"

여러 사람이 진영의 제안에 찬성했고 이들은 진영과 함께 항량의 수하
로 들어갔다.

易如反掌 이여반장

글자풀이   쉬울 이(易 yì), 같을 여(如 rú), 돌이킬 반(反 fǎn),

손바닥 장(掌 zhǎng).

뜻풀이   ① 손바닥을 뒤집는 것처럼 쉽다. ② 식은 죽 먹기다.

출처   『맹자·공손추상(孟子·公孫醜上)』

유래   맹자孟子는 자신의 제자인 공손추公孫醜와 함께 왕도王道를 실행하고 천하를 통일하는 문제를 담론한 적이 있다.

공손추가 물었다.

"스승님이 제齊나라에서 권력을 잡는다면 관중管仲이나 안영晏嬰처럼 천하를 놀라게 하는 업적을 이룰 수 있겠습니까?"

관중과 안영은 제나라의 이름난 재상으로 선후로 제환공齊桓公과 제경공齊景公 때의 재상을 맡았었다. 제자의 물음에 맹자는 매우 불쾌해하며 말했다.

"어찌 나를 그 두 사람과 비한단 말이냐?"

공손추가 말했다.

"관중은 제환공을 보필해 천하의 맹주가 되게 하였고 안영은 제경공을 보좌해 여러 제후들 중에서도 우위를 차지하게 했습니다. 이 두 사람은 배울 바가 많다고 생각합니다."

맹자가 이를 반박했다.

"제나라에서 왕도를 펼치고 천하를 통일하는 것은 손바닥을 뒤집는 것처럼 쉬운 일이다.易如反掌"

맹자는 국토가 넓고 인구가 많은 제나라에서 어진 정치를 펼친다면 천하통일이 식은 죽 먹기라고 생각했던 것이다.

因勢利導 인세리도

글자풀이	인할 인(因 yīn), 권세 세(勢 shì), 이로울 리(利 lì), 인도할 도(導 dǎo).
뜻풀이	정세에 따라 유리하게 이끌다.
출전	한(漢) 사마천(司馬遷)『사기·손빈전(史記·孫臏傳)』

유래　　　춘추시대春秋時代 때 조趙나라와 위魏나라가 연합하여 한韓나라를 공격하니 한나라가 위험에 처했고 이에 한나라 왕은 급히 제齊나라에 구원을 청했다. 제나라 왕이 전기田忌를 장군으로 하고 손빈孫臏을 군사軍師로 임명해 10만 대군을 거느리고 한나라에 가게 했다.

위나라의 대장군 방연龐涓은 손빈에게 패한 적이 있었다. 그는 이번에 제나라의 군대를 완전히 무너뜨리고 손빈을 생포하리라 다짐하고는 한나라를 진공하던 군대를 철수해 제나라 군과 정면승부를 가르려 했다.

한편 전기가 손빈에게 계책을 묻자 손빈은 심사숙고를 하고나서 말했다.

"위나라 군대는 지금 승리의 여세를 몰아 진격하고 있고 그 사기가 하늘을 찌를 것이 분명합니다. 하오니 정면으로 맞붙어서는 안 될 것이며 지략으로 이겨야 합니다. 위나라 군사들이 우리 제나라 군사들을 업신여겨 왔으니 이를 이용해 우리 군에 유리한 작전을 펼치고 우리 배치대로 이끌어간 다면因其勢而利導之 적은 필시 패할 것입니다. 군사들에게 명해 첫날에는 10만 명의 밥을 지을 수 있는 야전부뚜막을 만들게 하고 이튿날에는 그 수를 절반으로 줄이며 사흘째에는 3만으로 다시 줄이도록 하십시오. 이를 본 위나라 군사들이 우리의 병력이 날마다 줄어든다고 여길 것이고 우리 군을 더욱 얕잡아 볼 것입니다."

전기가 손빈의 계책을 받아 들였다.

방연이 군사를 이끌고 와보니 제나라 군사들은 멀리서 위나라의 깃발을 보자마자 도망을 치고 있는지라 보병과 마병에게 놓치지 말고 추격하라고 명했다. 방연이 제나라 군사들이 주둔했던 곳을 살펴보니 사흘 새에 제나라의 야전부뚜막이 절반이상 줄었는지라 앙천대소하며 말했다.

"제나라 놈들이 겁이 나서 많이 도망쳤으니 이제 손빈을 잡는 일만 남았구나."

방연은 제나라 군사들이 이미 투지를 잃었다고 판단하고 행동이 느린 보병은 뒤에서 따라오도록 하고 정예기병들만 거느리고 추격에 박차를 가했다.

한편 손빈은 험준한 곳에 군사들을 매복시키고 길옆에 있는 큰 나무에 "방연이 이 나무아래서 죽다"라는 글자를 새겨놓게 했다.

이날 저녁 방연이 매복권에 들어왔고 나무에 글자가 새겨져 있는 것을 보고는 불을 밝히도록 했다. 횃불이 밝혀지자 제나라 군사들이 화살을 비 오듯 쏘아댔다. 위나라 군사들은 태반이 죽거나 상했으며 대세가 이미 기운 것을 본 방연은 검을 뽑아 자결했다.

應對如流 응대여류

글자풀이	응할 응(應 ying), 대답할 대(對 duì), 같을 여(如 rú), 흐를 류(流 liú).
뜻풀이	① 물 흐르듯 대답하다. ② 유창하게 대답하다.
출처	당(唐) 이연수(李延壽)『남사·서면전(南史·徐勉傳)』

유래   남조南朝 때 서면徐勉이라는 선비가 있었는데 어려서부터 총명하더니 18살에 국자감國子監의 학원學員으로 되었다.

당시 제주祭酒직을 맡았던 왕검王儉은 서면이 지나갈 때마다 이렇게 말했다.

"서면은 정말 평범한 사람이 아니다. 꼭 재상의 기질이 있어 보인단 말이야."

후에 서면은 중서시랑中書侍郎을 맡았다가 양무제梁武帝가 즉위한 후에는 상서좌승尚書左丞으로 승진되어 양나라의 행정대권을 총괄하게 되었다. 서면은 정치적으로 큰 업적을 남겼다. 그는 재직기간 종래로 직권을 남용하지 않았고 관원들의 승진도 그 능력과 성과를 기준으로 삼았다. 그 자신도 문자작업에 능숙하면서도 언변이 남달랐다. 책상에 공문이 산처럼 쌓이고 찾아오는 손님들이 적지 않았으나 전혀 허둥대지 않고 손님들을 열정적으로 대하면서도 공문처리를 물 흐르듯 멈추지 않았다고 한다 應對如流.

迎刃而解 영인이해

글자풀이   맞이할 영(迎 yíng), 칼날 인(刃 rèn), 말 이을 이(而 ér), 풀 해(解 jiě).

뜻풀이   ① 주요한 문제를 해결하면 그와 관련된

　　　　　　기타 문제도 쉽게 해결할 수 있다.

　　　　　② 순리적으로 문제가 해결되다.

출전   당(唐) 방현령(房玄齡) 등 『진서·두예전(晉書·杜預傳)』

유래   　기원 266년, 사마염司馬炎이 위원제魏元帝 조환曹奐을 폐위시키고 왕위에 올랐으며 국호를 진晉이라 정했다. 이후 사마염은 대장군 양호羊祜에게 형양荊陽에 주둔하면서 기회를 보아 일거에 동오東吳를 쓸어버리라고 명했다. 그러나 양호가 병으로 죽게 되고 임종을 맞아 그는 사마염에게 두예杜預를 자신의 후임자로 삼아 통일대업을 완성할 것을 건의했다. 이에 사마염은 두예를 진남대장군鎭南大將軍으로 임명하고 형주荊州의 군사를 총괄하도록 했다.

　기원 280년에 두예가 대군을 이끌고 동오를 공격했으며 첫 전투에서 동오군을 대파하였다. 이어 진나라 군사들은 연전연승을 하면서 동오의 성 십여 개를 함락했으며 두예의 계책에 말려든 동오대도독大都督 등 백여 명의 장군들이 진나라의 포로로 잡혔다.

진나라군의 사기는 높아졌고 오나라는 풍전등화의 위기에 처했다.

이때 진나라에서 어떤 자가 사마염에게 잠시 군사를 거둘 것을 진언했다.

사마염이 이상하게 여겨 물었다.

"지금 우리군의 사기가 올라 일거에 동오를 없애 버릴 수 있는 상황에 군사를 거두라니 웬 말인고?"

그 사람이 이런 이유를 들었다.

"동오는 건국의 역사가 오래됐고 군사력 또한 무시할 수 없습니다. 진나라 군사는 단시일 내에 동오군을 철저하게 무너뜨릴 수는 없을 것입니다. 게다가 현재 무더위가 지속되고 비가 많이 내려 강물이 범람하고 있습니다. 이런 때 온역이나 괴질이 퍼진다면 우리 대군은 매우 불리한 처지에 놓일 것입니다. 그럴 바에는 강이 얼어붙는 겨울을 기다렸다가 다시 군사를 집중한 후 남하하여 일거에 동오를 무너뜨려야 합니다."

사마염이 그 사람의 말을 듣고는 어떻게 결단해야 할지를 몰라 두예에게 편지를 보내 의중을 물어보았다.

이에 두예가 이런 내용의 답신을 보내왔다.

"현재 상황은 우리 군이 연전연승하여 동오의 성 십여 개를 점령했습니다. 이런 승전은 군의 사기를 크게 높여주었습니다. 장수들은 동오의 성을 빼앗아 공을 세움으로써 제후의 반열에 오르려 하고 있고 병사들은 나라를 위한 전공을 세워 승진의 기회를 노리려 합니다. 이와 반대로 동오군은 사기가 떨어져서 우리 군의 한번 공격에도 견디지 못할 지경입니다. 이는 대나무를 쪼개는 것과 같아 첫마디를 쪼개면 나머지는 칼날이 닿기만 해도 자연스럽게 갈라져譬如破竹,數節之后,皆迎刃而解 전혀 힘이 들지 않는 것과 같은 도리입니다."

두예는 답신을 보내고 나서는 즉시 전군에 진군을 명했으며 얼마 후 동오를 괴멸시켰다.

憂心如焚 우심여분

글자풀이   근심할 우(憂 yōu), 마음 심(心 xīn), 같을 여(如 rú), 불사를 분(焚 fén).

뜻풀이   근심걱정으로 애가 타다.

출전   『시경·소아·절남산(詩經·小雅·節南山)』

유래   서주西周의 주유왕周幽王은 황음무도한 임금이었다. 그는 간
신을 등용하여 백성들을 잔혹하게 억압했으며 여기에 지진과 한재가 연이
어 발생하여 백성 중에 유리걸식하는 자가 많았다. 주유왕은 또 융족戎族을
상대로 전쟁을 일으켰지만 크게 패한 적이 있으며 포사褒姒를 총애해 신후
申后와 태자를 폐서인했다.

   주유왕 재위기간에 윤씨가 토지를 관장하는 사공司空 겸 태사太師를 맡았
다. 윤씨는 직권을 남용해 친척과 패거리들과 작당하여 재산을 긁어모았
으며 선량한 사람들을 무함하기를 일삼으니 사람들은 이들을 미워하였으
나 그 권세가 두려워 입을 다물고 있었다.

   간신들이 날뛰고 군주는 암둔하며 나라가 백척간두에 있는 것을 본 가
부家父라는 귀족이 분하고 마음이 급해서 근심걱정으로 애탄 나날을 보냈
다. 그는 주유왕에게 직접 상소를 올리게 되면 가납될 가능성이 없을 뿐만
아니라 목숨을 잃는 재앙을 당할 것을 아는지라 시 한수를 지어 마음속의

울분과 근심을 토로했다. 이 시가 바로『시경·소아』중의『절남산』이다. 이 시는 총 10장으로 되었으며 그중의 제1장에는 이런 구절이 있다.

아찔하게 솟은 저 남산 돌과 바위 첩첩히 쌓였도다.	節彼南山, 維石巖巖.
혁혁한 태사 윤공의 세도 백성들 다 보았도다.	赫赫師尹, 民具爾瞻.
걱정에 불타는 가슴 감히 농담조차 못한다오.	憂心如惔, 不敢戲談.
나라의 기운이 다할진대 어찌하여 살피지도 않는가.	國旣卒斬, 何用不監.

猶豫不決 유예부결

글자풀이	오히려 유(猶 yóu), 미리 예(豫 yù), 아닐 부(不 bù), 결단할 결(決 jué).
뜻풀이	① 결단을 내리지 못하고 망설이다.
	② 우유부단하다. 주저주저하다.
출전	한(漢) 유향(劉向)『전국책·조책3(戰國策·趙策三)』

유래   전국시대戰國時代에 진秦나라가 조趙나라의 도읍인 한단邯鄲을 공격했다. 이에 조나라가 위魏나라에 구원을 청했고 위나라 왕은 장군 진비晉鄙에게 군사를 주어 조나라를 구원하도록 했다. 진비는 진나라를 두려워했고 게다가 위나라 왕이 진나라와 싸우려 하지 않으며 조나라의 노여움을 사지 않으려 눈가림으로 군대를 파견했음을 알고 있었기에 탕양湯陽이라는 곳에 이르러서는 군대를 움직이지 않았다.

한편 위왕은 장군 신원연辛垣衍을 암암리에 한단에 보내 평원군平原君을 통해 조왕을 설득하려 했다. 신원연이 이렇게 말했다.

"지금 진나라가 조나라의 도읍을 공격하는 것은 성을 탐내서가 아니라 황제로 되려는 것이 진정한 목적입니다."

신원연은 여러 가지 사실을 열거하고 도리를 설명하고는 이렇게 말했다.

"조나라가 사신을 진秦나라에 보내 진나라를 황제국으로 추대하겠다고 하면 진소왕은 기뻐하면서 군대를 철수할 것입니다."

평원군이 이 말을 듣고는 어떻게 해야 할지 결단을 내리지 못하고 망설였다猶豫不決.

후에 제齊나라 사람인 노중련魯仲蓮이 신원연을 찾아가 조목조목 도리를 따지니 신원연은 말문이 막혔다. 신원연이 두 번 읍을 하고는 노중련에게 이렇게 말했다.

"선생께서는 제가 생각했던 평범한 사람이 아니라 천하에 보기 드문 현인 이군요. 저는 제자리로 돌아갈 것이며 이후에는 진나라 왕을 황제로 추대하는 문제를 더는 입 밖에 내지 않을 것입니다."

진나라 사람들은 이 소식을 전해 듣고는 군대를 한단성에서 50리 되는 곳까지 철수시켰다.

游刃有餘 유인유여

글자풀이	놀 유(游 yóu), 칼날 인(刃 rèn), 있을 유(有 yǒu), 남을 여(餘 yú).
뜻풀이	① 솜씨 있게 일을 처리하다.
	② 힘을 들이지 않고 여유 있게 일을 처리하다. 식은 죽 먹기.
출처	『장자·양생주(莊子·養生主)』

유래   위혜왕魏惠王이 궁중에 소를 잡는 고수가 있는데 소를 해체하는 과정이 완전히 예술이라는 말을 듣고 직접 보기로 했다.

　백정은 혜왕이 친히 보러 왔는지라 예를 갖추고는 침착하게 소를 해체하기 시작했다. 백정이 소를 해체하는 모양을 볼라치면 손과 발을 다 사용하고 무릎과 어깨도 사용했는데 모든 동작이 물 흐르듯 숙련되고 자연스러웠다. 힘줄과 뼈가 붙어 있는 부위를 해체할 때는 대다수 요리사들이 힘들어 하는 것과는 확연히 달랐다.

　혜왕은 소를 잡아 뼈를 바르는 전 과정을 지켜보고는 과연 예술의 경지에 도달했다고 생각했다. 그는 이 세상에 이처럼 미천한 일을 신의 경지에까지 올려놓은 사람이 있는 것을 보고는 감탄하며 물었다.

　"너의 그 대단한 재간은 어떻게 연마한 것이냐?"

이에 백정이 답했다.

"저 역시 처음에 배울 때는 소가 하나의 완정한 물체로 보였습니다. 3년이 지나니 완정한 소는 보이지 않고 힘줄과 뼈로 된 틀만 보였고 저는 그 틀을 해체하기만 하면 되었습니다."

혜왕이 다시 물었다.

"네가 쓰는 칼이 다른 사람의 것보다 더 예리한 것이 아니냐?"

이에 백정이 다음과 같이 설명했다.

"칼이 예리한 것은 맞습니다만 문제의 핵심은 그것이 아니옵니다. 다른 백정들이 쓰는 칼도 아주 예리하나 그들은 늘 칼날이 뼈에 부딪치게 되고 새칼로 갈아야만 합니다. 허나 소인은 19년간 이 칼을 써왔지만 금방 갈아 놓은 것처럼 날이 서 있습니다. 뼈와 고기가 붙어 있는 곳은 칼날이 들어가지 않을 정도로 좁아 보이나 제 칼날이 더욱 얇기에 그 사이를 들어가기를 식은 죽 먹듯 합니다游刃有餘. 하기에 그 틈을 잘 보고 칼을 쓴다면 힘을 얼마 들이지 않고도 뼈를 발라낼 수가 있는 것이옵니다."

有備無患 유비무환

글자풀이	있을 유(有 yǒu), 갖출 비(備 bèi), 없을 무(無 wú), 근심 환(患 huàn).
뜻풀이	① 유비무환. ② 사전에 방비하면 우환이 없다.
출처	『상서·설명중(尚書·說命中)』

유래　　　기원전 562년에 여러 나라 제후들이 연합하여 정鄭나라를 공격했고 정나라 많은 백성들이 진晉나라에 귀순했다. 진나라에 대한 충성심을 보여주기 위해 정나라는 진도공晉悼公에게 수준 높은 악사 세 명과 가무에 능한 미녀 16명, 편종編鐘과 기타 악기 등을 진상했다. 그 외에도 여러 가지 차량 100대와 무기, 갑주 등이 진상품에 포함되어 있었다. 진도공이 크게 기뻐하며 이 선물을 받았다.

　　진도공은 최근 몇 년 동안 큰 성과를 거두고 이름을 날릴 수 있었던 원인은 위강魏絳이 신묘한 계책들을 많이 내놓았기 때문임을 아는지라 위강을 궁에 불러 이렇게 말했다.

　　"공이 융적戎狄의 부락과 화목하게 지내면서 중원의 여러 나라들을 다스리라는 계책을 내주어 진나라가 8년 동안에 아홉 번이나 제후들과의 회맹을 주도할 수 있었소. 이는 마치 잘 어우러진 음악과 같아 불협화음이 전혀 없단 말이요. 이번에 정나라가 나에게 악대를 선물로 보내 왔으니 공과 함께 그 낙을 누려보려 하오."

말을 마친 진도공이 악대를 반으로 갈라 위강에게 선물로 하사했다. 이에 위강은 선물을 사절하면서 이렇게 말한다.

"융적과 강화를 맺은 것은 나라의 홍복이고 8년 중에 아홉 번 회맹을 주도하고 제후들이 변심을 하지 않은 것은 군왕의 위망이 높아서이며 여러 명의 대신들의 공로가 컸기 때문입니다. 제가 무슨 공이 있단 말입니까? 『서경書經』에 이르기를 '편안할 때 위험을 생각하고 생각을 하게 되면 준비가 있게 되고 준비를 하면 후환이 없을 것이라 했습니다有備無患.' 저는 『서경』의 말을 대왕께 올리는 바입니다."

진도공이 말했다.

"공의 뜻은 잘 알겠소. 그러나 공이 있는 사람에게 상을 주는 것 역시 이 나라의 법일진대 어찌 이를 어긴단 말이오? 꼭 받으셔야만 하오."

이때부터 위강은 금석金石악기로 연주하는 악대를 가지게 되었고 그 연주음악을 감상할 수 있었다.

有名無實 유명무실

글자풀이	있을 유(有 yǒu), 이름 명(名 míng), 없을 무(無 wú), 열 실(實 shí).
뜻풀이	① 유명무실. ② 이름(명목)만 있고 실질(내용)은 없다.
출처	『국어·진어8(國語·晉語八)』

유래   춘추시대春秋時代에 숙향叔向은 진晉나라의 태부太傅를 맡고 있었다. 어느 날 그는 친구 한선자韓宣子를 만나러 갔다. 한선자는 당시 진나라의 6경중의 한 명으로 그 지위가 높았다. 그러나 그는 숙향을 만나서는 연신 한숨을 쉬면서 자신이 너무 가난하다고 하소연했다. 숙향은 그런 한선자를 위안하지 않았을 뿐만 아니라 웃음을 짓고 이렇게 말했다.

"나는 오늘 자네를 경하하려고 이렇게 온 것이라네."

한선자가 이상해하며 물었다.

"뭘 축하한단 말인가? 나는 경사卿士라는 직은 가지고 있으나 사실은 허울뿐이라네.有名無實 가정형편도 어려우니 사대부들과는 비할 바도 아니고, 이 일 때문에 걱정이건만 자네는 무슨 축하를 한단 말인가?"

숙향이 정색을 하고 말했다.

"나는 바로 자네의 그 가난함을 축하해 주는 것이라네. 가난은 결코 나쁜 일이 아닐세. 이전에 진晉나라의 대부大夫였던 난무자欒武子는 그 관직이 상경上卿에 이르렀건만 식읍은 대부보다 적었고 집에는 제기祭器도 없었다네. 허나 그의 덕행은 많은 제후들에게 알려졌고 그는 진나라를 잘 다스렸지. 그러나 그의 아들인 난환자欒桓子는 달랐지. 그는 교만하고 난폭했으며 욕심이 끝이 없고 재산을 많이 끌어 모았으나 결국 그 화를 당하고 말았다네. 내가 보기에 자네는 난무자처럼 청빈하고 그와 같은 덕행이 있으니 이는 축하할만한 일일세. 그와 반대라면 나는 자네를 걱정만 할 뿐 어찌 축하를 해준단 말인가?"

숙향의 말을 들은 한선자가 근심을 털어버리고는 예를 갖추며 이렇게 말했다.

"자네의 가르침이 정말 지당하네. 자네의 말을 듣지 않았더라면 나는 멸망의 길로 가고 있는지도 몰랐을 것이네."

후세 사람들은 한선자의 말에서 "유명무실"이란 사자성어를 만들어 냈다.

有恃無恐 유시무공

글자풀이	있을 유(有 yǒu), 믿을 시(恃 shì), 없을 무(無 wú),
	두려울 공(恐 kǒng).
뜻풀이	믿는 데가 있어 두려움을 모르다.
출전	춘추·로(春秋·魯) 좌구명(左丘明)
	『좌전·희공 26년(左傳·僖公二十六年)』

유래   춘추시대春秋時代 때 제효공齊孝公이 노魯나라를 공격했고 노나라 군대는 패전을 거듭했다. 노희공魯僖公이 어떻게 제나라 군을 대처해야 할지를 고민하고 있을 때 대부大夫 전희展喜가 이렇게 고했다.

"신이 보기에는 재능 있는 신하를 사신으로 파견해 제효공을 설득하는 것이 방책인 듯 하옵니다. 우리의 진심을 보여 제효공을 감동시킨다면 혹시 군대를 물릴 수도 있을 것입니다. 신이 한번 가볼까 하옵니다."

이에 희공이 수락을 하고 귀한 선물을 마련해 전희를 사신으로 보냈다. 전희는 제효공을 만나 선물을 전하고는 공손한 태도로 말했다.

"저희 군주께옵서는 대왕에서 친히 군사를 이끌고 오셨다는 소식을 듣고 특히 소신에게 명해 멀리 온 제나라 군사들을 위로하라고 하셨습니다. 그 외에도 변변찮은 선물이나마 대왕께 올려 아국 군주의 경의를 전합니다."

제효공이 거만스러운 어투로 말했다.

"제나라의 대군이 온다고 하니 노나라의 군신들은 아마도 혼비백산했겠지? 그렇지 않다면 희공이 이토록 빨리 사신을 나에게 보낼 수 있겠는가?"

전희가 전혀 당황하지 않고 물었다.

"노나라의 군신과 백성들은 모두 인의를 갖춘 사람들이라 두려움이 무엇인지를 모릅니다. 대왕에서 보시기에 우리가 두려울 것이 뭐란 말입니까?"

제효공이 이상하다는 듯 말했다.

"노나라는 토지가 척박하고 인구가 적으며 백성들은 가난하다. 군대를 놓고 보아도 병사와 장수들이 적을 뿐만 아니라 병장기들이 예리하지 않고 전차 또한 적다. 그러니 무슨 근거로 나를 두려워하지 않는단 말인가?何恃而不恐"

전희가 이렇게 대답했다.

"이는 선대의 군주들끼리 맺은 맹약이 있기 때문입니다. 주나라 천자周天子는 제후들에게 대대손손 화목하게 지내며 서로 싸우지 말 것을 가르쳤지요. 대왕의 선대왕인 제환공齊桓公이 패주覇主로 될 때도 맹약을 지켰기에 여러 나라의 존경을 받을 수 있었던 것입니다."

제효공이 전희의 말에 도리가 있음을 알았고 전희는 이 기회를 이용해 말을 이어갔다.

"환공의 후손인 폐하께서 선인들의 유훈을 잊지 않으셨으리라 생각하기에 우리는 아무런 경계심도 가지지 않았고 대왕께서 우리들을 공격하지 않으리라는 것도 믿고 있습니다."

전희의 말에 설득된 제효공이 결국 철군을 약속했다.

魚目混珠 어목혼주

글자풀이	물고기 어(魚 yú), 눈 목(目 mù), 섞일 혼(混 hùn), 구슬 주(珠 zhū).
뜻풀이	① 물고기의 눈알을 진주에 섞다. ② 가짜로 속이다.
출전	한(漢) 위백양(魏伯陽)『참동계·권상(參同契·卷上)』

유래　　　전하는데 의하면 이전에 만원滿愿이라는 사람이 크고 둥근 진주를 샀는데 그 빛이 영롱하여 사람들은 감탄을 금치 못했다. 만원은 이 진주를 잘 보관해 두었다.

　만원의 이웃인 수량壽量이 어느 한번은 길에서 고기눈알을 줍고는 귀한 진주라고 여겨 역시 잘 보관해 두었다.

　후에 어떤 사람이 병에 걸렸는데 진주가 들어간 약을 먹어야 치료할 수 있었다. 이에 그 병자는 거금을 주고 진주를 구입하려 했다. 만원이 이를 알고는 자신이 보관했던 진주를 꺼내 보였다. 이때 수량도 보관해 두었던 고기눈알을 내놓았다. 만원의 진주는 광채가 눈부셨으나 수량의 고기눈알은 크고 둥글기는 했으나 아무런 광채도 나지 않았다. 이 두 가지 물건을 비겨보니 그 진위가 당장에서 판가름이 났던 것이다.

　『참동계』라는 책에서는 이 고사를 기재한 후 이런 평을 했다. "어목을 어찌 구슬과 비기고 쑥을 어찌 차나무라 하랴. 魚目豈爲珠, 蓬蒿不成檟"

愚公移山 우공이산

글자풀이   어리석을 우(愚 yú), 공변될 공(公 gōng), 옮길 이(移 yí), 메 산(山 shān).

뜻풀이   ① 어려움을 무릅쓰고 꾸준히 노력하면 큰 산도 옮길 수 있다.

② 어떠한 어려움도 두려워하지 않고
굳센 의지로 밀고 나가면 성공한다.

③ 하자고 마음먹으면 못 해낼 일이 없다.

출전   『열자·탕문(列子·湯問)』

유래   옛날 기주冀州의 남쪽 황하黃河 북쪽지역에 태항산太行山과 왕옥산王屋山이라 부르는 두개의 큰 산이 있었다. 두 산은 높이가 수천 장에 이르고 주변 7백 여리에 뻗어 있었다.

북산기슭에 우공愚公이라 부르는 거의 구순에 이르는 노인이 살고 있었다. 이들 일가는 앞을 가로막은 두 산 때문에 외부로 드나들기가 여간 불편한 것이 아니었다. 어느 날 우공이 집식구들을 불러놓고 이렇게 말했다.

"나는 너희들과 함께 두 산을 파 없애고 상주象州를 거쳐 한수漢水이남에 이르는 길을 내려고 한다. 너희들 생각은 어떠하냐?"

모두들 좋은 생각이라면서 당장 착수하자고 했으나 우공의 아내만은 근심어린 어조로 말했다.

"당신 이 연세에 어찌 태항산과 왕옥산을 파낸단 말입니까? 그리고 파낸 돌과 흙은 어떻게 처리할 생각인데요?"

우공은 산에서 파낸 돌과 흙은 발해渤海에 버리면 된다고 대답했다.

이때부터 우공과 가족들은 산을 파기 시작했다. 무더운 여름날에도, 추운 겨울날에도 이들은 날마다 산을 파기에 여념이 없었다.

어느 하루는 황하 가에 사는 지수智叟라는 노인이 왔다가 이들이 산을 파는 것을 보고는 이렇게 권고했다.

"노인장, 이건 너무나 무모한 짓입니다. 이렇게 연세가 많고 기력도 떨어져 산속의 풀도 뽑지 못할 것 같은데 이토록 많은 흙과 돌을 파내는 일을 어찌 해낸단 말입니까?"

이에 우공이 답했다.

"나야 살날이 얼마 남지 않았지. 허나 내가 죽으면 아들이 계속하면 된다네. 아들이 또 손자를 낳고 그 손자가 또 아들을 낳으면 대대로 이어갈 수 있지 않은가? 우리는 대대로 끊임없이 산을 파낼 수 있고 이 두 산은 더는 자라지 않으니 어느 날엔가는 다 파내지 않겠나."

이에 지수노인은 더는 할 말을 찾지 못했다.

이 일을 산과 바다의 신이 알게 되었고 이를 옥황상제에게 고했다. 옥황상제는 우공의 결심과 행동에 크게 감명을 받아 힘장수 신을 보내 태행산과 왕옥산을 옮겨 그중 하나는 삭동朔東에 두고 다른 하나는 옹남雍南에 놓아두었다고 한다.

與狐謀皮 여호모피

글자풀이	더불어 여(與 yǔ), 여우 호(狐 hú), 꾀할 모(謀 móu), 가죽 피(皮 pí).
뜻풀이	① 여우한테 가죽 벗기자고 의논한다.
	② 나쁜 놈 보고 그의 이익을 희생할 것을 요구하는 것은 무모한 짓이다.
출처	진(晉) 부랑(苻朗)『부자(苻子)』

유래   춘추시대春秋時代 때 노魯나라의 국군은 공자孔子에게 사구司寇라는 관직을 맡길 생각을 하고 좌구명左丘明의 생각을 물었다. 이에 좌구명이 답했다.

"공자는 현세의 성인임을 모두가 알고 있습니다. 성인이 관직을 맡게 되면 다른 사람들은 관직을 내놓아야 하지 않겠습니까? 왕께서는 이 일 때문에 관직을 잃을 가능성이 있는 사람과 의논을 하시려 하오니 무슨 결과가 있겠습니까? 제가 아는 이야기를 하나 들려 드리지요. 주周나라 때 어떤 사람이 가죽옷을 좋아하고 풍성한 식사를 즐겨했습니다. 어느 한번은 값 비싼 여우가죽도포를 만들려고 여우와 의논했습니다. '너희들 가죽 몇 장을 주면 안 되겠니?' 이 말을 들은 여우의 무리들은 깊은 산속으로 도망쳤습니다. 이 사람은 또 살찐 양고기로 제사를 지내려고 양을 찾아 의논했습니다. '날 좀 도와줘. 너희 몸에 있는 고기 두 근만 베어 주면 제사용으로 쓸 수 있을 것인데 말이야.' 양은 너무 놀라서 이리저리 날뛰다가 서로 소식을 전해 함께 숲에 숨어 버렸습니다. 하여 이 사람은 10년이 되도록 여우가죽도포를 만들 수 없었고 5년이 되도록 한 번도 제사를 지낼 수 없었습니다. 이는 왜서 일가요? 바로 의논상대를 잘못 찾았기 때문입니다. 대왕께서 지금 공자에게 사구 직을 맡기려 하시면서 이로 하여 관직을 사직하게 될 사람들과 의논을 하심은 여우에게 가죽을 벗겨달라고 하고 양에게 고기를 내달라고 하는 것과 무엇이 다르단 말입니까?"

여기서 여우 호狐자와 범 호虎자가 음이 같으므로 후에는 여호모피與虎謀皮로 많이 사용되었다.

與人爲善 여인위선

글자풀이	더불어 여(與 yǔ), 사람 인(人 rén), 행 위(爲 wéi), 착할 선(善 shàn).
뜻풀이	① 남에게 좋은 일을 하다. ② 선의로 남을 돕다.
출처	『맹자·공손추상(孟子·公孫醜上)』

유래   공자孔子의 제자인 자로子路는 도덕성과 학문이 모두 뛰어난 사람이다. 맹자孟子는 제자들을 가르치면서 자주 자로의 이야기를 들려주었다.

어느 날, 맹자는 제자들에게 이런 이야기를 해주었다.

"자로는 매우 허심한 사람이어서 다른 사람이 그의 잘못과 부족한 점을 지적해주면 매우 기뻐했다. 역사적으로 보아도 군자君子는 모두 다른 사람의 우점과 장점을 따라 배우고 그 자신이 선한 일을 실행했다. 대우大禹가 바로 그런 사람들 중 대표적인 인물이다. 그는 바른 말을 해주는 사람에게는 절을 했다고 한다. 순은 더 대단한 사람인데 다른 사람의 장점을 배우고 자신의 단점을 버렸으며 선한 일을 할 때는 매우 즐거워했다. 순은 처음에는 농사일을 하다가 후에는 도기장이, 어부로도 있었고 결국은 천자天子로 되었다. 그의 모든 우점과 미덕은 다른 사람의 몸에서 배우고 흡수한 것이다.

이런 예로부터 볼 때 다른 사람의 우점을 따라 배워 자신이 선한 일을 하는 것이 바로 '여인위선'이며 이것이 바로 다른 사람과 함께 선한 일을 하는 것으로 된다. 군자의 최고의 경지는 여인위선이다."

欲蓋彌彰 욕개미창

글자풀이	하고자할 욕(欲 yù), 덮을 개(蓋 gài), 더욱 미(彌 mí),
	드러날 창(彰 zhāng).
뜻풀이	① 진상을 감추려 하다가 도리어 마각이 드러나다.
	② 감추려 할 수록 더 드러나다.
출전	춘추·로(春秋·魯) 좌구명(左丘明)
	『좌전·소공31년(左傳·昭公三十一年)』

유래　　　춘추시대春秋時代 때 주邾나라의 대부大夫 흑굉黑肱은 나라를 배반하고 노魯나라에 귀순했고 그의 봉지 역시 노나라에 귀속되었다. 공자가 저술한 『춘추』에 이 역사를 기록한 부분이 있다.

　　『좌전』은 이와 관련해 평을 하면서 『춘추』의 기준으로 볼 때 흑굉은 기록될만한 인물이 아니고 그 이름을 언급할 필요는 더욱 없다고 하면서 그러나 국토에 변동이 생긴 것은 중대한 사건이기에 결국 『춘추』에 그 내용을 올릴 수 있었다고 했다.

　　『좌전』은 이 일과 관련해 이런 평가를 내렸다.

　　"그렇다고 볼 때 봉지를 가지고 나라를 배반한 사람은 큰 인물이 아닐지라

도 이름을 알리게 되고 또 이는 그 사람의 나라배반 죄목을 영원히 덮어 감출 수 없게 한다. 때문에 군자는 언제나 '예禮'를 염두에 두며 일을 함에 있어서 언제나 정의로움義을 생각하며 사사로운 이득을 얻기 위해 예를 위반하지 않으며 정의로움에 배치되고 양심의 가책을 받는 일을 하지 않는다. 어떤 사람은 명성을 추구하나 이를 얻지 못하고 어떤 사람은 이름을 속이고 은둔을 하려 하나 그 이름은 더욱 널리 알려지는데或欲蓋而彌彰 이는 바로 불의에 대한 벌이 분명하기 때문이다."

鷸蚌相爭 휼방상쟁

글자풀이   도요새 휼(鷸 yù), 민물조개 방(蚌 bàng),

               서로 상(相 xiāng), 다툴 쟁(爭 zhēng).

뜻풀이   ① 도요새와 조개가 싸우다가 둘 다 어부에게 잡히다. ② 어부지리.

출전   한(漢) 유향(劉向) 『전국책·연책2(戰國策·燕策二)』

유래   전국시대戰國時代 말, 7개 제후국들 간 혼전상태가 지속되었다. 한번은 조趙나라가 연燕나라를 공격할 준비를 하고 있었는데 소대蘇代라는 유세객이 조혜왕趙惠王을 배알하고는 연나라를 공격하지 말라고 권했다. 그는 먼저 혜왕에게 이런 우화를 들려주었다.

하루는 방합조개가 날씨가 화창한지라 조개껍질을 벌리고 볕을 쪼이고 있었다. 이때 도요새가 조개를 발견하고 날아와서는 조개껍질 속에 부리를 박고 속살을 먹으려 하니 방합조개는 급히 껍질을 닫아버렸고 도요새의 부리는 그대로 집히고 말았다.

도요새는 먹잇감을 먹을 수 없을 뿐만 아니라 부리가 조개에게 집히자 이렇게 위협했다.

"그래, 네가 놓아주지 않는다면 우리 기다려보자. 오늘도 비가 오지 않고 내일도 날이 개일 것이라 하니 너는 말라 죽을 것이다.”

이에 방합조개가 질세라 말했다.

“오냐, 네 부리가 나한테 집혀 있으니 오늘도 뽑아낼 수 없고 내일도 그대로이면 너는 굶어 죽을 것 이다.”

이렇게 도요새와 방합조개는 누구도 먼저 양보를 하려 하지 않았다. 그렇게 시간이 흐르니 이들은 기진맥진했다. 마침 이곳을 지나던 어부가 도요새와 방합조개가 물고 물리어 있고 서로 놓아주려 하지 않는지라 전혀 힘을 들이지 않고 포획했다.

이 우화를 들려주고 나서 소대는 혜왕에게 이렇게 말했다.

“만약 조나라가 연나라를 공격한다면 연나라는 죽기내기로 저항할 것이며 두 나라는 장기전을 피할 수 없을 것입니다. 이를 틈 타 강대한 진秦나라는 어부지리를 얻게 될 것이오니 대왕께서 삼가 통찰하여 주시기 바랍니다.”

조혜왕은 소대의 말에 일리가 있다고 생각하여 연나라 정벌을 취소했다.

후에 사람들은 이 우화에서 “휼방상쟁”이라는 성어를 만들었으며 통상 “어옹득리漁翁得利”라는 성어와 함께 사용했다.

遠交近攻 원교근공

글자풀이   멀 원(遠 yuǎn), 사귈 교(交 jiāo), 가까울 근(近 jìn), 칠 공(攻 gōng).

뜻풀이   ① 원교근공. ② 먼 나라와 친교를 맺고 가까운 나라를 공격하다.

   (전국시대에 범저가 진왕에게 진언한 외교정책.)

출처   한(漢) 유향(劉向) 『전국책·진책(戰國策·秦策)』

유래   　　전국시대戰國時代 때 진秦나라의 소양왕昭襄王이 어느 한번은 재상인 장록張祿(원래 이름은 범저范雎)에게 나라를 다스리는 방략을 물은 적이 있다.

이에 장록이 다음과 같이 대답했다.

"작금에 진나라처럼 천혜의 요새가 많은 나라는 없습니다. 병력으로 놓고 보아도 진나라와 같이 이처럼 많은 전차와 강대한 군사를 보유한 나라가 없는 상황입니다. 진나라의 백성을 말할라 치면 그 어느 나라의 백성도 이처럼 법을 잘 지키고 나라를 사랑하지는 못할 것입니다. 진나라를 제외하고 감히 어느 나라가 제후들을 호령하고 전국을 통일한단 말입니까? 허나 대왕께서는 천하통일을 꿈꾸시지만 몇십 년 동안 큰 성취가 없었습니다. 그 원인을 보면 진나라가 때로는 한 제후와 맹약을 맺고 때로는 그 제후와 전쟁을 하니 지속적인 정책이 아예 없습니다. 신은 대왕께서 최근에 제齊나라를 공격하기 위해 군사를 출정시키려 한다고 들었습니다.”

진왕이 물었다.

“이 계획에 무슨 하자라도 있는 것이오?”

장록의 대답은 이러했다.

“제나라는 진나라와 멀리 떨어져 있고 그 사이에는 한韓나라와 위魏나라가 있습니다. 군사를 적게 보내면 제나라에 패할 수 있으며 이는 제후들의 웃음거리밖에 되지 않을 것입니다. 그렇다고 군사를 많이 보내면 국내에 변고가 생길 수 있습니다. 설사 일이 순조로워 제나라를 이겼다 해도 한나라와 위나라에 좋은 일만 해줄 뿐이고 대왕께서는 제나라의 땅을 진나라에 가져 올수도 없습니다. 애초에 위나라가 조나라를 지나쳐 중산국中山國을 정복했으나 결국 중산국은 조趙나라에 병탄되었지요. 왜 이런 일이 있었을까요? 중산국이 위치적으로 조나라와 가깝고 위나라와는 멀었기 때문이겠지요. 신의 소견으로는 제나라, 초楚나라와 우호적으로 지내면서 한편으로는 한나라와 위나라를 공격하는 것입니다. 멀리 떨어져 있는 나라들이 우리와 우호적으로 지내게 되면 국익과 연관이 없는 일에 결코 관여하지 않을 것입니다. 가까운 나라를 정복하면 진나라의 땅을 넓힐 수 있으며 이는 가장 실용적인 방법입니다. 한나라와 위나라를 겸병하고 나면 제나라,

초나라가 다음 수순으로 되겠지요. 누에가 뽕잎을 먹듯이 가까이로부터 멀리 나아가는 이런 방법을 원교근공遠交近攻이라고 하옵고 이는 현재 매우 적합한 방법이기도 합니다."

진왕은 장록의 제안을 받아 들여 제나라 진공에 파견했던 병력을 철수하도록 했다. 그 후 진나라는 한나라와 위나라 진공을 주요한 목표로 삼았다.

遠走高飛 원주고비

글자풀이   멀 원(遠 yuǎn), 달릴 주(走 zǒu), 높을 고(高 gāo), 날 비(飛 fēi).

뜻풀이   ① 멀리멀리 사라지다. 먼 곳으로 가버리다. 줄행랑치다. 도망하다.

              ② 어려운 환경에서 벗어나 밝은 앞날을 추구하다.

출전   남조·송(南朝·宋) 범엽(范曄) 『후한서·탁무전(後漢書·卓茂傳)』

유래   한원제漢元帝 때 관리집안 출신인 탁무가 밀현密縣 현령縣令으로 부임했다. 그는 정무에 힘썼으며 고을의 대소사를 빈틈없이 처리하여 밀현의 기풍을 일신했다. 이에 백성들은 훌륭한 현령을 만났다고 입을 모았다.

탁무는 수하 관원들을 아꼈는데 그들이 잘못을 저지르면 질타하는 대신 상냥한 어조로 타이르고 도리를 따졌다. 이에 부하들이 탁무를 진심으로 따랐다.

어느 하루 어떤 사람이 탁무에게 정장亭長을 고발했다. 그 이유는 정장이 이 사람이 건네준 쌀과 고기를 받았으며 이는 관의 규정을 크게 어겼다는 것이었다.

탁무가 온화한 웃음을 지으며 이 물건들은 정장이 주동적으로 요구한 것인가고 물으니 그 사람은 아니라고 머리를 저었다.

탁무가 또 물었다.

"그럼 당신이 일처리를 부탁하여 정장이 물건을 받은 것인가?"

그 사람은 또 아니라고 대답했다.
탁무가 한동안 생각하더니 이렇게 말했다.

"내가 보기에 당신은 생각이 없는 사람인 것 같다. 당신이 선물을 주고 상
대방은 선물을 받았을 뿐인데 왜 그 사람을 고발한단 말인가?"

이에 그 사람이 그렇지 않다고 하면서 말했다.

"현령께서 아주 현명하시어 백성들이 하급관리들을 두려워하지 않고 하급
관리들은 감히 뇌물을 요구하지 않는다고 들었습니다. 저는 정장이 두려
워 선물을 건넸고 정장이 이를 거절하지 않는지라 고발하는 것입니다."

탁무가 말했다.

"정말 어리석군. 사람은 금수와 달라 서로 아끼고 사랑하는 마음이 있는
법. 이웃사이에 작은 선물을 주고받는 것은 인지상정이고 말단관리와 백
성들 간에 이런 내왕은 정상적인 일이지. 이런 당연한 이치도 모르니 그럼
당신은 인간세상을 떠나 멀리멀리 사라지려 한단 말이요?寧能高飛遠走,不在

人間邪"

그 사람이 억울하다는 듯이 물었다.

"이는 법이 금지하는 내용이 아니란 말입니까?"

탁무가 이렇게 말해주었다.

"내가 도리를 가르친다면 당신은 나를 미워하는 마음을 갖지 않을 것이다. 허나 법으로 따진다면 인정을 따질 수 없게 된다. 이번 일에서 교훈을 얻을 것인지 아니면 법에 따른 처벌을 받을 것인지 잘 생각해 보는 것이 좋을 것이다."

그 사람이 자신의 잘못을 뉘우쳤고 사건에 말려든 정장 역시 탁무의 처리에 감복했다.

約法三章 _{약법삼장}

글자풀이	약속할 약(約 yuē), 법 법(法 fǎ), 석 삼(三 sān), 글 장(章 zhāng).
뜻풀이	① 한고조가 관중에 들어가 법규 3장을 약정한 고사에서 나온 말.
	② 간단한 규정을 약정하다.
출전	한(漢) 사마천(司馬遷) 『사기·고조본기(史記·高祖本紀)』

유래   유방劉邦과 항우項羽가 초한전쟁을 치르고 있을 때였다.

유방이 함양咸陽을 점령하고는 장졸들의 공을 치하하는 큰 연회를 차렸다. 모두들 즐겁게 술을 마시고 있었으나 책사 장량張良만은 술잔을 만지작거리며 무언가 깊은 생각에 빠져 있었다. 유방이 이상하게 여겨 장량에게 물었다.

"선생께서는 무슨 고민이 있습니까? 모두들 즐겁게 술을 마시는데 선생은 왜 혼자서만 울적해 있는 겁니까?"

장량이 자리에서 일어나 말했다.

"제가 보기에는 아직 승리를 경축할 때가 아닌 것 같습니다. 비록 우리가 함양을 점령했으나 성의 백성들은 불안에 떨고 있고 진秦나라의 많은 가혹한 법령이 백성들을 억압하고 있습니다. 지금이 바로 백성들의 마음을 얻을 때이거늘 주공께서는 아마도 묘책이라도 있으신가 봅니다."

이에 유방이 말했다.

"선생이 말해주지 않았다면 이렇게 중차대한 일을 제가 그만 그르칠 뻔 했군요. 잘 생각해 보겠습니다."

며칠 후 유방은 함양 주변의 여러 고을에서 덕망이 높은 노인들을 모셔 이런 약속을 했다.

"여러분께서는 진나라의 가혹한 법률을 싫어하실 겁니다. 사람들이 진나라의 법률을 의논하기만 해도 조정을 비난했다는 죄목으로 온 가족을 죽이고 장터에서 친구들을 만나 몇 마디 한담을 나누어도 목숨을 잃는 경우가 있었지요. 허나 이제부터는 달라질 것입니다. 저는 이미 여러 제후국들에 진나라의 법을 완전히 폐지한다는 소식을 보냈습니다. 이 자리에서 저는 세 가지 법령을 정해 여러분과 약조를 할까 합니다. 살인자는 그 목숨을 내놓아야 한다는 것, 남을 상하게 한자는 반드시 그 죄를 다스린다는 것, 물건을 훔친 자는 감금형에 처한다는 것입니다."

유방은 사람을 각지에 파견해 이 새로운 법령을 반포했다. 백성들은 기

뼈하며 이를 서로서로 알렸고 유방에게 소와 양, 좋은 술을 보내와 군사들

을 위로하게 했다.

債臺高築 채대고축

글자풀이　　빚 채(債 zhài), 누대 대(臺 tái), 높을 고(高 gāo), 쌓을 축(築 zhù).

뜻풀이　　　빚이 산더미 같다.

출전　　　　한(漢) 반고(班固)『한서·제후왕표서(漢書·諸侯王表序)』

유래　　　　기원전 315년에 주나라 마지막 왕인 주난왕周赧王이 천자天子
자리에 올랐다.

　그 당시의 상황으로 보면 주천자가 직접 관리하는 영지가 얼마 남지 않
았고 나라는 동주東周와 서주西周로 갈라져 있었다. 동주와 서주의 실권은
동주공東周公과 서주공西周公이 손에 넣고 있었고 난왕은 서주에 있었으나
허울뿐이었고 대소사를 결정할 수 없었다. 주난왕은 이런 국면을 돌려 세
워보려 무진 애를 썼으나 실권이 없고 움직일 군사조차 없으니 별 방법이
없었다.

　당시 초楚나라의 고렬왕考烈王이 제후국들을 연합해 앙숙인 진秦나라를
치려는 일을 도모하고 있었다. 고렬왕은 자신의 위망이 부족함을 알고 주
난왕에게 천자의 이름으로 제후국들을 연합하고 자신이 주장主將으로 나서
서 진나라를 정벌하겠다고 청을 넣었다.

　주난왕은 천자의 자리를 노리는 가장 위험한 나라가 진나라임을 일찍부

터 감지했던 터라 이 기회에 진나라도 없애고 천자의 권위도 다시 세우기로 작심하고 초나라의 요구를 흔쾌히 들어주었다. 곧이어 주난왕은 주나라의 군대를 집중시키고 서주공이 이를 통솔해 진나라와 싸우도록 명했다.

주나라의 위세가 점점 쇠락해지니 여러 제후국들은 원래 주천자에게 바치던 조공을 중단한지 오래 되었고 주나라의 국고는 텅 비어있을 정도였다. 대량의 군비를 조달하기 위해 주난왕은 할 수 없이 부잣집들에 가서 돈을 빌려야 했다. 이들 부자들은 주난왕에게 돈을 빌려주기로 합의를 보았으며 주난왕에게 진나라와의 전쟁에서 승리하면 본금과 이자를 함께 쳐서 갚는다는 차용증서를 쓰도록 했다.

얼마 후 서주공이 이끄는 부대가 섬서陝西로 향했으며 연도에서 여러 제후국의 군대와 합류하기로 했다. 초나라와 연나라 역시 군대를 파견하여 세 나라의 군대가 모였으나 다른 나라들은 별다른 동정이 없었다. 이에 삼국의 군사들은 전진을 멈추고 석 달이나 기다렸지만 다른 나라의 군사들은 한사람도 보이지 않았다.

초고렬왕은 하는 수 없이 철군을 명했고 3국의 군사들은 귀국길에 올랐다. 이번 출정에서 주나라 군사들은 비록 전쟁을 치르지 않았으나 준비했던 군비를 거의 다 써버렸다. 주난왕은 주나라 군사들이 빈손으로 돌아오자 빚을 어떻게 갚아야 할지 근심이 태산 같았다. 주난왕에게 돈을 빌려준 부자들은 주나라 군사들이 귀국했다는 말을 듣고는 너도나도 차용증을 들고 주난왕을 찾아왔다.

주난왕은 빚을 갚을 돈이 없는지라 궁을 지키는 군사들에게 빚 독촉을 오는 자들을 궁에 절대 들이지 말라고 명했다. 그러자 부자들은 궁문 밖에

서 소리를 질러댔는데 그 소리가 궁 깊은 곳까지 들려왔고 주난왕은 심난
한 마음에 식사도, 밤잠도 설치곤 했다. 후에 그는 궁중 깊은 곳에 있는 높
은 누대에 올라가 빚쟁이들의 와자지껄한 소리를 피했다債臺高築.

　빚쟁이들의 떠들썩한 소리에 궁을 지키는 군사들이 더는 참을 수 없어
주난왕에게 이들을 쫓아버리자고 주청했다. 이에 주난왕은 풀이 죽어 이
렇게 말했다.

　"빌린 돈을 갚지 않은 것도 창피한 일이거늘 이들에게 화풀이할 기회도 주
　지 않는다면 너무 지나친 일이니 그대로 놔두어라."

　결국 이 일은 흐지부지해지고 말았다.

沾沾自喜 첨첨자희

글자풀이	더할 첨(沾 zhān), 첨(沾 zhān), 스스로 자(自 zì), 기쁠 희(喜 xǐ).
뜻풀이	① 득의양양하며 스스로 즐거워하다. ② 우쭐거리며 뽐내다.
출전	한(漢) 사마천(司馬遷)
	『사기·위기무안후열전(史記·魏其武安侯列傳)』

유래   한경제漢景帝와 작은 동생인 양효왕梁孝王 유무劉武는 모두 두태후竇太后의 소생이었고 두태후는 유무를 특히 총애했다. 당시 법으로는 외지에 봉지를 받은 종친은 매년 한 번 씩만 도성에 돌아와 태후와 황제에게 문안을 드릴 수 있었다.

어느 해 양효왕이 도성 장안에 돌아와 태후와 황제에게 문안을 드리면서 외사촌동생인 두영竇嬰도 함께 데리고 궁에 왔다.

경제가 술이 거나해지자 양효왕에게 이런 말을 했다. "우리 형제 중에서 네가 제일 마음에 든다. 내가 죽은 후 보위를 너에게 물려 줄 것이다."

이는 취중에 한 말이었으나 사람됨이 성실한 두영이 정말로 여기고 반박했다.

"고조황제高祖皇帝께서 한漢나라를 세운 후 부자간에 황위를 이어가는 것이

나라의 법이온데 어찌 이를 어긴단 말입니까? 아니 될 일이옵니다."

두영의 말에 술상의 화기애애한 분위기가 삽시에 깨졌다. 경제는 두영의 말이 거슬렸으나 도리가 있는지라 그런대로 참았으나 두태후는 크게 화가 났고 양효왕도 두영에게 불쾌한 마음을 가지게 되니 연회는 그대로 파해졌다. 그 후 두태후는 두영을 절대 궁에 들이지 말라는 영을 내렸다.

충심으로 한 말이 이런 결과를 가져오자 두영은 억울하고 화가 나서 관직을 사임했다. 경제는 두영의 사람됨과 재능을 알고 있는지라 여러 번 어지를 내려 두영에게 복직을 명했고 이에 얼마 후 두영은 다시 조정에 돌아왔다.

그 후 오왕 유비劉濞가 반란을 일으켰고 두영은 대장군 주아부周亞夫와 함께 출정하여 반란군을 진압하는데 큰 공을 세우고 위기후魏其侯에 봉해졌다.

두영이 전공을 세우자 두태후도 두영에 대한 태도를 바꾸게 되었다.

후에 승상 유사劉舍가 무능하여 황제가 그를 파직하자 두태후는 두영을 승상에 천거했다. 이에 경제는 이렇게 말했다.

"두영은 사람됨이 진중하지 못하여 기쁜 일이 있을 때면 득의양양하여 스스로 즐거워합니다.魏其者,沾沾自喜耳"

세월이 흘러 무제武帝 때 두영은 승상이 되었다. 친한 벗인 적복籍福이 두영에게 이런 권고를 했다.

"자네는 성정이 대쪽 같아 지금은 좋은 사람들이 자네를 칭송하여 재상으로 될 수 있었네. 허나 나쁜 사람들이 너무나 많은 이 세상에서 자네가 너 그럽게 참는다면 별 일 없겠으나 성격대로 일을 처리한다면 처지가 위험해 질것이야."

두영은 친구의 말을 새겨듣지 않았다. 그 후 황실종친인 태위太尉 전분田蚡이 두영과 마찰을 빚었고 결국 두영은 전분에 의해 목숨을 잃었다.

瞻前顧後 첨전고후

글자풀이	쳐다볼 첨(瞻 zhān), 앞 전(前 qián), 돌아볼 고(顧 gù), 뒤 후(後 hòu).
뜻풀이	① 앞뒤를 살피다. ② 사전에 매우 신중히 생각하다.
	③ 앞뒤를 너무 재어 우유부단하다.
출전	전국·초(戰國·楚) 굴원(屈原)『이소(離騷)』

유래　　굴평屈平은 자字가 원原이며 전국시대 말 초나라 사람이다. 초무왕 웅통의 아들인 굴하의 후손으로 알려진 굴원은 중국 역사상 걸출한 낭만주의 시인 중 한 명이며 중국 역사상 제일 오래된 유명시인이라 할 수 있다.

　전국시대에 진秦, 초楚, 제齊, 연燕, 조趙, 한韓, 위魏 7국은 서로 혼전을 거듭했다. 당시 초나라의 대부였던 굴원은 나라와 백성을 위기에서 구하기 위해 동분서주했으며 최강국인 진秦나라를 막기 위한 6국 연맹을 형성함으로써 초회왕楚懷王의 신뢰를 받았다.

　초나라의 공자公子 자란子蘭을 대표로 하는 귀족들은 굴원을 시기 질투하여 회왕의 면전에서 자주 굴원을 헐뜯었다. 진나라의 첩자가 이를 알리자 진왕은 상국相國인 장의張儀를 궁에 불러 대책을 물었다. 장의는 6국 중에서 제나라와 초나라가 제일 강하니 이 두 나라를 이간시킨다면 6국 연맹을 깰

수 있다고 제안했다.

진왕이 장의의 계책을 가납하여 그를 초나라에 보냈다.

초나라 도읍 영도郢都에 도착한 장의는 자란을 찾아 이렇게 말했다.

"6국 연맹이 있기에 회왕은 굴원을 신임하고 있습니다. 이 연맹을 깨버리

면 굴원도 별로 대단할 것이 없습니다."

자란이 이 말을 듣고는 몹시 기뻐했고 초나라 귀족들은 자란과 함께 굴

원을 모함했다. 자란은 또 회왕이 제일 총애하는 왕후인 정수鄭袖에게 장의

를 소개해 주었고 장의는 보기 드문 백옥 한 쌍을 선물로 바쳤다.

이튿날 회왕이 연회를 차려 장의일행을 초대했다. 대신들 중에서 진나

라와 초나라가 사이좋게 지내고 6국 연맹을 해산하는 일을 논의하는 자가 있자 굴원이 큰 소리로 꾸짖었고 결국 자란 등 사람들과 언쟁을 벌였다. 굴원이 이렇게 말했다.

"6국 연맹을 포기한다면 진나라에 틈탈 기회를 내주는 것이며 이는 우리 초나라의 생사존망이 달린 일이오."

그는 장의와 자란 등을 통렬하게 질타하고는 회왕에게 말했다.

"장의는 6국 연맹을 깨고 초나라를 고립시키기 위해 진나라가 파견한 자이니 절대 믿으셔서는 안 됩니다."

그러나 선물을 받아 챙긴 왕후의 말에 속은 회왕은 이를 듣지 않고 호위병들에게 굴원을 궁밖에 내치라고 명했다.

굴원은 회왕이 사태의 본질을 깨닫기를 바라며 정오부터 밤까지 궁문 앞에서 기다렸다. 허나 장의와 자란 등이 득의양양하여 궁문을 나오는 것을 보고는 일이 잘못되었음을 알고 이렇게 중얼거렸다.

"초나라가 또 수난을 겪겠구나."

집에 돌아온 굴원은 비분강개한 마음을 담아 『리소』라는 시를 지었다. 그중 두 구절은 이러하다.

| 첨전이고후혜 | 瞻前而顧后兮, |
| 상관민지계극 | 相觀民之計極. |

그 뜻은 전조前朝와 후세 앞뒤를 살필 제 백성의 희망과 요구에 따라 결정해야 한다는 것이다. 후에 이 구절에서 "첨전고후"라는 성어가 생겼다.

振臂一呼 진비일호

글자풀이   떨칠 진(振 zhèn), 팔 비(臂 bì), 한 일(一 yī), 부를 호(呼 hū).

뜻풀이   ① 분기하여 크게 외치다. ② 대중에게 외치다.

출전   남조·량(南朝·梁) 소통(蕭統)

『문선·이릉답소무서(文選·李陵答蘇武書)』

유래   서한西漢 한무제漢武帝 때 흉노匈奴의 침탈이 심하니 조정에서는 소무蘇武를 중랑장中郞將에 임명하고 흉노에게 사신으로 보냈다. 이와 함께 기도위騎都尉 이릉李陵에게 5천의 군사를 이끌고 지금의 감숙성甘肅省 일대에 주둔하면서 흉노를 막도록 했다.

친한 벗인 이릉과 소무는 작별에 앞서 나라를 위해 꼭 공을 세우자고 약속했다.

흉노지역에 이른 소무는 체포되었으나 귀순을 거부하였으며 이에 흉노 귀족들은 소무를 북해北海지역에 유배를 보내 양을 방목하게 했다.

이듬해 가을에 이릉이 5천의 군사를 이끌고 북상했다. 이들은 40여 일간의 행군 끝에 흉노의 기병과 조우했고 겹겹이 포위되었다. 이릉이 병력의 열세에도 침착하게 작전을 지휘하여 흉노를 격파하고 흉노군 2천 여 명을 섬멸했다. 이에 분이 치민 흉노의 선우가 더 많은 병력을 동원하니 이릉은 결국 패전하고 후일을 도모하기 위해 투항했다.

무제가 패전소식을 듣고는 크게 노했으며 여기에 이릉이 흉노에게 투항했을 뿐만 아니라 선우에게 한나라 군대를 습격하도록 계책을 내준다는 말에 이릉의 가족을 멸하라고 명했다. 사실 이릉은 흉노를 위해 계책을 낸 적이 없었으며 가족들이 전부 죽었다는 말을 듣고 난 후에야 절망하여 흉노에게 진심으로 귀순했던 것이다.

후에 선우는 이릉에게 딸을 시집보냈고 이릉도 선우의 책봉을 받아들였다.

북해에서 방목생활을 하던 소무는 이 사실을 알고는 이릉에게 편지를 보내 절개를 꺾고 적에게 투항한 이릉을 꾸짖었다.

이릉이 편지를 읽고는 부끄럽고 마음이 상했다. 그는 소무에게 답신을 보내 흉노병사들과 용감히 싸운 과정을 소상히 전했다. 그는 적들의 겹겹한 포위망에 들었으나 자신은 용감히 싸울 것을 외쳤고振臂一呼 이에 부상자들까지 일떠나 목숨을 걸고 싸웠다고 전하면서 본인은 조정을 위해 모든 것을 바쳤으며 투항은 막부득이한 상황에서의 선택이었다고 해석했다.

후에 이릉은 흉노지역에서 병으로 죽었다. 소무는 19년간 절개를 굽히지 않았으며 드디어 기원전 81년에 한나라로 돌아올 수 있었다.

爭先恐後 _{쟁선공후}

글자풀이	다툴 쟁(爭 zhēng), 먼저 선(先 xiān), 두려울 공(恐 kǒng), 뒤 후(後 hòu).
뜻풀이	① 늦을세라 앞을 다투다. ② 뒤질세라 앞을 다투다.
출전	『한비자·유로(韓非子·喩老)』

유래   춘추시대春秋時代에 조양자趙襄子가 왕자기王子期를 청해 마차 운전기술을 배웠다. 어느 하루는 조양자가 이제는 기술을 다 전수했는지 물었다. 이에 왕자기는 그런대로 기술을 다 전수한 것 같다고 대답했다.

이에 조양자가 그럼 우리 두 사람이 누가 더 빨리 마차를 모는지 비겨보자고 제안하니 왕자기가 흔쾌히 받아 들였다.

두 사람이 마차를 몰고 달리기 시작했다. 왕자기는 침착하게 자신의 말을 살피면서 여유롭게 마차를 몰았다. 허나 조양자는 긴장한 기색으로 계속 왕자기를 흘끔흘끔 살폈으며 때로는 앞장을 섰다가는 잠깐 후에 뒤떨어지기를 반복했다.

그 결과 조양자가 한참이나 뒤떨어진 채 지고 말았다. 이에 불복한 조양자가 말을 바꿔 다시 겨루었으나 또 패했다. 그렇게 세 번째까지 지자 조양자는 낙담하고 말았다.

조양자가 의기소침하여 말했다.

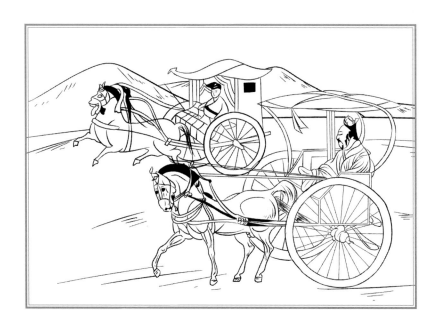

"아마도 선생께서는 운전기술을 다 가르쳐주지 않은 듯합니다."

이에 왕자기가 웃으며 설명했다.

"기술은 다 배워드렸습니다. 허나 대부께서는 배운 기술을 제대로 쓰지 못했습니다. 마차를 운전함에 있어서 제일 중요한 것은 말과 마차가 안전해야 하고 사람과 말이 잘 교감해야 하며 속도는 그 후에 고려할 부분입니다. 그러나 대부께서는 때로는 소관의 앞을 다투어 나가고 때로는 늦을세라 두려워하면서 온 정신을 제 몸에 집중시켰습니다.今君後則欲逮臣,先則恐逮於臣. 그러하오니 어찌 말과 교감할 수 있었겠습니까? 이것이 바로 뒤떨어진 원인입니다."

知難而退 지난이퇴

글자풀이	알 지(知 zhī), 어려울 난(難 nán), 말 이을 이(而 ér), 물러날 퇴(退 tuì).
뜻풀이	① 곤란을 알면서도 무릅쓰고 앞으로 나아가다.
	② 난관에 굴하지 않고 나아가다.
출전	춘추·로(春秋·魯) 좌구명(左丘明)
	『좌전·선공12년(左傳·宣公十二年)』

유래   춘추시대春秋時代에 진晉나라와 초楚나라는 패권을 잡기 위해 전쟁을 계속했다. 상대적으로 국력이 약한 정鄭나라는 두 대국 사이에서 눈치 보기를 하는 형편이었다. 기원전 597년 정나라가 진나라에 복속하였다. 얼마 후 초나라 왕이 군사를 이끌고 정나라를 공격하여 정나라의 도성을 17일간 포위하였고 그 결과 정나라는 투항하였다.

진나라가 이를 알고는 순림부荀林父와 사회士會, 극극郤克, 선곡先穀, 조삭趙朔, 난서欒書 등에게 군사를 주어 정나라를 구원하도록 했다. 그러나 진나라의 대군이 황하에 이르렀을 때 정나라는 이미 초나라에 투항하고 맹약을 맺었다. 이런 상황에서 진나라 군의 중군 부통수 선곡을 대표로 하는 일부 장군들은 계속 진격하자고 주장했고 중군 통수 순림부을 위수로 하는 일부 사람들은 회군하자고 주장했다.

상군 통수 사회와 부통수 극극은 순림부의 회군주장을 지지했으며 사회
는 이렇게 말했다.

"용병술의 도리로 볼 때 시기를 잘 관찰하다가 적이 틈을 보이면 공격하는
것만이 승리를 거둘 수 있는 방법입니다. 지금 초나라 조정은 백성들에게
덕을 베풀고 그 법령과 예의 등이 도리에 어긋남이 없습니다. 또 군사들은
훈련이 잘 되어 있고 일사불란하게 움직입니다. 이들이 정나라를 정벌한
것은 정나라가 다른 마음을 품었기 때문입니다. 하여 초나라 병사들은 공
격목표를 정확히 알고 그 군율이 엄격합니다. 이런 나라의 군대를 공격한
다는 것은 말이 안 됩니다. 그럴 바에는 회군하여 힘을 더 기르면서 기회를
노림이 옳을 것입니다."

이에 선곡이 반박했다.

"적들의 사기를 높여주고 아군의 위풍을 떨어뜨리는 그런 말을 하지 마시
오. 어찌 우리가 꼭 패한다고 생각하는 것이오? 만약 이번에 초나라의 버릇
을 단단히 고쳐 놓지 않는다면 진나라는 패주覇主자리를 잃을 것이니 철군
은 절대 불가하오."

사회가 다시 설득을 했다.

"초나라가 정나라를 정벌한 것은 배반을 응징함이요, 정나라가 투항을 하

니 사면을 해준 것은 덕을 베푼 것이요. 초나라는 지금 백성들이 조정의 영을 잘 따르고 나라 살림이 점점 좋아지고 있소이다. 만약 현실적인 실력을 생각하지 않고 무모하게 싸운다면 이는 용감함이라 할 수 없을 것이오. 승리의 가망이 있으면 출격하고 그 가망이 보이지 않으면 뒤로 물러서는 것이 바로 군을 다스리는 좋은 방책이요.見可以進,知難而退,軍之善政也."

그러나 선곡이 여전히 철군을 강하게 반대하면서 이렇게 말했다.

"군의 통수라면 전쟁터에서 싸우다 죽는 것이 숙명이거늘 나는 절대 물러서지 않을 것이요."

선곡이 자신 휘하의 부대를 이끌고 황하를 건너 초나라 군과 결전을 준비하니 순림부도 별다른 방법이 없어 군대에 도하를 명했다.

두 나라 군대가 교전하니 그 결과 진나라 군이 대패했다.

直言不諱 직언불휘

글자풀이   곧을 직(直 zhí), 말씀 언(言 yán), 아닐 불(不 bù), 꺼릴 휘(諱 huì).

뜻풀이   조금도 꺼리지 않고 솔직히 말하다.

출전   당(唐) 방현령(房玄齡)『진서·유파전(晉書·劉波傳)』

유래   기원 379년에 전진前秦의 황제 부견符堅이 부비符丕에게 7만의 군사를 주어 동진東晉의 양양襄陽을 공격하게 하고 다른 세 갈래 군대 총 7만 명을 동원해 양양성 밖에서 협동작전을 펼치도록 했다.

양양성의 수성장군 주서朱序는 험준한 지세에 의존하여 성을 굳게 수비하는 한편 조정에 급보를 보냈다. 이에 진효무제晉孝武帝가 장군 유파劉波에게 8천의 군사를 내주면서 양양을 구하라 명했다. 유파가 이끄는 구원병이 양양에서 50리 떨어진 곳에 도착하니 양양에 집결한 전진군의 총병력이 17만 명에 달한다는 첩자의 보고가 들어왔다. 이에 유파는 수적으로 열세에 처한 구원병으로는 양양성을 구원할 수 없다 여겨 진군을 멈추도록 했다. 이에 조정은 유파의 책임을 물어 그의 장군직을 삭탈했다.

기원 383년에 동진군이 비수淝水전투에서 전진군을 대파하고 결정적인 승리를 거두었다. 이에 효무제는 북방의 상황을 잘 알고 있는 유파에게 회하淮河 북부의 여러 부대들을 통솔하도록 했다. 이때 유파는 병환에 있어 황제의 영을 받들 수가 없었으며 자신이 살날이 얼마 남지 않았음을 예견하고는 이런 상소를 올렸다.

"진나라 건국의 역사와 지금의 나라사정을 생각할진대 소신은 방자함과 우매 무지함을 무릅쓰고 아무런 거리낌 없이 솔직히 말씀을 올리려 하옵니다.放肆狂瞽直言無諱"

이어 유파는 어떻게 하면 국정을 잘 운영할 수 있고 인재를 어떻게 등용해야 하는지를 소상히 건의했다. 그러나 유파는 상서를 쓴지 얼마 안 되어 사망했다.

紙上談兵 지상담병

글자풀이   종이 지(紙 zhǐ), 위 상(上 shàng), 말씀 담(談 tán), 군사 병(兵 bīng).

뜻풀이   탁상공론.

출전   한(漢) 사마천(司馬遷)

                 『사기·염파인상여열전(史記·廉波藺相如列傳)』

유래   전국시대戰國時代 말 조趙나라의 명장 조사趙奢에게는 조괄趙括이라 부르는 아들이 있었다. 조괄은 어려서부터 병법서를 즐겨 읽었으며 다른 사람들과 군사에 대해 말할라치면 전혀 막힘이 없었다. 이를 볼 때마다 그의 어머니는 몹시 흐뭇해했으나 아버지인 조사는 그렇게 생각하지 않았고 이런 경고를 한 적이 있다.

"양국 간 교전은 국가흥망과 수많은 인명과 관계되는 일이니 반드시 조심

또 조심해야 하오. 허나 조괄은 이를 가볍게 여기고 있으니 만약 그가 조나

라의 장군이 되지 않는다면 다행일 것이나 조나라의 장군이 되면 이 나라

는 그의 손에서 망하게 될 것이오. 그러니 내가 죽은 후에 조괄이 장군으로

되는 것을 어떻게든지 막아야 하오."

얼마 후 조사가 병으로 죽었다. 진秦나라가 이를 알고는 대장 백기白起에게 백만 대군을 주어 조나라를 공격했다. 이에 조나라 왕이 노장 염파廉波에게 40만 대군을 통솔하여 장평長平에서 진나라 군을 막게 했다.

지략이 뛰어난 장군인 염파는 진나라의 보급선이 너무 길어 장기전에 약하다는 점을 잘 알고 있었다. 염파는 조나라 전군에 험준한 지세를 이용하여 수비에 만전을 기하도록 하면서 장기전의 태세를 갖추었다.

두 나라 군대가 장평에서 대치하는 국면이 지속되었고 백기는 별다른 대책이 없었다. 게다가 보급이 점점 부족하게 되자 백기는 불안이 커져갔다. 이때 한 모사가 이간계離間計를 제안했다. 이에 백기는 즉시 사람을 조나라에 파견해 늙고 소심한 염파가 진나라를 두려워한 나머지 방어에만 병력을 집중하고 있으며 만약 조괄을 장군으로 보낸다면 백기는 무서워 도망칠 것이라는 소문을 무성하게 퍼뜨렸다.

조왕이 이 소문을 믿고 조괄을 장군으로 삼아 진나라 군과 싸우도록 했다. 이를 안 조괄의 어머니가 궁에 들어가 왕에게 조사가 생전에 했던 말을 전하면서 조괄은 탁상공론에만 능하며 그에게 군사를 맡긴다면 조나라에 큰 화를 불러 올 것이라고 했다.

그러나 왕이 뜻을 꺾지 않으니 조괄의 어머니는 만약 조괄이 패전하게 되면 그 죄를 묻되 가족이 연루되는 일이 없도록 해달라고 청을 들었고 왕이 이를 허락했다.

이때 와병 중이던 상경上卿 인상여藺相如가 소식을 듣고는 즉시 궁에 들어가 조왕에게 재고해 주기를 간곡히 청하면서 이렇게 말했다.

"조괄은 그 아비의 병서를 읽기만 했을 뿐 실전에서의 오묘한 사용과 변화는 전혀 모릅니다. 括徒能讀其父書傳,不知合變也"

조왕이 인상여의 권고를 받아들이지 않고 염파 대신 조괄을 보내 조나라 군대를 통솔하게 했다.

조괄이 전선에 이르러서는 염파의 군사배치를 개변하고 유능한 부하들을 갈아 치운 후 군사를 이끌고 진나라 군과 정면대결을 진행했다. 이는 바로 백기가 바라던 바였고 결국 조나라 군은 매복에 걸려 40만 대군이 포로로 잡혔다. 대승을 거둔 백기는 조나라의 포로 40만 명을 생매장했다. 이는 조나라의 군사력을 크게 약화시켰고 얼마 후 진나라의 공격을 받은 조나라는 멸망하고 말았다.

紙醉金迷 지취금미

글자풀이	종이 지(紙 zhǐ), 취할 취(醉 zuì), 쇠 금(金 jīn), 미혹할 미(迷 mí).
뜻풀이	호화롭고 사치스러운 생활에 빠져 버리다.
출전	송(宋) 도곡(陶穀) 『청이록·지취금미(清異錄·紙醉金迷)』

유래   당소종唐昭宗 때 부스럼과 종기치료에 능한 맹부孟斧라는 의원이 있었다. 그는 의술이 뛰어 났고 단방과 비법을 주로 사용하였는데 약효와 치료효과가 뛰어났다. 하여 당소종은 늘 그를 궁에 불러 병을 보였다.

몇 년이 지나 중원中原에서 전란이 발생하였고 맹부는 이를 피해 온 가족을 거느리고 사천四川으로 갔다. 도성 장안長安에 있을 때 늘 궁을 출입하였던지라 그는 궁의 환경에 매우 익숙했으며 엄청난 재력가인지라 새로 집을 산후 그중의 작은 방 하나를 궁중의 방식대로 꾸미기 시작했다.

이 방은 작지만 정교했고 창문으로 햇살이 잘 들었다. 실내의 서랍장들과 탁자, 의자, 다탁 등 가구들은 전부 얇은 금박을 입혔다. 햇빛이 창문으로 들어와 가구들을 비추면 온 방안에 금빛이 찬란하여 사람들은 눈이 부실 정도였다.

매번 친척이나 친구들이 찾아오면 맹부는 그들을 안내해 이 방을 둘러보게 하였으며 이를 본 사람들은 보기 드문 구경을 했다고 찬탄을 금치 못했다.

이들은 맹부의 집을 나와서는 다른 사람들에게 이렇게 말했다.

"금박을 입힌 맹부의 그 작은 방에 잠깐만 있어도 호화롭고 사치스러움을

느낄 수 있었다네此室暫居, 令人金迷紙醉."

指鹿爲馬 지록위마

글자풀이	가리킬 지(指 zhǐ), 사슴 록(鹿 lù), 할 위(爲 wéi), 말 마(馬 mǎ).
뜻풀이	① 사슴을 말이라고 하다. ② 흑백을 전도하다.
출전	한(漢) 사마천(司馬遷)『사기·진시황본기(史記·秦始皇本紀)』

유래   진시황秦始皇이 남방순유 중에 병으로 죽자 환관 조고趙高가 계책을 내어 진시황의 열여덟 번째 아들인 호해胡亥가 황제가 되었다. 호해는 우매한 황제였는데 역사에서는 "진 2세秦二世"라 한다.

호해가 황제로 되는데 큰 공을 세운 조고는 낭중령郎中令 벼슬을 맡았다. 그러나 야심이 컸던 그는 승상丞相 이사李斯를 제거하고 자신이 승상자리를 꿰찼다. 이렇게 되니 조고는 조정대권을 한손에 거머쥐었고 조정의 대소사를 모두 자신이 결정했다. 조고가 입을 떼지 않으면 다른 대신들은 감히 자신의 생각을 말할 엄두도 내지 못했다. 그럼에도 조고는 마음이 놓이지 않아 조정신료들의 충성심을 알아볼 수 있는 계책을 생각해냈다.

어느 하루, 그는 조회에 참가하면서 사슴 한 마리를 끌고 와서는 진 2세에게 말했다.

"신은 폐하께 천리마 한필을 올릴까 하옵니다."

진 2세가 이건 분명 사슴인데 어찌 말이라 하느냐고 물었다.

이에 조고가 대신들에게 물었다.

"여러 중신들이 보기에 이는 말인가 아니면 사슴인가?"

대신들은 서로 다른 반응을 보였다. 어떤 사람은 조고의 권세가 두려워 아무 말도 하지 못했고 어떤 대신은 조고의 비위를 맞추기 위해 말을 사슴이라 우겼다. 몇몇 안 되는 대신들만이 전혀 두려움 없이 이는 말이 아니라 사슴이라고 말했다.

얼마 후 사실대로 말한 대신들이 조고의 손에 연이어 목숨을 잃었고 이때부터 조정대신들은 조고를 범보다 더 무서워했다.

志在四方 지재사방

글자풀이   뜻 지(志 zhì), 있을 재(在 zài), 넉 사(四 sì), 모 방(方 fāng).

뜻풀이   원대한 뜻을 품다.

출전   명(明) 풍몽룡(馮夢龍)『동주열국지(東周列國志)』제25회

유래   춘추시대春秋時代 때 진헌공晉獻公이 후궁 여희驪姬를 총애했
고 여희는 자신의 소생인 해제奚齊가 왕이 되도록 하기 위해 태자太子 신생申
生을 모함하여 죽음에 이르게 했다. 그 후 해제가 태자로 되었고 적장자 대
신 후궁 소생을 태자로 삼은 이 일은 많은 대신들과 백성들의 반감을 사게
되었다.

신생의 이복동생들인 공자公子 중이重耳와 이오夷吾는 신변의 위험을 느
껴 외국으로 도피했다.

공자 중이는 적인狄人들이 있는 곳으로 갔고 그곳에서 한 여인을 아내로
맞았다. 적인지역에서 12년간 생활한 중이는 왕좌를 되찾기 위해 도움을
받으려고 위衛나라로 갔으나 냉대만 받았고 이에 다시 제齊나라로 갔다. 제
환공齊桓公이 중이의 사람됨을 알아보고 후하게 대해주는 한편 그에게 강
씨姜氏를 아내로 삼게 했으며 말 80필까지 주었다. 이때부터 중이는 안일한
생활에 젖어 나라대사와 자신의 장래 운명은 뒷전으로 생각했다. 중이를

모시던 대신 조쇠趙衰, 위무자魏武子, 호언狐偃과 외숙부 자범子犯 등은 이를 안타깝게 생각해 뽕나무 아래에 모여 대책을 의논했다. 이들은 중이가 안락한 환경의 제나라를 떠나 다시 마음을 굳게 먹고 나라의 대권을 되찾는 일에 전념하도록 하자고 입을 모았다.

이때 뽕나무 잎을 따던 중이의 첩이 나무위에서 이 밀담을 듣고는 중이의 아내인 강씨에게 알렸다. 강씨는 첩이 이 일을 발설할까 우려해 당장에서 그 첩을 죽이고 중이에게 말했다.

"부군께서는 큰 뜻을 품고 계시니 소첩은 부군이 제나라를 떠나 그 큰 뜻을 펼치기를 바랍니다. 밀담을 엿들었던 첩은 내가 이미 죽였으니 마음 놓고 떠나세요."

중이가 그런 일이 없노라고 발뺌을 하자 강씨는 이렇게 말했다.

"미련 없이 이곳을 떠나야 합니다. 제가 듣기로 '남아라면 이 세상을 품을 뜻을 가져야 한다'고 합니다. 미색과 눈앞의 안락만 누리려는 사람은 결국 아무 일도 성사하지 못하고 나쁜 명성만 얻을 것입니다."

중이가 여전히 제나라를 떠나려 하지 않으니 강씨는 자범과 함께 중이를 만취케 하고는 그 부하들에게 함께 제나라를 떠나도록 했다. 술에서 깬 중이가 화가 치밀어 외숙부 자범을 죽여 버린다고 검을 뽑았으나 일은 이미 되돌릴 수 없게 되었다.

그후 중이 일행은 여러 나라를 떠돌아 다녔고 나중에 진秦나라의 지원을 얻어 진晉나라로 돌아갔으며 왕위를 차지하게 되었다. 그가 바로 역사상 유명한 진문공晉文公이다.

炙手可熱 자수가열

글자풀이	구울 자(炙 zhì), 손 수(手 shǒu), 옳을 가(可 kě), 더울 열(熱 rè).
뜻풀이	① 손을 델만큼 뜨겁다. ② 권세가 대단하다.
출전	당(唐) 두보(杜甫)『여인행(麗人行)』

유래   당현종唐玄宗 이륭기李隆基는 즉위 초반에 요숭姚崇, 송경宋璟을 재상으로 등용하고 적폐를 대대적으로 청산함으로써 사회경제가 큰 발전을 가져왔다. 역사에서는 이 기간을 "개원성세開元盛世"라고 불렀다.

그러나 당현종 말년에 가서는 간신 이림보李林甫를 승상丞相으로 삼았고 양귀비楊貴妃를 총애하고 사치와 향락을 추구했으며 조정은 점점 부패해졌다.

양귀비가 총애를 받으니 그의 사촌오빠인 양소楊釗가 득세했으며 당현종은 "국충國忠"이라는 이름까지 하사했다. 후에 이림보가 죽자 양국충이 승상으로 되어 조정대권을 장악했다. 양씨네 오누이의 권세가 하늘을 찌르고 이들이 당파를 이루어 사욕을 채우니 조정은 점점 혼란에 빠졌다. 얼마 후 안록산安祿山, 사사명史思明이 반란을 일으키니 역사에서는 이를 "안사의 난安史之亂"이라 한다. 이런 상황에서도 양씨네 오누이는 사치한 생활을 이어갔다.

시인 두보杜甫가 양씨 오누이가 자신들의 향락만을 누리고 백성들의 사

활은 전혀 생각지도 않는 행위에 크게 분노해 그 유명한 "여인행麗人行"이라는 시를 지었다. 이 시는 양씨 오누이의 부화방탕한 생활과 타의 추종을 불허하는 권세를 신랄하게 풍자했다. 그중에는 이런 구절이 있다.

권세가 불과도 같아 누구도 비길 수 없으니　　炙手可热势绝伦
제발 가까이 가지 마소, 승상의 노여움 살지도 모르니.　慎莫近前丞相嗔.

　"자수가열"이라는 성어는 바로 이 시에서 유래했다.

智者千慮 지자천려
必有一失 필유일실

글자풀이   지혜 지(智 zhì), 사람 자(者 zhě), 일천 천(千 qiān), 생각할 려(慮 lǜ),

　　　　　반드시 필(必 bì), 있을 유(有 yǒu), 한 일(一 yī), 잃을 실(失 shī).

뜻풀이   ① 지혜로운 사람이라도 천 번의 생각 중에

　　　　　　한 번쯤은 반드시 실수가 있다.

　　　　　② 원숭이도 나무에서 떨어질 때가 있다.

출전   한(漢) 사마천(司馬遷)『사기·회음후열전(史記·淮陰侯列傳)』

유래　　　항우項羽와 유방劉邦이 천하를 다투기 위해 벌인 초한전쟁楚
漢戰爭 때 한신韓信이 유방의 명을 받고 조趙나라를 정벌했다. 한신이 조나라
군을 대파하고 조나라 군의 통수인 진여陳餘를 죽이고 모사인 이좌거李左車
를 생포했다. 한신은 이좌거의 출중한 재능을 아는지라 직접 포박을 풀어
주고 정중하게 모시고는 이렇게 말했다.

"나는 이제 북으로는 연燕나라, 동으로는 제齊나라를 정벌하려 하는데 어떤
방법을 쓰면 성공할 수 있겠습니까?"

이에 이좌거는 몸 둘 바를 모르며 패전한 장군이 어찌 이런 대사를 운운할 수가 있겠는가고 말했다.

이에 한신은 백리해百里奚의 예를 들어 말했다.

"백리해가 우虞나라에 있었으나 우나라는 결국 망했고 진秦나라로 가니 진나라는 패주覇主의 자리를 차지했습니다. 이는 진나라의 왕이 백리해의 계책을 들어 주었기 때문입니다. 이번에 진여의 패전 원인은 바로 선생의 계략을 받아들이지 않았기 때문이며 선생의 계략대로 실행했더라면 저는 당신의 포로로 되었을 것입니다. 진심으로 선생의 고견을 듣고자 하오니 기탄없이 말씀해주기 바랍니다."

이좌거는 한신이 진심으로 묻는 것임을 알고는 자신의 생각을 말했다.

"지혜로운 사람일지라도 천 번의 생각 중에 한 번쯤은 반드시 실수가 있기 마련이고 아둔한 사람이라도 천 번 생각 중에 한 번쯤은 쓸 만한 것이 있습니다. 臣聞智者千慮,必有一失;愚者千慮,必有一得 그러니 저의 미흡한 생각이나마 장군께 도움이 된다면 감히 말씀드리지요. 지금 장군은 대승을 거두고 그 명성을 널리 떨쳤으니 이는 한나라에 이로운 부분일 것입니다. 그러나 백성들은 전쟁으로 도탄에 빠져 있고 병사들은 피로가 누적되어 있습니다. 만약 장군께서 이처럼 피로한 대군을 이끌고 방어가 든든한 연나라를 공격한다면 그 승부를 가늠하기 어려울 것입니다. 혹시나 전쟁이 장기화된다면 병사들은 더욱 피곤해질 것이고 물자보급 또한 쉽지 않아집니다. 그러니 장군께서 당장 군사를 이동한다면 이는 장군의 단점을 폭로하는 것입니다. 병법에 능한 사람은 바로 자신의 장점으로 상대의 단점을 공격합니다."

이에 한신이 그럼 어떻게 해야 하는지를 물었다.
이좌거가 이런 대책을 내놓았다.

"지금은 군대를 움직이지 말고 조나라의 질서를 안정시키고 조나라의 전사한 장군과 병사들의 가족을 잘 위문하고 보듬어 주는 것입니다. 그렇게 되면 민심을 얻게 될 것입니다. 그때 가서 장군은 연나라를 공격할 것이라는 소문을 퍼뜨리고 한편으로는 유세객說客을 연나라에 보내 한나라 군의 강대함을 알리십시오. 그러면 연나라는 십중팔구 제 발로 걸어와 투항할 것입니다. 그 후 다시 유세객을 제나라에 보내 연나라가 투항한 일을 전하게 되면 제나라 역시 얼마 못가서 투항할 것입니다. 군사를 사용할 때는 반드시 허허실실의 계략을 염두에 두어야 할 것입니다."

한신이 이좌거의 계략대로 하니 과연 대승을 거두었다.

置之度外 치지도외

글자풀이   둘 치(置 zhì), 갈 지(之 zhì), 법도 도(度 dù), 바깥 외(外 wài).

뜻풀이   (생사, 이해 따위를) 도외시하다.

출전   남조·송(南朝·宋) 범엽(范曄)

　　　『후한서·외효공손술전(後漢書·隗囂公孫述傳)』

유래   광무제光武帝 유수劉秀가 동한東漢정권을 세운 초기에는 천하 통일을 이룩하지 못했다. 각지의 할거 세력들이 남아있었고 일부 세력은 표면적으로는 동한에 귀순했으나 여전히 독립할 기회를 노리고 있었다.

　광무제는 천하통일의 큰 뜻을 품고 인재를 모으고 민심을 얻었으며 인재를 잘 이용하고 싸움에 능한 자신의 장점을 충분히 발휘했다. 광무제가 지방 할거 세력들을 차례로 제압해 나가니 결국에는 서주대장군西州大將軍 외효隗囂와 촉蜀 지역을 차지한 공손술公孫述 두 세력만 남았다.

　얼마 후 광무제가 외효에게 사신을 보내 귀순을 권했다. 외효는 동한의 군사력이 강한 것을 아는지라 달갑지 않았으나 표면적으로는 동한에 귀순 하겠다고 대답했다. 그는 장자長子 외순隗恂을 낙양洛陽에 보내 광무제의 내시內侍로 있게 했는데 사실은 볼모로 보낸 것이었다.

건무建武 6년(기원 30년)에 광무제가 중원지역을 평정하고는 천하의 정세를 분석했다. 외효의 장자가 도성에서 내시로 있으니 외효는 걱정할 바가 아니었고 공손술 또한 서남변경에 멀리 떨어져 있으니 천하는 이미 평정된 것이나 다름이 없는지라 광무제는 여러 장수들에게 이렇게 말했다.

"외효와 공손술 두 사람은 나의 천하통일을 막을 힘이 없다. 나는 당분간 이들을 내버려 둘 것이다. 且當置此兩子於度外耳"

몇 년 후 광무제는 군사를 보내 외효와 공손술을 멸하고 천하통일을 완성했다.

中流砥柱 중류지주

글자풀이	가운데 중(中 zhōng), 흐를 류(流 liú), 숫돌 지(砥 dǐ), 기둥 주(柱 zhù).
뜻풀이	① 황하 가운데의 지주산. ② 역경에 굴하지 않는 튼튼한 기둥(인물).
출전	『안자춘추·내편간하(晏子春秋·內篇諫下)』

유래   하남河南 서부 삼문협三門峽 동쪽의 황하黃河에는 지주산砥柱山
이 있다. 『수경주水經注』의 기재에 따르면 상고시대에 이 산이 황하의 물길
을 막아 강물이 제대로 흘러내리지 못했다. 하우夏禹가 황하를 다스리면서
산 양쪽의 물길을 더 넓게 내어 강물은 산 양쪽을 흘러 지날 수 있었다. 그
후 이 산은 하나의 돌기둥처럼 황하에 뿌리 내렸다.

제齊나라 승상 안영晏嬰이 세 명의 용사인 공손접公孫接, 전개강田開疆, 고
야자古冶子가 불순한 마음을 품을까봐 "복숭아 두 알로 세 용사를 죽이는"
계책을 마련해 제경공齊景公에서 복숭아 두 알을 이들 세 사람에게 하사하
고 이들끼리 공을 가려 복숭아를 먹을 수 있게 했다.

먼저 공손접이 자신은 산돼지와 호랑이를 때려잡았다고 하고는 복숭아
한 알을 집어갔다. 이에 전개강이 "나는 군대를 이끌고 진나라의 적들을 여
러 번 물리쳤으니 이 복숭아를 먹을 자격이 충분하다"고 말하더니 복숭아
한 알을 집었다.

이를 본 고야자가 굳어진 얼굴로 말했다.

"나는 국군을 모시고 황하를 건넌 적이 있는데 큰 자라가 주공의 말을 물고 강 가운데 급류가 있는 지주 부근으로 들어갔다. 이 위급한 관두에 나는 물에 뛰어들어 위로 백보를 거슬러 올라가고 물길을 따라 9리나 떠내려가면서 자라를 죽이고 주공을 구했다. 그러하니 당신들 두 사람보다 내가 복숭아를 가져야 마땅하지 않은가?"

이 말을 들은 공손접과 전규강이 몸 둘 바를 몰라 하다가 연이어 검을 뽑아 자결했다. 시체 두 구와 복숭아 두 알을 바라보면서 고야자도 자괴自愧의 마음을 금할 수 없어 역시 검을 뽑아 자결했다.

中流擊楫 중류격즙

글자풀이	가운데 중(中 zhōng), 흐를 류(流 liú), 칠 격(擊 jī), 노 즙(楫 jí).
뜻풀이	① 강 복판에서 노를 두드리다.
	② 잃은 영토를 되찾고자 굳게 결심하다.
출전	당(唐) 방현령(房玄齡) 등 『진서·조적전(晉書·祖逖傳)』

유래   서진西晉 말 천하가 혼란에 빠졌다. 조적祖逖은 진나라가 북방의 많은 영토를 잃고 수많은 동포들이 침략자의 폭압에 시달리는 것을 몹시 가슴 아파했다. 그는 잃은 땅을 수복하고 떨어진 국위를 다시 드높이리라 다짐했다.

진원제晉元帝가 도읍을 건강建康에 옮길 때 조적은 북부北府 경구京口에 용사들을 모아 놓고 북상을 위해 밤낮으로 조련을 게을리 하지 않았다. 그는 진원제에게 이런 내용의 상주문을 올렸다.

"진나라가 침략을 당한 것은 번왕藩王(지방세력)들이 권세를 다투었기 때문입니다. 지금 외족의 침략을 받은 백성들이 모두 분연히 일떠나 나라에 충성을 다하려는 마음을 갖고 있습니다. 폐하께서 저를 통수로 임명해 주신다면 사처의 호걸들이 모두 일떠나 저를 따를 것이옵니다. 그러면 적병을 물리치고 나라의 치욕을 씻을 수 있습니다."

진원제가 크게 기뻐하며 조적을 분위장군奮威將軍에 봉하고 대량의 군수물자를 내주면서 조적에게 현지에서 군사를 모으고 병장기를 만들며 하루속히 북방정벌을 떠나라고 명했다.

모든 준비가 끝나자 조적은 부하 천여 명을 거느리고 강을 건넜다. 이들의 전함이 강 남안을 떠나 파도가 높은 큰 강의 가운데에 이르니 장수들이 남안을 바라보며 여러 가지 생각을 금치 못했다.

조적이 뱃머리에 서서 손으로 노를 두드리며 여러 사람들에게 이렇게 맹세했다.

"만약 이번에 조적이 중원中原을 평정하고 적들을 물리치는 목적을 달성하지 못하면 이 도도한 강물처럼 영원히 되돌아오지 않으리라 祖逖中流擊楫而誓曰: '祖逖不能淸中原而復濟者, 有如大江.'"

조적의 이 맹세는 배위의 용사들을 크게 격려했다. 조적이 이들을 거느리고 강을 건넌 후 전쟁준비에 만전을 기하니 동진의 유민遺民들이 소문을 듣고 너도나도 찾아왔으며 얼마 안 되어 강력한 군대를 형성할 수 있다.

조적은 능력 있는 사람을 잘 써주고 과단하면서도 용감했으며 부하 병졸들을 아꼈다. 하여 병졸들은 목숨을 내걸고 조적을 따라 용감히 싸웠으며 연이어 승전을 거두고 많은 성을 수복했다.

衆叛親離 중반친리

글자풀이	무리 중(衆 zhòng), 배반할 반(叛 pàn), 친할 친(親 qīn), 떠날 리(離 lí).
뜻풀이	① 군중이 반대하고 친근한 사람들이 떠나 버리다.
	② 지반이 허물어지고 고립무원한 상태에 빠지다.
	③ 뭇사람에게 버림을 받다.
출전	춘추·로(春秋·魯) 좌구명(左丘明) 『좌전·은공4년(左傳·隱公四年)』

유래   춘추시대春秋時代에 위衛나라의 환공桓公에게는 두 남동생이 있었으니 바로 공자 진晉과 공자 주우周吁였다. 주우는 환공의 성정이 어진 것을 이용해 왕의 자리를 탈취하려 기회를 노렸다. 기원전 719년 환공이 낙양洛陽에 가서 주천자周天子의 장례에 참가하게 되었고 주우는 도성의 서문밖에 환공을 배웅하는 주연을 차렸다. 주우가 술을 권하는 척 하다가 비수를 꺼내 환공을 죽이고 자신이 왕이 되었다.

왕을 시해한 주우는 백성들이 자신을 반대할까봐 다른 나라와 전쟁을 일으키는 방법으로 사람들의 주의력을 따돌리려 했다. 그는 진陳나라와 송宋나라, 채蔡나라를 끌어 들여 함께 정鄭나라를 공격했으나 정나라의 빈틈없는 방어에 막혀 실패하고 말았다.

노魯나라의 왕인 은공隱公이 이를 알고는 대부大夫 중중衆仲에게 물었다.

"주우가 이런 일들을 저지르니 얼마나 오래 갈 것 같은가?"

이에 중중이 답했다.

"주우는 무력으로 다른 나라를 침탈하기만 하니 백성들은 그를 따르지 않을 것입니다. 또 주우의 위인이 매우 잔인하고 무고한 사람들을 서슴없이 죽이니 누가 감히 그를 가까이 하겠습니까? 주변 사람들에게 버림을 받았으니 그의 정권이 어찌 오래 가겠나이까? 衆叛親離,難以濟矣"

과연 1년도 지나지 않아 위나라의 중신인 석랍石碏이 진陳나라의 힘을 빌려 주우를 제거했다.

重蹈復轍 중도부철

글자풀이	거듭할 중(重 chóng), 밟을 도(蹈 dǎo), 다시 부(復 fù),
	바퀴자국 철(轍 zhé).
뜻풀이	① 전철을 밟다. ② 실패를 다시 되풀이하다.
출전	남조·송(南朝·宋) 범엽(范曄)『후한서·두무전(後漢書·竇武傳)』

유래   동한東漢의 환제桓帝 때 외척이 득세하니 대장군 양기梁冀가
조정을 좌지우지하면서 환제는 안중에도 없었다. 이에 환제가 환관인 선초
單超 등과 밀모를 하여 양기를 죽이고 조정대권을 다시 장악했다.

　　그러나 선초 등 환관들이 조정에서 세력을 형성하여 결국은 환관들이
정권을 차지한 국면이 나타났다. 이는 정직한 문인들의 불만을 야기했고
사예교위司隸校尉 이응李膺과 태학太學의 영수인 곽상郭常 등은 환관들의 정
치관여를 반대해 나섰다. 이에 기원 166년 선초의 무리들이 이응 등이 조
정을 비방했다는 누명을 씌워 이응과 곽상 등을 하옥시켰다.

　　환관들의 이런 기고만장한 행태에 황후의 아버지인 두무竇武가 환제에
게 상소를 올려 나라와 백성을 해치는 환관들을 준열하게 꾸짖고 이응 등
충의지사들의 억울함을 호소했다. 이 상소문에는 이런 내용이 있다.

"만약 과거 환관들이 권력을 잡아 나라를 해친 교훈을 거울로 삼지 않는다면 전철을 밟게 될 것입니다.今不慮前事之失,復循覆車之軌 그렇게 되면 한나라의 강산은 진 2세 때와 마찬가지로 조고趙高와 같은 환관들의 손에서 망할 것이며 이런 위험한 상황은 조석朝夕을 다투고 있습니다."

상소문을 본 환제는 두무의 위인이 정직함을 아는지라 그의 제안대로 이응 등의 죄를 사면하고 선초 등 환관들을 멀리 하기 시작했다.

重于泰山 중어태산

글자풀이	무거울 중(重 zhòng), 어조사 어(于 yú), 클 태(泰 tài), 산(山 shān).
뜻풀이	① 태산보다 무겁다. ② (죽음이) 매우 가치 있다.
출처	한(漢) 사마천(司馬遷)『보임소경서(報任少卿書)』

유래　　한무제漢武帝 때 한나라의 명장 이광李廣의 아들인 이릉李陵이
흉노원정에서 패전했다.

원정 초반에 이릉은 군사 5천 명을 거느리고 거연居延에서 출발해 북으
로 천여 리를 진격한 후 흉노군과 조우했다. 전투 초반에는 이릉이 대승을
거두어 많은 흉노군을 소멸했다.

흉노의 선우單于는 첫 전투에서 패하고 이릉이 마치 하늘에서 보낸 장군
처럼 용맹한 것을 보고는 전국의 사수들과 좌, 우 현왕賢王의 정예군사 10
만 명을 동원해 이릉군을 겹겹이 포위했다. 쌍방은 8일간 접전을 벌였으나
중과부적인 한나라군사는 거의 전멸되었고 이릉도 격전 끝에 포로로 잡혔
다. 흉노의 선우는 이릉을 존경해 투항을 권고했다. 이릉은 살아남으면 한
나라를 위해 더 큰 일을 도모할 수 있을 것이라 생각해 투항을 받아 들였다.

한무제는 이릉이 대승을 거두었다는 소식을 먼저 접했고 조정대신들은
일제히 황제에게 경하의 인사를 올렸다. 궁중에서는 연회를 크게 마련했

고 모두들 기쁜 분위기에 젖어 있었다. 그러나 얼마 후 한나라 군사들이 거의 전멸되고 이릉이 포로로 잡혀 투항했다는 소식이 전해졌다. 이에 한무제는 음식 맛을 모르고 밤잠을 설칠 정도였다. 대소신료들은 혹시 황제의 심기를 건드릴까 전전긍긍했다. 얼마 후 무제는 교지를 내려 이릉의 온 가족을 잡아 옥에 가두고 참수를 기다리도록 했다.

당시 태사령太史令을 맡고 있던 사마천은 이릉의 인품을 몹시 존경해 왔다. 그는 이릉이 청렴하고 애국의 충정이 깊으며 나라를 위한 일이라면 목숨이라도 선뜻 내놓을 대장부이며 결코 목숨을 구걸하는 사람이 아님을 잘 알고 있었다. 그는 이릉이 투항한 데는 다른 속사정이 있을 것이라고 판단했다. 사마천은 이릉 일가족에 대한 무제의 엄한 처벌이 부당하다고 여겼으나 낮은 관직에 있는 몸이라 무제의 결정을 개변할 방법이 없었다. 더구나 황제의 화가 하늘을 찔러 반대의견을 받아들이기 힘들 것임을 잘 알고 있었기에 침묵하는 수밖에 없었다.

후에 사마천은 다른 일로 황제를 만나 뵈었고 그 자리에서 무제가 이릉 사건에 대한 사마천의 견해를 하문했다. 사마천이 생각하던 바를 그대로 말하니 한무제가 크게 노해 사마천에게 궁형을 내렸다. 이 형벌은 잔인할 뿐만 아니라 사람의 인격을 모독하는 벌이었다. 중국의 사대부들은 인격을 제일 중하게 여겼기에 "선비는 죽일 수 있어도 모욕해서는 안 된다"는 것을 신조로 삼았다.

사마천이 이런 치욕을 받았으나 건강하게 살아남은 것은 『사기史記』의 편찬을 완성하려는 정신적인 동력이 있었기 때문이다. 그의 이런 신념은 『보임안서』에서 남김없이 나타난다. 이 글에서 그는 "사람은 죽음을 피할 수 없다. 어떤 사람의 죽음은 태산보다 무겁고重于泰山 어떤 사람의 죽음은 깃털보다 가볍다."고 적었다.

사마천은 굴욕을 감내하면서 중국의 첫 기전체 통사인 『사기』를 완성함으로써 후세에 귀중한 문화유산을 남겼다.

助紂爲虐 조주위학

글자풀이	도울 조(助 zhù), 주임금 주(紂 zhòu), 할 위(爲 wéi), 모질 학(虐 nüè).
뜻풀이	① 주왕을 도와 잔학한 짓을 하다. ② 악인을 도와 나쁜 일을 하다.
출전	한(漢) 사마천(司馬遷)『사기·전단열전(史記·田單列傳)』

유래　　　진 2세秦二世 3년에 초회왕楚懷王이 항우項羽를 장군으로, 유방劉邦을 무안후武安侯로 봉했다. 얼마 후 회왕은 항우와 유방에게 각각 함양咸陽으로 진격하도록 했으며 함양을 먼저 점령하는 사람이 관중왕關中王이 된다고 약조했다.

　항우는 양양襄陽성의 백성을 학살한 적이 있어 진秦나라 장군들은 투항할 생각을 않고 끝까지 저항했다. 하여 항우는 진격과정에 많은 저항에 부딪쳤다. 그러나 유방은 군율이 엄하여 거의 아무런 저항도 받지 않고 함양을 점령했다. 당시 조고趙高가 진 2세를 죽였고 자영子嬰이 조고를 죽이고는 유방에게 투항했다. 유방이 함양에 입성하고 보니 진나라 황궁은 웅장하고 화려했고 궁중에는 미인들이 넘쳐 나는 지라 아주 기뻐하며 즉시 궁에 들어가 제왕의 생활을 누리기 시작했다.

　번쾌樊噲가 유방에게 궁에서 나갈 것을 청했으나 유방이 이를 거절했다. 책사인 장량張良이 이렇게 유방에게 권고했다.

"진 2세가 황음무도하고 천하백성들을 마음대로 죽이니 백성들은 더는 참을 길이 없어 반란을 일으켰고 그 덕분에 주공께서는 여기까지 올수 있었습니다. 지금 진나라가 멸망된 지 얼마 안 되는데 주공께서는 벌써 향락을 누리시니 이는 나쁜 사람을 도와 나쁜 일을 저지르는 것이 아니겠습니까? 今始入秦, 卽安其樂, 此所謂 '助紂爲虐' "

유방이 이 말을 듣고는 정신을 차리고 궁에서 나왔다.

鑄成大錯 주성대착

글자풀이	부어 만들 주(鑄 zhù), 이룰 성(成 chéng), 클 대(大 dà),
	그르칠 착(錯 cuò).
뜻풀이	① 원뜻은 잘못하여 큰돈을 만든다는 것. ② 큰 잘못을 저지르다.
출처	송(宋) 사마광(司馬光) 『자치통감·당기(資治通鑑·唐紀)』

유래   당唐나라 말, 여러 지방의 절도사節度使들이 할거세력을 형성
했다. 당시 위박魏博절도사 나소위羅紹威는 위주魏州 등 6개 주를 차지하여
그 실력이 강했으나 수하에 있는 호위대가 통제를 받지 않고 제멋대로였
다. 나소위는 이 말썽거리 호위대가 어느 날엔가 반란을 일으켜 자신을 죽
일까봐 근심하던 나머지 이 골칫거리를 제거하려고 결심했다. 그는 자신의
측근을 사돈인 양왕梁王 주전충朱全忠에게 은밀히 보내 호위대를 제거하는
데 도움을 달라고 부탁했다.

주전충의 원래 이름은 주온朱溫이며 황소黃巢봉기군의 장수였으나 후에
는 정부군에 투항을 하고 오히려 황소봉기군을 진압했다. 그 공으로 당희
종唐僖宗이 주온을 선무宣武절도사로 임명하고 전충이라는 이름을 하사했으
며 얼마 지나지 않아서는 양왕으로 책봉했다.

주전충은 사돈인 나소위가 호위대를 제거하는 것을 돕겠노라고 대답했

다. 공교롭게도 이때 주전충의 딸이 죽었고 이에 주전충은 딸의 장례를 치른다는 소문을 내고는 군졸들에게 병장기들을 장례식 행렬 속에 감추어 위주까지 운반해왔다. 한편 나소위는 무기고에 놓아둔 호위대의 무기들과 갑옷들을 훼손했다. 이들이 호위대가 방심한 틈을 타서 내외에서 협공을 하니 호위대는 전부 궤멸되었다.

주전충은 나소위를 도와 호위대를 소멸한 후 거느리고 온 군사를 위주에 주둔시키고는 완전히 주인행세를 했다. 이들은 나소위에게 군졸들의 급여를 제공하도록 했는데 반년정도 지나니 위주의 재정이 바닥을 드러냈다.

나소위의 행위는 위주를 주전충에게 바친 것이나 다름없었다. 나소위는 이를 두고두고 후회하며 이렇게 탄식했다.

"위박의 6개 주 43개 현의 쇠를 다 모은다 해도 이렇게 큰 착도錯刀를 만들어낼 수는 없겠구나 鑄成大錯."

여기서 "착"은 두 가지 뜻을 가진다. 그 하나는 고대에는 화폐를 착도라 불렀고 다른 하나는 잘못된 착을 말하니 이는 자신이 큰 잘못을 저질렀음을 이르는 말이다.

專心致志 전심치지

글자풀이	오로지 전(專 zhuān), 마음 심(心 xīn), 이를 치(致 zhì), 뜻 지(志 zhì).
뜻풀이	① 온 마음을 다 기울이다. ② 전심전력으로 몰두하다.
출처	『맹자·고자상(孟子·告子上)』

유래   옛날 추秋라고 하는 사람이 바둑을 잘 두어 사람들은 그를 혁추奕秋라고 불렀다.

그러던 추가 어느 날 제자 두 명을 받아 이들에게 바둑을 두는 기술을 잘 가르쳐주리라 결심했고 열심히 강의를 해주었다. 그중의 한 제자는 열심히 경청했고 혁추의 강의와 분석을 하나라도 놓칠세라 정신을 집중했으며 다른 일에는 전혀 신경 쓰지 않았다.

그러나 다른 한 제자는 겉으로는 스승의 강의를 듣는 것 같았으나 마음은 전혀 다른 곳에 있었다. 그는 때때로 창밖의 들판과 수림을 바라보다가는 하늘을 나는 기러기의 울음소리를 듣기도 했다. 그러다가 백조 몇 마리가 하늘을 날아 지나는 것을 보고는 '활과 화살이 있어 백조를 한 마리 사냥해 삶아먹으면 얼마나 좋을까'고 생각하기도 했다.

얼마 후 그가 또 창밖을 바라보니 백조 한마리가 다시 날아갔고 그는 또다시 백조를 사냥해 요리해 먹을 생각을 하게 되었다. 그러다보니 혁추의 강의가 끝났으나 이 제자는 개의치 않았다.

이때 혁추가 두 제자에게 실력을 알아보기 위한 대국對局을 해보라고 분부했다. 대국 초반에는 청강에 집중하지 않았던 제자가 그전에 배웠던 수로 가까스로 대처했으나 점점 가면서 두 사람의 실력차이가 확연히 드러났다. 강의를 잘 들었던 제자는 태연자약하게 공수를 장악해 나갔고 정신이 산만했던 제자는 공격은 생각도 못하고 방어하기에 급급했다.

대국이 끝난 후 혁추는 두 제자에게 의미심장한 말을 남겼다.

"비록 바둑이 작은 재주에 지나지 않아 큰 재능이라 할 수 없지만 전심전력으로 몰두하지 않으면專心致志 잘 배워낼 수가 없는 것이다."

自不量力 자불양력

글자풀이	스스로 자(自 zì), 아닐 불(不 bù), 헤아릴 양(量 liàng), 힘 력(力 lì).
뜻풀이	① 자기의 수완, 역량을 분별(가늠)하지 못하다.
	② 주제넘다. 주제파악을 못하다.
출전	한(漢) 유향(劉向) 『전국책·제책3 (戰國策·齊策三)』

유래　　　전국시대戰國時代 때 제齊나라의 귀족인 맹상군孟嘗君은 왕으로부터 설薛이라는 곳을 봉지로 받았다. 어느 하루는 초楚나라 군대가 갑자기 설지를 공격하였고 맹상군은 모든 병력을 동원해 초나라의 공격을 막아내는 한편 제선왕齊宣王에게 구원을 청했다. 바로 이때 제나라의 대부 순우곤淳于髡이 초나라에 사신으로 갔다가 귀국하는 도중 설지를 지나게 되었다. 맹상군이 직접 성밖에 나가 순우곤을 마중했고 연회를 차려 대접하면서 이렇게 말했다.

"초나라 군대가 설지를 포위 공격하는 상황을 선생께서도 이미 보았으리라 생각합니다. 선생께서 도와주시지 않는다면 이제 저는 선생을 다시 만날 기회가 없을 것입니다."

이에 순우곤은 조정에서 구원병을 파견하도록 방법을 대보겠노라고 대답했다.

도성에 돌아온 순우곤에게 제선왕이 물었다.

"초나라의 사정은 어떠한가?"

순우곤이 이렇게 고했다.

"초나라는 우리 제나라의 사정을 잘 모르는 듯 했고 맹상군은 주제파악을 못하는 것 같았습니다."

이에 제선왕이 연유를 물으니 순우곤이 말을 이었다.

"지금 초나라 군대가 설지를 공격하고 있으며 설지에는 선왕의 종묘가 모셔져 있습니다. 초나라 군대가 이곳을 점령한다면 종묘를 없애버릴 것이 분명합니다. 그러나 맹상군은 설지를 지킬 능력이 있는지를 자신도 잘 모르고 있습니다."

제선왕이 크게 놀라며 말했다.

"정말 큰 일이 날 뻔했구려. 그곳에 우리 종묘가 있는 걸 깜박했군."

제선왕이 급히 구원병을 파견하니 초나라 군사들은 퇴각했다. 순우곤의 지혜로 설지는 위기에서 벗어날 수 있었다.

自取其辱 _{자취기욕}

글자풀이　　스스로 자(自 zì), 취할 취(取 qǔ), 그 기(其 qí), 욕보일 욕(辱 rǔ).

뜻풀이　　　굴욕을 자초하다.

출전　　　　한(漢) 응소(應劭) 『풍속통의·과예(風俗通義·過譽)』

유래　　　　제(齊)나라의 명재상 안영은 세 명의 왕을 모셨고 그가 승상으로 있는 기간 제나라는 국력이 크게 강해졌고 백성들은 평화로운 세월을 보냈다.

어느 한번은 안영이 초(楚)나라에 사신으로 가게 되었다. 초나라 왕이 안영이 키가 작고 용모가 추하다는 말을 듣고는 놀려 주리라 생각했다.

안영이 초나라 왕을 만나러 와서 보니 작은 쪽문만 열어 놓고 대문은 굳게 닫혀 있는지라 초나라 왕이 일부러 그리했음을 알고는 이렇게 말했다.

"개의 나라에 가면 당연히 개구멍으로 들어가야 하지만 내가 오늘 온 것은 초나라이다. 나를 이 개구멍으로 들어가라 하니 내가 개의 나라로 잘못 찾아온 것인가?"

이 말을 전해들은 초나라 왕이 즉시 정문을 열고 안영을 맞아들이라 명했다.

안영이 대전에 들자 초왕이 따지듯 물었다.

"제나라에는 정말 인재가 없구나. 너처럼 왜소한 자를 사신으로 보냈으니 제나라에는 키 큰 자를 찾을 수 없단 말이냐?"

안영이 웃으며 말했다.

"그건 대왕께서 모르고 하시는 말씀입니다. 제나라의 도읍 임치성은 300리나 되어 사람들이 옷소매를 흔들기만 해도 태양을 가리고 그들이 흘리는 땀은 비가 내리는 듯하니 어찌 사람이 없다 하겠소이까? 허나 우리 제나라는 사신을 파견할 때 현명한 군주가 다스리는 나라에는 덕과 재능이 겸비한 사람을 보냅니다. 제가 제일 무능하고 얼굴도 못생겼기에 초나라에 사신으로 온 것이지요."

초나라 왕은 자신의 계책이 두 번이나 실패하자 이번에는 다른 수를 썼다. 그는 호위군사에게 도둑질을 하다 잡힌 모양을 하도록 하고는 그를 안영이 보는 앞에 끌어다 놓고 물었다.

"이자가 어떤 죄를 범했느냐?"

이에 초왕의 부하들이 이 사람은 도둑질을 했다고 하니 초왕이 다시 이

자가 어느 나라 사람인가고 묻자 부하들이 제나라 사람이라 답했다.

이에 초왕이 안영에게 말했다.

"보아하니 제나라 사람들은 모두 물건 훔치기를 좋아하는 모양이구나."

안영이 이를 반박했다.

"제가 듣기로 귤나무는 남방에서 자랄 때는 크고 달콤한 귤이 열리지만 북
방에 옮겨오면 시고 떫은 과일이 열린다고 합니다. 이는 수토가 다르기 때
문입니다. 같은 사람이라도 우리 제나라에 있을 때는 좋은 사람이었는데

초나라에 와서는 도둑질을 했으니 이는 초나라의 수토가 이 사람을 나쁘게 만들었기 때문입니다. 초나라는 좋은 사람도 나쁘게 변하도록 하는 수토이군요."

초왕은 몇 번이나 안영에게 망신을 주려 했으나 모두 실패하자 이렇게 말했다.

"원래는 너에게 망신을 주려 했으나 도리어 내가 망신을 당했구나. 내가 망신을 사서 했구나寡人自取其辱焉"

초왕은 안영의 기지에 탄복했고 결국 제나라와 초나라는 원만하게 합의를 보았으며 안영도 사신의 임무를 잘 완수하고 제나라로 돌아갔다.

이 고사에서 "자취기욕"이라는 성어가 유래했다.

自相矛盾 자상모순

글자풀이	스스로 자(自 zì), 서로 상(相 xiāng), 창 모(矛 máo), 방패 순(盾 dùn).
뜻풀이	① 자가당착이다. ② 자체 모순이다.
출전	『한비자·난일(韓非子·難一)』

유래   고대에 모矛와 순盾은 전투에서 자주 사용하는 병기였다. 모는 긴 창을 말하며 공격무기로 적을 찌를 때 사용했고 순은 방패로 몸을 보호하거나 칼이나 화살 등을 막는데 사용되었다.

하루는 장터에서 어떤 사람이 창과 방패를 팔고 있었다. 그러나 한참이 지나도 사는 사람이 없는지라 장사꾼은 방패를 들고는 큰 소리로 외쳤다.

"이 방패를 좀 보시오, 얼마나 견고한지. 아무리 날카로운 무기라도 이 방패를 뚫을 수 없을 것이요."

구경하는 사람들은 대부분 반신반의했고 어떤 사람들은 방패를 만져보기도 했으나 여전히 사는 사람은 없었다.

이에 장사꾼은 다시 창 하나를 꼬나들고 이렇게 외쳤다.

"모두들 보시오. 이 칭이 얼마나 단단하고 날카로운지. 이 창으로는 그 어떤 물건도 꿰뚫을 수 있을 것이니 빨리 사세요."

이에 구경꾼들은 감탄하는 사람이 있는가 하면 장사꾼의 말을 의심하는 사람도 있었다. 그중의 한 사람이 방금 한 말이 사실인가고 물었다.

장사꾼이 그렇다고 대답하니 그 사람은 다시 물었다.

"그럼 당신이 그토록 자랑하는 꿰뚫지 못하는 것이 없다는 이 창으로 역시 모든 것을 다 막을 수 있다고 하는 이 방패를 찌른다면 어떻게 되는 것이오?"

장사꾼은 대답할 말을 찾지 못했고 부랴부랴 물건을 거두어 장터를 떠났다.

縱虎歸山 종호귀산

글자풀이	놓아 줄 종(縱 zòng), 범 호(虎 hǔ), 돌아갈 귀(歸 guī), 메 산(山 shān).
뜻풀이	① 호랑이를 풀어놓아 산으로 돌아가게 하다.
	② 적을 놓아 주어 화근을 남기다.
출처	진(晉) 진수(陳壽)『삼국지·촉서·유파전(三國志·蜀書·劉巴傳)』

유래   동한東漢 말년에 여러 세력들이 각지에서 들불처럼 일어나
천하의 패권을 놓고 다툼을 벌였다. 유비劉備는 관우關羽, 장비張飛 등 여러
사람의 도움을 받아 그 세를 날로 확장했다. 그는 군사요충지인 서주徐州를
차지한 후 웅지를 펼치리라 다짐한다. 헌데 누가 알았으랴, 서주가 여포呂
布의 기습을 받게 되고 근거지를 잃은 유비는 관우, 장비와 함께 허창許昌에
있는 조조曹操에게 몸을 기탁하러 찾아갔다.

조조는 사람을 보는 안목이 탁월했다. 그는 18곳의 제후들을 모아 동탁
童卓을 토벌할 당시 유비가 당대의 걸출한 인물임을 이미 알아보았다. 유비
가 곤경에 처해 자신을 찾아오자 그는 겉으로는 크게 반겨주는 듯 했으나
속으로는 경계심을 늦추지 않았다. 책사인 순욱荀彧은 유비 일행 세 명이
허창에 온 것을 보자 이때라 생각하고 조조에게 말했다.

"주공, 유비가 허창에 제 발로 찾아 왔으니 이는 하늘이 준 기회입니다. 지금 결단을 내리고 계책을 마련해 유비를 죽여야 합니다. 이렇게 되면 우리는 대권 쟁탈 과정에 실력 있는 적수 하나가 줄어들 것입니다. 이런 좋은 기회가 더는 없을 것입니다."

그러나 다른 책사 곽가郭嘉는 반대의견을 내놓았다.

"지금 천하가 혼란에 빠지고 각지의 세력들이 패권을 다투고 있습니다. 이는 역으로 우리가 인의仁義의 마음으로 천하의 인심을 얻을 수 있는 기회이기도 합니다. 유비가 난을 당해 허창을 찾아왔는데 주공께서 그를 죽여버린다면 천하영웅들이 두려워할 것입니다. 이런 선례를 만들어 놓는다면 어느 누가 감히 주공을 위해 일하려 하겠습니까?"

얼마 후 원술袁術이 회남에서 원소袁紹에게 편지를 보내 함께 조조군을 공격하려고 했다. 이 소식을 알게 된 유비는 이번 기회에 조조의 손아귀에서 벗어나리라 결심하고 조조에게 말했다.

"원술이 군대를 이끌고 원소와 연합하려면 반드시 서주를 지나야 할 것입니다. 제가 관우, 장비와 함께 서주에 가서 원술을 막겠습니다."

마침 조조도 원술과 원소가 손잡게 되면 대적하기 쉽지 않을 것이라 근심하던 차라 별로 깊이 생각하지 않고 그리 하라고 허락했다. 유비는 한시도 지체하지 않고 장수와 군졸들을 출발시켰다. 관우와 장비는 급히 서두르는 유비가 이해되지 않았다. 이에 유비가 속사정을 털어놓았다.

"허창성을 벗어나면 나는 물고기가 바다에 돌아가고 새가 하늘을 다시 날아예는 셈이다. 만약 조조가 내 참뜻을 안다면 우리가 떠날 수 있겠는가?"

유비가 군사를 이끌고 떠난 것을 알게 된 책사 곽가가 조조를 찾아 이렇게 말했다.

"이번에 유비를 떠나게 한 것은 용을 바다에 놓아준 것이요, 범을 산으로 돌려보낸 것이니縱虎歸山 이후에는 유비를 굴복시키기 힘들 것입니다."

이에 조조는 땅을 치며 후회했다고 한다.

走馬看花 주마간화

글자풀이　달릴 주(走 zǒu), 말 마(馬 mǎ), 볼 간(看 kàn), 꽃 화(花 huā).

뜻풀이　① 말 타고 꽃구경하다.

　　　　② 대충대충 보고 지나치다. 대강 훑어보다. ③ 주마간산.

출전　　당(唐) 맹교(孟郊)『등과후(登科後)』

유래　　당나라 때의 시인 맹교는 자가 동야東野이고 호주湖州 무강武康 태생이다.

　어려서부터 학문에 정진하고 재능이 뛰어 났으나 여러 번 진사시험에서 낙방했다. 집안이 가난하여 식구들도 먹여 살릴 수 없는 정도였으나 자신의 실력을 굳게 믿고 학문의 길을 걸었다.

　당덕종唐德宗 정원貞元 13년 기원 797년에 맹교는 46살의 나이로 진사과거에 급제했다. 수십 년간의 노력이 빛을 본 맹교는 기쁘기 그지없어 새 옷을 차려 입고 붉은 꽃을 달고는 말을 타고 장안長安성을 구경했다. 도성의 아름다운 경치에 그는 탄복을 했고 급제한 기쁨에 매우 득의양양하여 "등과후"라는 유명한 시를 지었다.

　　지난날 가난할 때는 자랑할 바 없더니　　　　昔日齷齪不足誇

오늘 아침에는 우쭐하여 생각에 끝이 없더라.　　　今朝放蕩思無涯

봄바람에 뜻을 얻어 빠르게 말을 모니　　　　　春风得意马蹄疾,

하루만에 장안의 꽃 다 보았네.　　　　　　　一日看尽长安花.

이 시는 시인이 진사에 급제한 후의 기쁜 심정을 여실히 보여준다. 그중에서 "봄바람에 뜻을 얻어 빠르게 말을 모니 하루만에 장안의 꽃 다 보았네."는 천고의 명구가 되었다. 이 시에서 "춘풍득의春風得意"와 "주마간화走馬看花"라는 성어가 유래되었다.

罪不容誅 죄불용주

글자풀이 허물 죄(罪 zuì), 아닐 불(不 bù), 용서할 용(容 róng), 벨 주(誅 zhū).

뜻풀이 ① 죄가 무거워 주살을 당해도 모자랄 지경이다.

② 죽어도 시원찮은 죄이다.

출전 한(漢) 반고(班固) 『한서·유협전서(漢書·遊俠傳序)』

유래   서한西漢 때 곽해郭解라는 사람이 있었는데 그 성정이 포악하고 도망자들을 사귀기 좋아했으며 노략질을 일삼으면서 사람을 죽이기도 했다. 심지어는 사사로이 돈을 만들고 범죄자들을 숨겨주는 등 온갖 못된 짓을 다하여 중원지역에서 불량세력을 형성했다.

후에 곽해는 이런 식대로 나아가면 법망에서 벗어나지 못할 것이라 판단하고 개과천선하기로 결심했다. 이때부터 그는 아무런 대가없이 다른 사람의 어려움을 도와주었고 그렇게 시간이 흐르니 사람들은 곽해의 포악한 본성을 점점 잊게 되었다.

한번은 곽해의 조카가 술상에서 다른 사람에게 망신을 주었다가 그 사람의 칼에 찔려 죽었다. 그 사람이 곽해의 잔인함을 아는지라 곽해를 찾아가 어떠한 처분이든 달갑게 받겠노라고 말했다. 그런데 곽해는 내 조카가 죽을 짓을 했다면서 그 사람을 용서해 주었다. 이 일이 알려지니 사람들은 곽해의 정의로운 행동에 탄복을 금치 못했다.

또 한번은 곽해와 몇몇 손님이 함께 거리를 거닐고 있었다. 행인들이 곽해가 온 것을 보고는 모두 길을 비켜 주었으나 어떤 사람이 길 한복판에 앉아서는 길을 내주지 않았다. 손님들이 길을 막는 자를 혼내주어야 한다고 떠들었으나 곽해는 이렇게 말했다.

"이 사람이 나를 존중하지 않는 것은 나의 덕이 모자라기 때문인데 어찌 그를 탓한단 말인가?"

곽해의 명성은 점점 더 널리 알려졌다. 그렇게 되니 많은 도망자들이 곽해를 찾아왔고 곽해는 이들을 받아주고 비호해 주었다.

기원전 12년 한무제漢武帝가 지방세력을 억제하고 백성들의 반항을 무마하기 위해 전국에서 토호들과 명문가족 혹은 3천 만 전 이상의 재산을 가진 관리와 토호들을 전부 도성 장안長安 북쪽에 있는 무릉茂陵에 가서 거주하도록 명했는데 곽해도 그 명단에 들어 있었다.

곽해의 온 가족이 이사를 가게 되니 배웅하는 사람들이 꼬리에 꼬리를 물었고 그에게 건넨 돈이 천여만 전을 넘었다. 한 관원이 조정에서 이를 알까봐 돈을 잠시 보관해 두었다. 곽해의 조카가 그날로 이 관원을 죽였으며 얼마 후 그 관원의 아버지도 피살되었다. 관원의 가족이 도성에 억울한 사정을 고하려 사람을 보냈으나 그 사람도 목숨을 잃었다.

무제가 이 일을 알고는 곽해를 잡아들이고 그의 죄목을 낱낱이 조사하라고 명했다. 사건을 책임진 관원이 사람들을 불러 물어보니 혹자는 곽해

417

가 현인賢人이라 하고 혹자는 교활하고 잔인한 자이니 현인이라 할 수 없다고 말했다. 이상한 것은 곽해의 죄를 증빙했던 사람들이 이튿날 시체로 발견된 것이었다.

어사대부御史大夫 공손홍公孫弘이 이를 알고 고발장과 조사자료들을 보고는 곽해가 이런 피살사건과 관련이 있다는 직접적인 증거는 없으나 사건 자체가 곽해 때문에 일어났으며 그 원인이 곽해에게 있다고 여겼다. 그는 곽해가 범한 죄는 살인죄보다 더 큰 것이니 사형에 처해야 한다고 주장했고 결국 곽해는 온 집안의 재산을 몰수당하고 참수를 당하게 되었다.

후에 동한東漢의 역사학자인 반고班固는 곽해와 같이 아무런 권리도 없는 일반백성이 마음대로 사람을 죽였으니 그 죄는 주살을 당해도 모자라는 것이라고 평했다其罪已不容于誅矣.

坐懷不亂 좌회불란

글자풀이	앉을 좌(坐 zuò), 품을 회(懷 huái), 아닐 불(不 bù),
	어지러울 란(亂 luàn).
뜻풀이	여자를 품에 안고도 흐트러지지 않음.
출전	명(明) 도종의(陶宗儀)『남촌철경록(南村輟耕錄)』

유래   유하혜柳下惠는 춘추시대春秋時代 노魯나라 사람이며 원래 성은 전展, 이름은 획獲이고 자는 금禽이다. 그는 노효공魯孝公의 아들 공자公子 전展의 후손이다. "유하"는 그의 식읍 이름이고 "혜"는 그의 시호였으니 후세 사람들이 그를 유하혜로 부른 이유도 여기에 있다. 그는 노나라의 대부大夫로 있었고 후에는 은거하여 지냈다.

한번은 추운 밤에 시간이 늦어 성문을 들어갈 수가 없는지라 유하혜는 성문 쪽에서 밤을 지내게 되었다. 얼마 지나지 않아 떠돌아다니는 여자 한 명을 만났는데 유하혜는 그 여자가 얼어 죽을까봐 자신의 품에 안고 겉옷으로 그녀를 감싸주었다. 이렇게 하룻밤을 지냈으나 유하혜는 그녀를 털끝 하나 건드리지 않았고 이 사실이 알려지면서 사람들은 유하혜를 칭찬해 마지않았다. 그 후부터 유하혜는 "여인을 품에 안고도 전혀 흐트러짐이 없는坐懷不亂" 정인군자의 대표로 전해졌다.